全国
宇宙科学館ガイド

Space i［宇宙航空研究開発機構（JAXA）・日本宇宙フォーラム］監修
恒星社厚生閣編集部　編

恒星社厚生閣

日本のロケット発射場

日本には、人工衛星や宇宙探査機などを打ち上げるロケットの発射場が、鹿児島県に2カ所あるのをご存知でしょうか。

一つは、日本の主力大型ロケットＨ-ⅡＡと、国際宇宙ステーションに物資を届ける補給船「こうのとり」を打ち上げるＨ-ⅡＢロケットの発射場を擁する「ＪＡＸＡ種子島宇宙センター」。

もう一つは、小型の人工衛星などをイプシロンロケットで打ち上げる「ＪＡＸＡ内之浦宇宙空間観測所」です。

ここから打ち上げられるロケットを間近で見て、その迫力に圧倒された方もいるでしょう。

しかしながら、ロケットの打ち上げは年数回、移動に要する時間や交通手段などの確保、あるいは天候などの影響により打ち上げが延期される可能性もあるなど、打ち上げを見に行くのはまだまだ大変です。

迫力と感動のロケット打ち上げ！

惑星分光観測衛星「ひさき」を搭載したイプシロンロケット試験機の打ち上げ（内之浦宇宙空間観測所）
http://jda.jaxa.jp/result.php?lang=j&id=a85e0f94e48d157c2c7b58136572f288

小惑星探査機「はやぶさ2」を搭載したH-ⅡAロケット26号機の打ち上げ（種子島宇宙センター）
http://jda.jaxa.jp/result.php?lang=j&id=8d63f4398e50470c206a5fe9b8acc2b3

★はまぎん こども宇宙科学館

「JAXA星出宇宙飛行士ら国際宇宙ステーション第32次／第33次長期滞在クルーを乗せたロシア ソユーズロケット打ち上げ時の様子」
©はまぎん こども宇宙科学館

★とよた科学体験館

小惑星探査機「はやぶさ2」を搭載したH-ⅡAロケット26号機の打ち上げ時の様子
©とよた科学体験館

★名古屋市科学館

陸域観測技術衛星2号「だいち2号」を搭載したH-ⅡAロケット24号機打ち上げ時の様子
©名古屋市科学館

★日本科学未来館

陸域観測技術衛星2号「だいち2号」を搭載したH-ⅡAロケット24号機打ち上げ時の様子
©日本科学未来館

ロケット打ち上げパブリックビューイング

そこでご紹介したいのが、ロケット打ち上げパブリックビューイングです。

昨今、全国の科学館や大学、公共施設などで実施される機会が増えています。大きな画面に映し出された打ち上げライブ映像を、多くの人たちと一緒に見守り、緊張感が漂う中、心を一つにして打ち上げの瞬間を迎え、人工衛星などがロケットから切り離されるのを見届けた時の達成感と感動を分かち合えるのは、この上ない機会です。

皆さんもぜひ一度、最寄りの科学館などで行われるパブリックビューイングに、参加されてみてはいかがでしょうか。

打ち上げパブリックビューイングの開催情報は、ＪＡＸＡホームページ「ファン！ファン！ＪＡＸＡ！」に掲載されますので、打ち上げの際にはぜひ一度ご覧ください。

第二次世界大戦後、アメリカ合衆国とソビエト連邦の二大国は互いに敵国とみなし、軍備の増強を図るなど、まさに冷戦状態でした。

そのような折、1957年10月4日、ソ連は突如「スプートニク1号」を打ち上げ、地球周回軌道に投入しました。人類初の人工衛星の誕生です。『敵国の人工衛星が自国の頭上を通る…』。アメリカ国内での衝撃と危機感は頂点に達し、アメリカも人工衛星の打ち上げを急ぎました。

自国の安全と科学技術の優位性を世界に示すために、国家威信をかけた米・ソの宇宙開発競争の幕が切って落とされました。

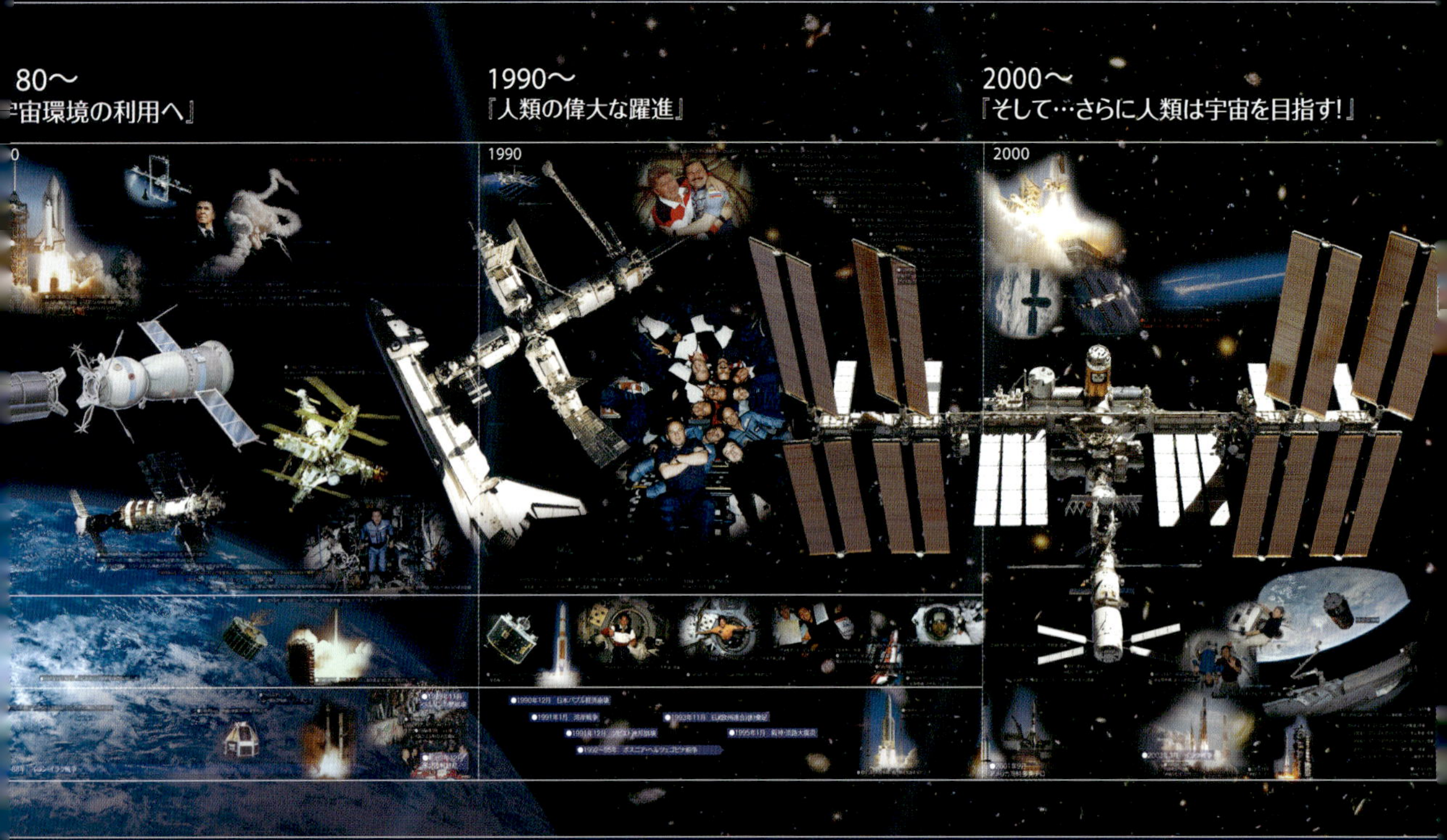

ソユーズ宇宙船は改良を重ね、現在でも使用されています。

アメリカでは、アポロ1号の事故を乗り越え、アポロ7号、8号、9号、10号と宇宙飛行士が搭乗して着々と月着陸に向けて試験を重ねていきました。『60年代が終わる前に』というケネディ大統領の宣言どおり、1969年7月20日、アポロ11号により人類初の月面着陸が敢行され、人類の歴史の中で最も古い大きな夢が実現しました。以後、1972年まで、12〜17号までが月に向かい、13号を除いて合計6機が月着陸に成功して人類最大級のプロジェクトは終了しました。

●1973年〜1979年　「競争」から「協調」へ

宇宙飛行士が宇宙に長期滞在するための宇宙ステーションとして、ソ連は「サリュート計画」を、またアメリカは「スカイラブ計画」をそれぞれ進めました。それらと平行して1975年7月、競い合っていた米・ソの宇宙船、「アポロ」と「ソユーズ」が地球周回軌道でドッキング。宇宙飛行士がそれぞれの宇宙船を訪問し、様々な宇宙実験などを行いました。

宇宙は「競争の場」から「協力の場」へかわろうとしてきたのです。

●1980年〜　「宇宙環境の利用へ」

アメリカでは、より頻繁により簡単に宇宙に行って、様々な実験や観測などを行うための「スペースシャトル」の開発を行い、1981年4月から運用を開始しました。スペースシャトルは2011年7月までの間135機が打ち上げられ、数多くの宇宙実験や衛星の軌道投入などが行われました。しかし、1986年1月の「チャレンジャー号」は打ち上げ直後に、そして2003年1月の「コロンビア号」は着陸直前に、それぞれ事故により14名の搭乗者全員の尊い命が失われました。

一方ソ連では、1986年2月、「サリュート」に次ぐ第二世代の宇宙ステーションとして「ミール」の開発・打ち上げを行い、2001年3月に制御落下させるまでの間、国際協力も含め、数多くの国の宇宙飛行士が滞在し、宇宙実験などを行いました。ソ連の宇宙飛行士ポリャコフは、1994年1月から95年3月までの「438日間」の長期滞在記録を作りました。

●1990年〜　「人類の偉大な躍進」

アメリカ、ヨーロッパ、カナダ、そして日本で国際宇宙ステーション計画が進む中、1993年にはロシア（旧ソ連）も加わることとなり、スペースシャトルとミール宇宙ステーションのドッキングなど協同飛行が繰り返されました。そして1998年11月、ロシアから国際宇宙ステーションの建設の第1便としてプロトンロケットにより、基本機能モジュール「ザーリャ」が打ち上げられました。以後、アメリカとロシアがそれぞれ分担して国際宇宙ステーションの構成要素を打ち上げ、宇宙で組み立てを行っていきました。

新しい時代の幕開けです。

●2000年〜　「そして…さらに人類は宇宙を目指す!」

宇宙開発は、新たな生活の場を切り開くという意味だけにとどまりません。宇宙における精密な天体観測により、宇宙の謎を解き明かし、そして他の惑星系での生命の可能性を探ることも宇宙開発の大きな目的です。これは、人類という種が、どこから来て、これからどこへ進むのか、そして人類を含む生命とは一体何なのかを考えることにもなります。

しかし、もっとも大切なことは、人類が宇宙へ進むということが、この地球を見直すことにもつながり、かけがえのない惑星と、そこで暮らす人美をといsつくしむ心を育むということです。

…だから、私たちは宇宙を目指します。

宇宙に進出する人類

～20世紀の宇宙開発史～

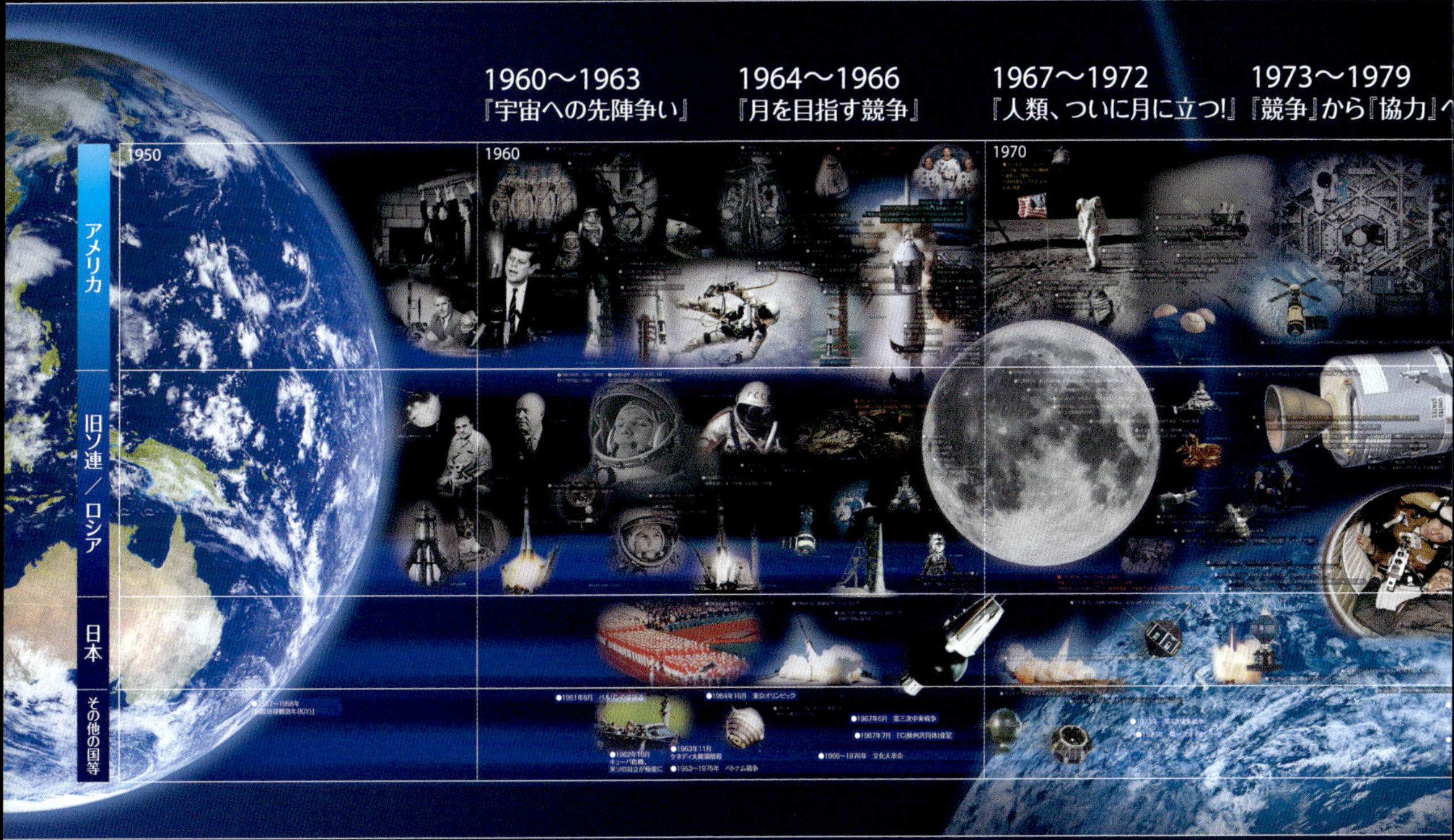

●1960年～1963年　「宇宙への先陣争い」

1961年4月12日、ソ連はユーリ・ガガーリンが搭乗した「ボストーク1号」を打ち上げ、地球を1周したのちに帰還させました。打ち上げから帰還まで、わずか1時間48分の短い時間でしたが、この時人類は初めて地球を離れ、広大な宇宙空間に進出を開始したのです。1人乗りの「ボストーク宇宙船」は1963年までに合計6機打ち上げられました。その間、ボストーク宇宙船同士の編隊飛行や女性宇宙飛行士の打ち上げなど、米国に比べて華々しさが目立ちました。

人工衛星の打ち上げに続いて、有人宇宙船の打ち上げでまたしても先を越されたアメリカは、マーキュリー宇宙船による有人飛行計画を進め、ガガーリンの世界初の宇宙飛行の翌月の5月5日にはシェパードが搭乗した「マーキュリー宇宙船」を打ち上げました。ただ、この打ち上げは地球周回軌道には乗らない15分程度の弾道飛行でした。アメリカ初の地球周回飛行は、1962年2月20日、ジョン・グレンが搭乗したマーキュリー宇宙船で達成されました。マーキュリー宇宙船は合計6機が打ち上げられ有人宇宙飛行に関する多くのデータが得られましたが、ソ連の宇宙船との規模の差は歴然としていました。

有人宇宙飛行競争が始まった1961年5月、アメリカのケネディー大統領は【1960年代が終わる前に、人類を月に着陸させ、無事に帰還させる…】という人類史上最大級の"アポロ計画"を進めることを決定しました。これにより、米・ソの宇宙開発競争は"有人月探査"が大きな目標となりました。

●1964年～1966年　「月を目指す競争」

アメリカは、月に人類を送るアポロ計画の前段階の計画として2人乗りの宇宙船による「ジェミニ計画」を立ち上げました。この計画では、宇宙船外活動を始め、宇宙でのランデブー、ドッキングなど月着陸に必要な技術を試験することとし、1965年と66年に打ち上げが行われました。

一方ソ連では、その前年の1964年10月、3人の宇宙飛行士を乗せた「ボスホート宇宙船」を打ち上げました。さらに翌年の3月にはボスホート宇宙船に2人が搭乗し、1人が宇宙船から出て世界初の船外活動を行いました。しかしながらこのボスホート宇宙船は、アメリカのジェミニ宇宙船に対抗してボストーク宇宙船を急遽改良したものであり、緊急脱出装置もない非情に危険な宇宙船でした。そのため、2回の打ち上げだけで計画は終了しました。

ソ連の世界初の宇宙遊泳成功の興奮が冷めやらぬ数日後、アメリカの2人乗りジェミニ宇宙船が打ち上げられました。ジェミニ宇宙船は2年間に合計10基の打ち上げが行われ、搭乗した延べ20人の宇宙飛行士によって着実に有人月探査の準備が進められました。

●1967年～1972年　「人類、ついに月に立つ!」

国家威信をかけた月着陸競争のアメリカ（アポロ宇宙船）とソ連（ソユーズ宇宙船）。あまりに急ぎすぎたこの競争で、米・ソ、それぞれ宇宙飛行士が死亡するという悲しい事故が発生しました。

1967年1月27日、アポロ計画で最初の有人打ち上げをひかえ、地上でのリハーサルの最中、宇宙船内で火災が発生、搭乗していた3名の宇宙飛行士が死亡しました（アポロ1号）。

また、同年4月23日、ソ連では新開発の宇宙船ソユーズ1号に1名の宇宙飛行士を乗せて打ち上げを行いましたが、地球に帰還の段階でパラシュートが開かず地上に激突。宇宙飛行士は死亡しました。宇宙飛行による初めての死亡事故です。またソ連では、有人月計画に必要な大型ロケット「N-1」の開発の遅れや事故のため、最終的に有人月探査を断念し、別に宇宙ステーション計画を進めていきました。

1980▶

宇宙環境を利用する時代へ

宇宙の環境をより積極的に利用する活動も推進するため
に、旧ソ連では宇宙長期滞在を行う宇宙ステーション
「ミール」が、そしてアメリカでは、より頻繁に宇宙に行くた
めの輸送手段として「スペースシャトル」が開発され、運用
されました。

1990▶

宇宙開発の「拡大と協力」

「ミール宇宙ステーション」と「スペースシャトル」のドッキングが繰り返されました。ライバルであったアメリカとロシア、そして日本、ヨーロッパ、カナダが力を合わせて「国際宇宙ステーション」の建設を開始しました。

2000▶

多様な宇宙活動を支えてきたロケット。ロケットは安全性・信頼性、そして経済性を図りながら、高性能、高能力化の開発が行われてきました。

宇宙活動の多様化、ニーズに対応するため、ロケットは今後も進化していくことでしょう。

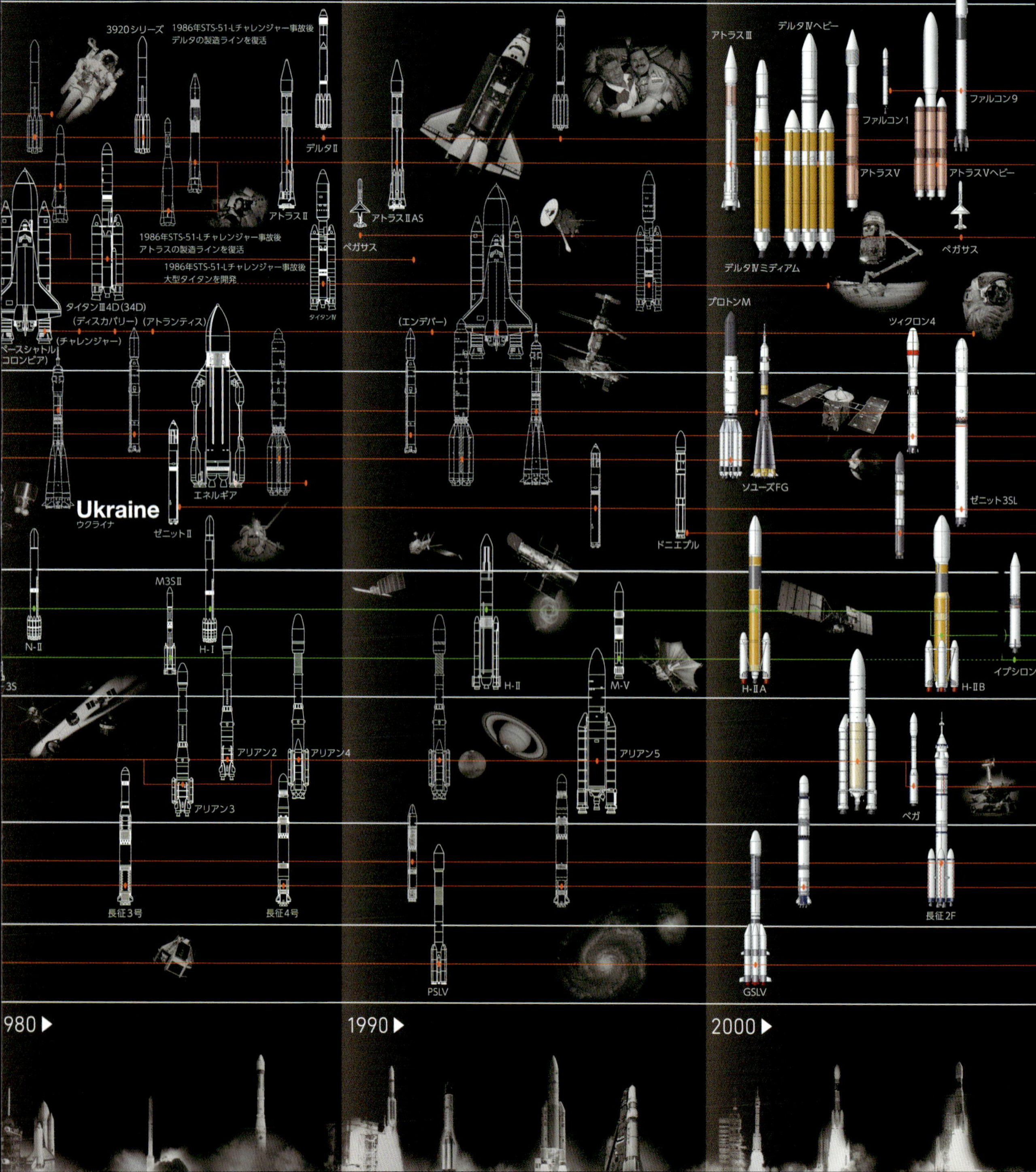

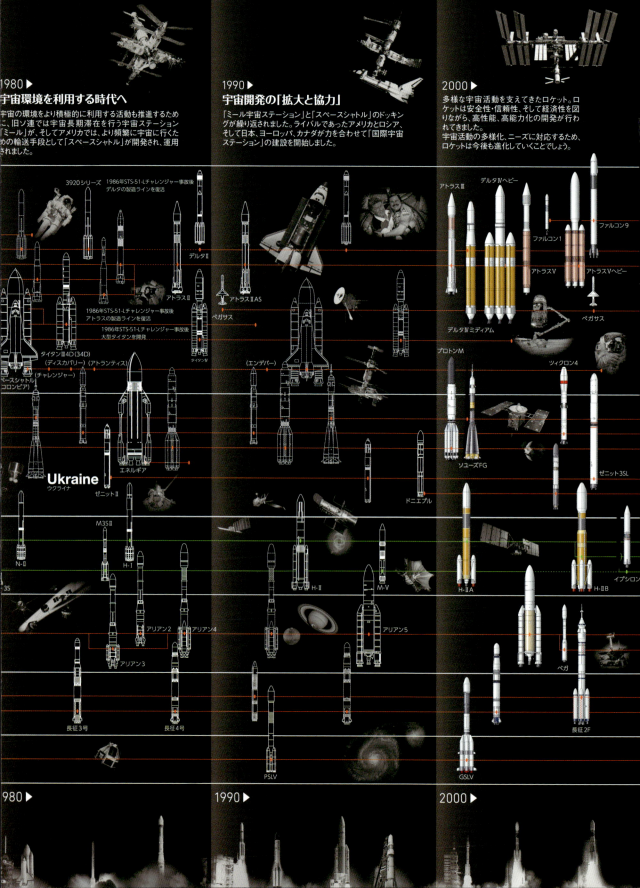

宇宙活動を支えた世界の主なロケット ～ロケット開発の流れ～

地球の重力を振り切って宇宙空間へと向かうためには強力なロケットが必要です。宇宙を目指すため、多くの失敗を繰り返しながらも、ロケットの開発がすすめられました。
そして20世紀半ば、ついに人類は実用的なロケットの開発を行い、宇宙への道を切り開きました。その後も多様化する宇宙活動を進めるため、ロケットの大型化・高性能化が進められました。

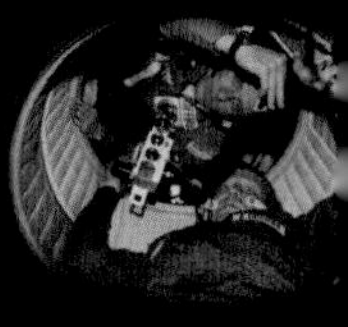

1950▶

宇宙開発競争スタート！

1957年10月4日、世界初の人工衛星「スプートニク1号」が旧ソ連によって打ち上げられ、米・ソの宇宙開発競争の幕が切って落とされました。

1960▶

宇宙開発の「大開拓時代」

1961年4月にガガーリン（旧ソ連）によって世界初の宇宙飛行がなされた後、米・ソの宇宙開発競争は「有人月着陸競争」へと移っていきました。9年間の激しい競争の結果、1969年7月アメリカのアポロ11号によって人類はついに地球以外の天体にその足跡を印しました。

1970▶

「競争」から「協調」へ

激しかった米・ソの宇宙開発競争はひとまずその幕を下ろし、協調の方向へと進むことになりました。そして宇宙開発はより生活に役立たせるための活動に向かっていくとともに、太陽系惑星探査の活動も積極的に進められました。

開発の流れ

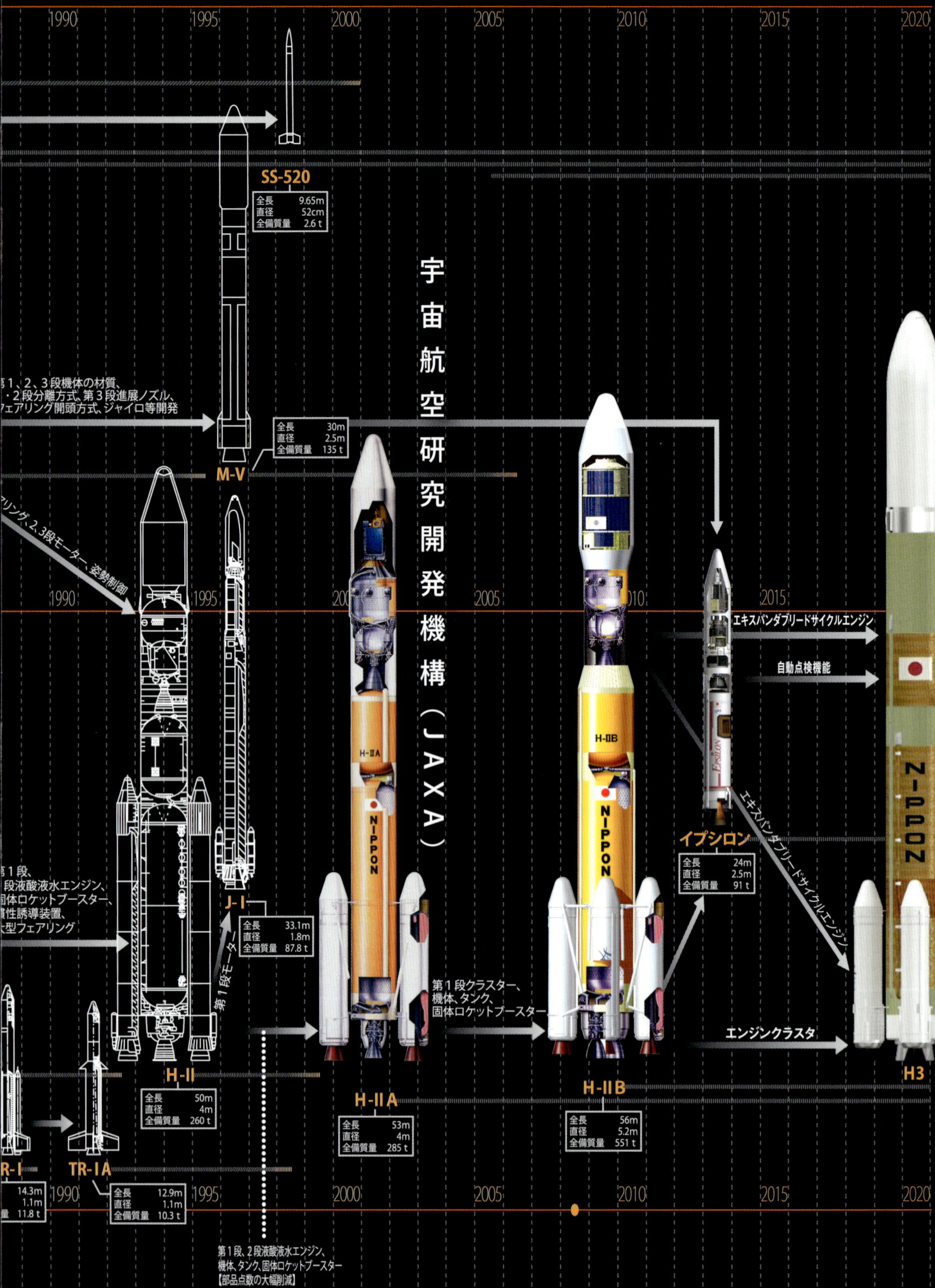
1990
1995
2000
2005
2010
2015
2020
SS-520
全長 9.65m
直径 52cm
全備質量 2.6 t
第1、2、3段機体の材質、
・2段分離方式、第3段進展ノズル、
フェアリング開頭方式、ジャイロ等開発
M-V
全長 30m
直径 2.5m
全備質量 135 t
宇宙航空研究開発機構（JAXA）
リング、2、3段モーター、姿勢制御
第1段、
段液酸液水エンジン、
固体ロケットブースター、
慣性誘導装置、
大型フェアリング
第1段モーター
J-I
全長 33.1m
直径 1.8m
全備質量 87.8 t
H-II
全長 50m
直径 4m
全備質量 260 t
R-I
14.3m
1.1m
11.8 t
TR-IA
全長 12.9m
直径 1.1m
全備質量 10.3 t
H-IIA
NIPPON
全長 53m
直径 4m
全備質量 285 t
第1段クラスター、
機体、タンク、
固体ロケットブースター
H-IIB
NIPPON
全長 56m
直径 5.2m
全備質量 551 t
イプシロン
EPSILON
全長 24m
直径 2.5m
全備質量 91 t
エキスパンダブリードサイクルエンジン
自動点検機能
エキスパンダブリードサイクルエンジン
エンジンクラスタ
H3
NIPPON
第1段、2段液酸液水エンジン、
機体、タンク、固体ロケットブースター
【部品点数の大幅削減】

日本のロケット

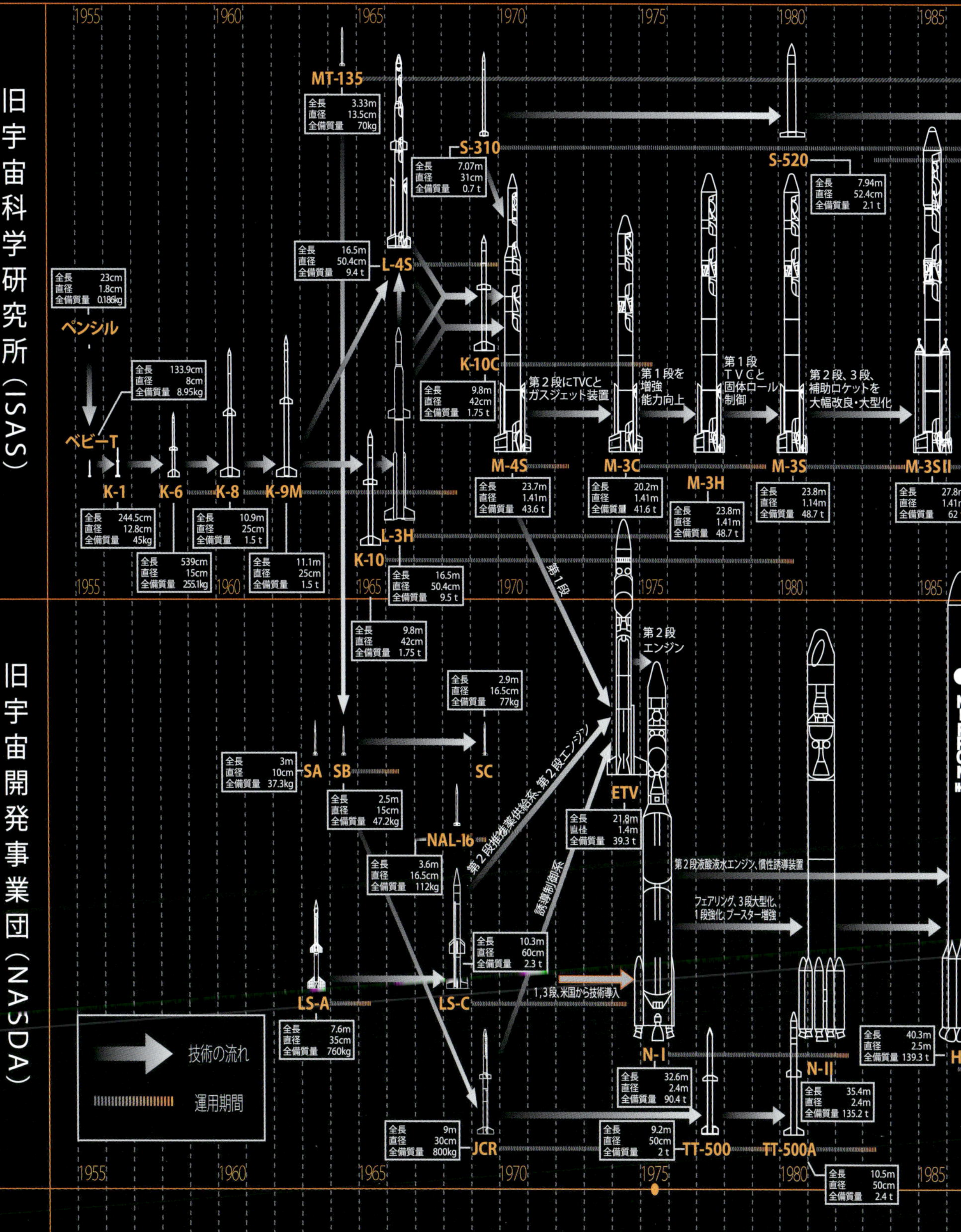
1955
1960
1965
1970
1975
1980
1985
旧宇宙科学研究所（ISAS）
MT-135
全長 3.33m
直径 13.5cm
全備質量 70kg
S-310
全長 7.07m
直径 31cm
全備質量 0.7 t
S-520
全長 7.94m
直径 52.4cm
全備質量 2.1 t
L-4S
全長 16.5m
直径 50.4cm
全備質量 9.4 t
ペンシル
全長 23cm
直径 1.8cm
全備質量 0.186kg
ベビーT
全長 133.9cm
直径 8cm
全備質量 8.95kg
K-1
全長 244.5cm
直径 12.8cm
全備質量 45kg
K-6
全長 539cm
直径 15cm
全備質量 255.1kg
K-8
全長 10.9m
直径 25cm
全備質量 1.5 t
K-9M
全長 11.1m
直径 25cm
全備質量 1.5 t
K-10C
全長 9.8m
直径 42cm
全備質量 1.75 t
第2段にTVCとガスジェット装置
第1段を増強 能力向上
第1段 TVCと 固体ロール制御
第2段、3段、補助ロケットを大幅改良・大型化
M-4S
全長 23.7m
直径 1.41m
全備質量 43.6 t
M-3C
全長 20.2m
直径 1.41m
全備質量 41.6 t
M-3H
全長 23.8m
直径 1.41m
全備質量 48.7 t
M-3S
全長 23.8m
直径 1.14m
全備質量 48.7 t
M-3SII
全長 27.8
直径 1.41
全備質量 62
L-3H
全長 16.5m
直径 50.4cm
全備質量 9.5 t
K-10
全長 9.8m
直径 42cm
全備質量 1.75 t
第1段
第2段 エンジン
旧宇宙開発事業団（NASDA）
全長 2.9m
直径 16.5cm
全備質量 77kg
SC
全長 3m
直径 10cm
全備質量 37.3kg
SA
SB
全長 2.5m
直径 15cm
全備質量 47.2kg
NAL-16
全長 3.6m
直径 16.5cm
全備質量 112kg
第2段推進薬供給系、第2段エンジン
誘導制御系
ETV
全長 21.8m
直径 1.4m
全備質量 39.3 t
第2段液酸液水エンジン、慣性誘導装置
フェアリング、3段大型化、1段強化、ブースター増強
LS-A
全長 7.6m
直径 35cm
全備質量 760kg
LS-C
全長 10.3m
直径 60cm
全備質量 2.3 t
1，3段、米国から技術導入
N-I
全長 32.6m
直径 2.4m
全備質量 90.4 t
N-II
全長 35.4m
直径 2.4m
全備質量 135.2 t
全長 40.3m
直径 2.5m
全備質量 139.3 t
H
JCR
全長 9m
直径 30cm
全備質量 800kg
TT-500
全長 9.2m
直径 50cm
全備質量 2 t
TT-500A
全長 10.5m
直径 50cm
全備質量 2.4 t
技術の流れ
運用期間

宇宙を体感しよう！ 科学館へ！

宇宙服

国際宇宙ステーションで使用される船外活動用宇宙服には、アメリカ製（上）とロシア製（下）がある。

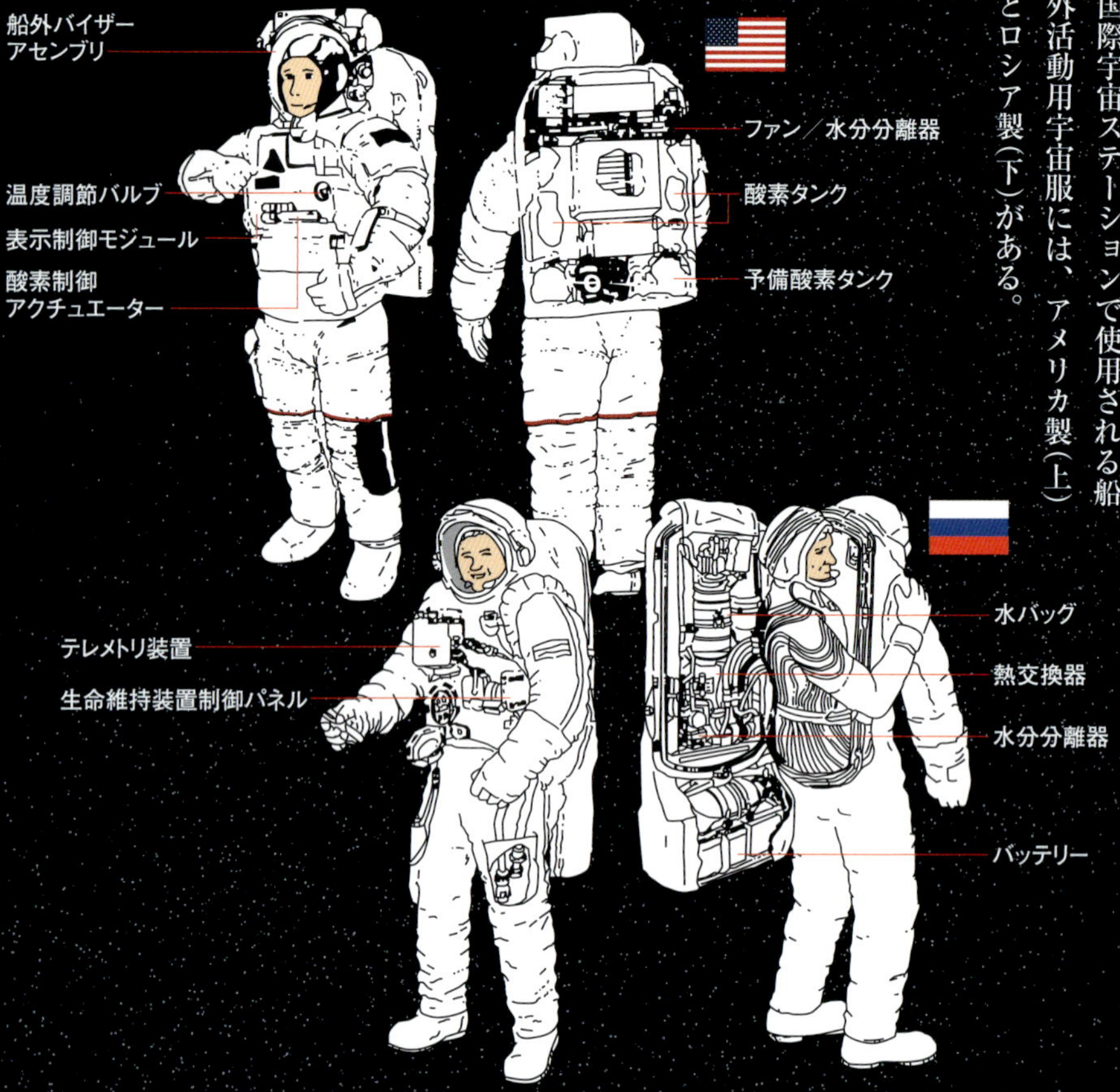

ずらりと並んだロケットペーパークラフト

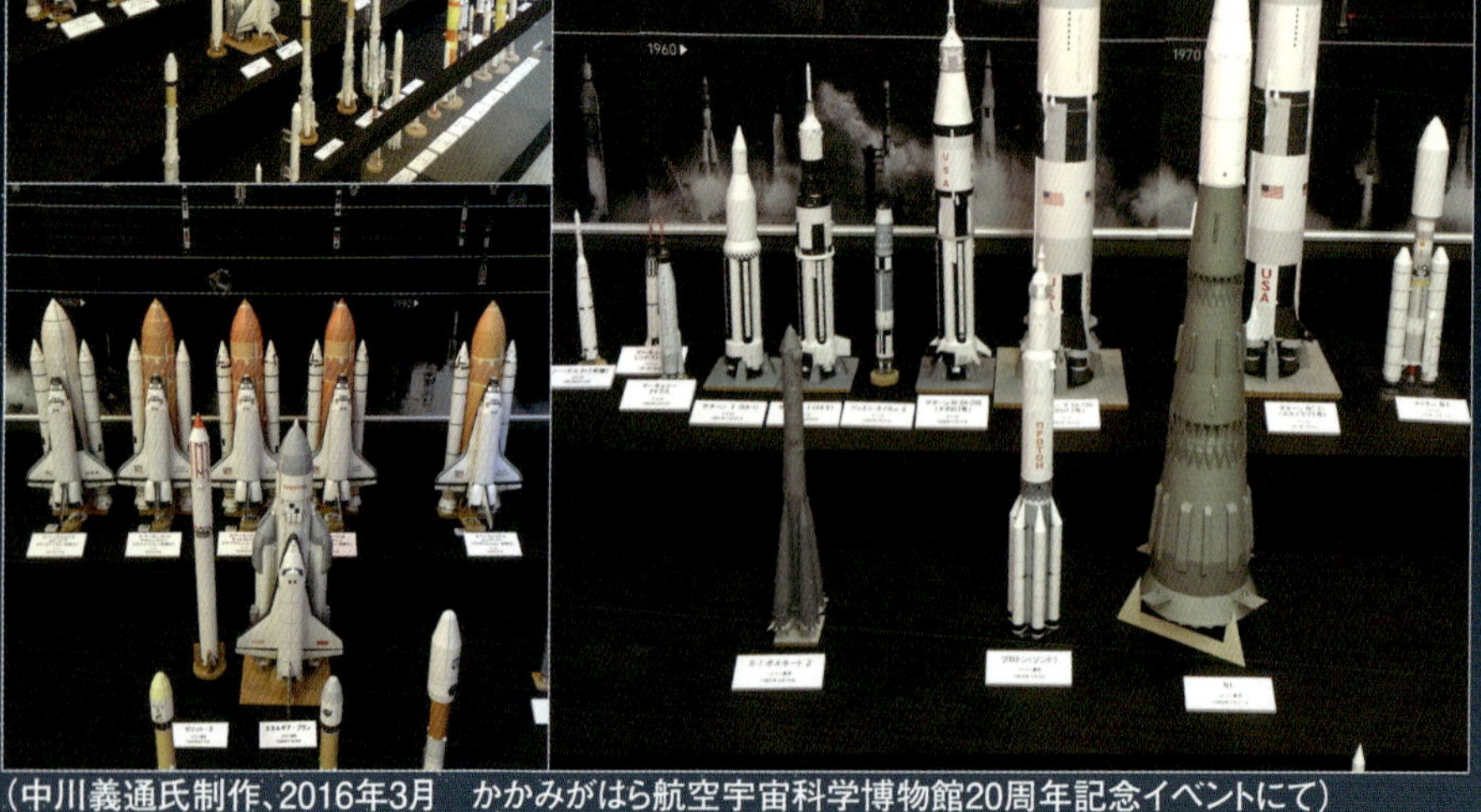

（中川義通氏制作、2016年3月　かかみがはら航空宇宙科学博物館20周年記念イベントにて）

着々と歩み続ける日本の宇宙開発

一般財団法人 日本宇宙フォーラム
（元JAXA宇宙教育推進室長）
Space i エグゼクティブディレクター
渡辺 勝巳

１９５５年（昭和30年）４月12日、全長23cm、直径１・８cm、質量１８６gの鉛筆のような小さなロケットの水平発射実験が東京の国分寺市で行われ、ロケットの飛翔に関するデータが取得されました。日本の宇宙開発の幕開けです。旧ソ連（現ロシア）による人類初の人工衛星打ち上げによって人類の新しい歴史が開かれる２年前の頃です。

１９５７年10月４日、ソ連は人工衛星「スプートニク１号」を打ち上げました。直径60cm、質量80kg程度の世界初の小さな人工衛星は、人類が宇宙への大きな夢に向かって進んでいくことを告げるかのような力強い電波を宇宙から送信してきました。それは、米・ソの国家威信をかけた宇宙開発競争の幕開けでもありました。そして、１９６９年７月20日、アメリカのアポロ11号により人類はついに月にその足跡を印しました。まさに人類が種としてこの地球に誕生して以来、数百万年の歴史の中で持ち続けてきた最も古い〝夢〟を実現した瞬間でした。

１９７０年２月11日、日本では、大きさ30〜40cm、質量20kg程度の小さな人工衛星を搭載したラムダ４S-5号機を鹿児島県内之浦から打ち上げ、無事地球周回軌道への投入に成功しました。我が国初の人工衛星「おおすみ」の誕生です。その後、技術開発を進め今日高い技術水準を確立してきました。絶望的なトラブルに見舞われながらも、世界で初めて月以外の天体からそのサンプルを持ち帰った「はやぶさ」。そしてまた、科学衛星による深宇宙の探査でも、日本は世界でもトップレベルの活躍をしています。

有人宇宙活動の分野では、これまでに10人の宇宙飛行士が宇宙に旅立ち、中でも日本人最多となる計４回の宇宙飛行を成し遂げた若田宇宙飛行士は、日本人として初めて国際宇宙ステーションのコマンダー（船長）を務めるなど、これまでの経験と実績が高く評価されました。

一方、宇宙開発の恩恵は、私たちの日々の暮らしのいろいろなところに広がってきています。例えば「ひまわり」でおなじみの気象衛星による天候状態の把握や、地球観測衛星による全地球の様子や大規模災害などの状況把握。通信や放送の分野でも、その存在感と役割は確固たるものとなっています。

広大な宇宙の謎の解明に挑み、私たちの日々の暮らしにも大きな恩恵をもたらしてくれる宇宙開発。その最前線の活動の様子や、今や日本が世界をリードする形で行っている研究開発の取り組みなどを知っていただくためにも、皆さんのそばにあり、本書でもご紹介している科学館や博物館にぜひ足を運んでいただき、見て・知って、時には本物に触れ、感動を共有しながら、宇宙開発の世界を身近に感じていただければと思います。

さあ、今週末は宇宙開発を実感しに、科学館に行きましょう！

２０１６年６月

全国宇宙科学館ガイド　目次

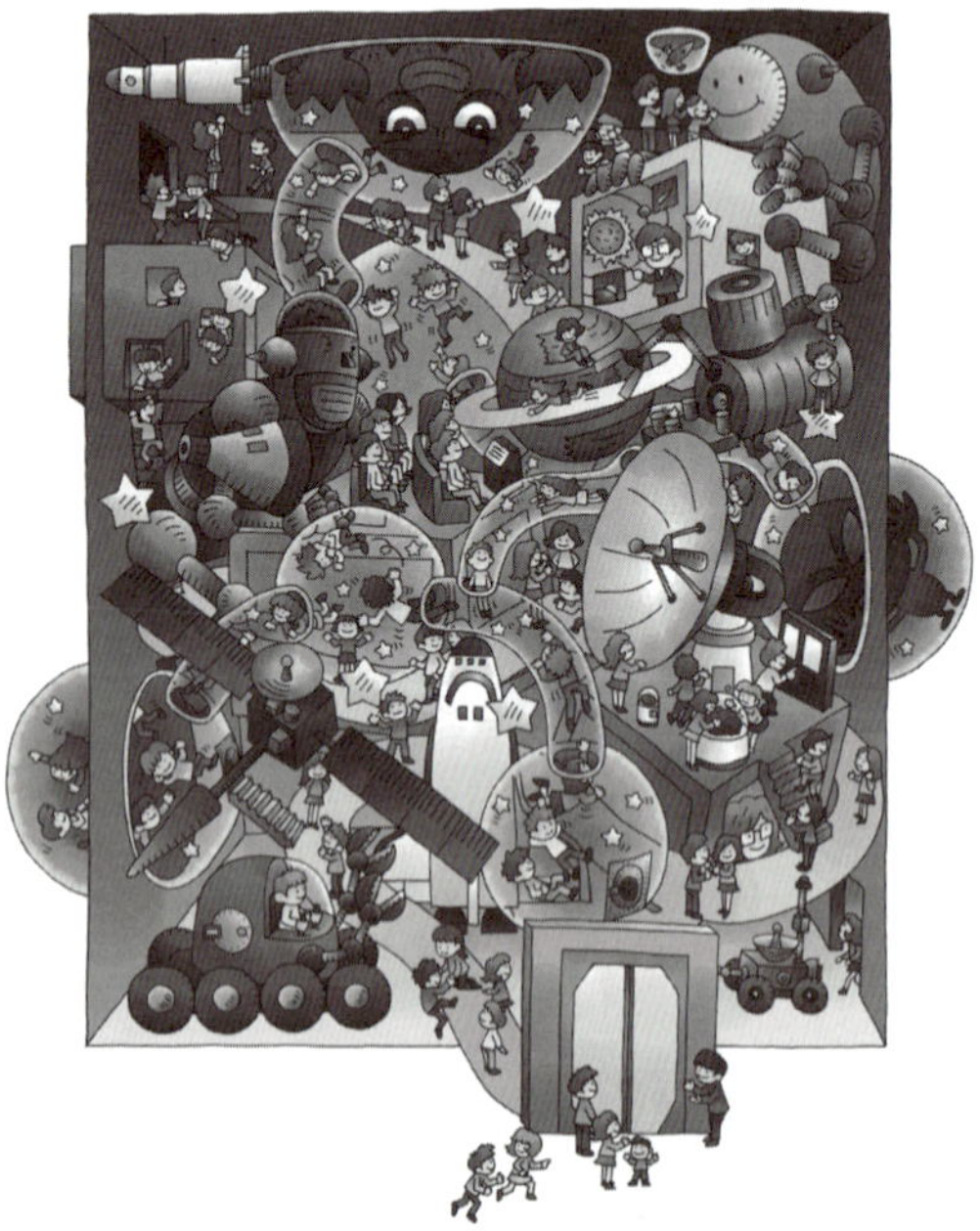

コラム

世界中のロケットをペーパークラフトに　縮尺1／100！　中川義通ロケットワールド　――水戸市総合教育研究所　中川義通……6

宇宙展示との出会いの演出は〝ワクワク感！〟――(株)丹青社　加藤　剛……8

西千葉の糸川研究室　――ロケット研究の黎明期に想いを馳せる　――JAXA名誉教授　的川泰宣……23

日本初 ロケット火薬実験の地記念碑　――日本初ロケット火薬実験の地記念碑建立実行委員会　実行委員長　前川義憲……25

日本の宇宙開発発祥の地――国分寺市政策部市政戦略室まちの魅力発信担当……26

能代宇宙イベント　―ペンシルロケット打上げを記念して―　――能代宇宙イベント実行委員会　実行委員長　堤　明正……28

ロケット打ち上げを見に行こう！――SF作家　笹本祐一……114

宇宙を駆けめぐったヒーローたち(SFの世界)――大阪教育大学　教授　福江　純……116

これからの宇宙旅行産業　―もうすぐだよ！―日本宇宙旅行協会　会長　パトリック・コリンズ……118

宇宙エレベーターの実現へ――宇宙エレベーター協会　会員　秋山文野……122

宇宙をめぐる旅に出かけよう――国立天文台チリ観測所　教授／所長　阪本成一……138

宇宙での生活――京都大学宇宙総合学研究ユニット　特定教授　土井隆雄……140

日本における月・惑星探査の歴史――JAXA宇宙科学研究所　准教授　吉川　真……144

地球外生命を求めて――東京薬科大学　教授　山岸明彦……148

母親目線による「科学館のすすめ」――天文台マダム　梅本真由美……186

科学館で実物を見ることの大切さ――(公財)日本宇宙少年団　松本零士・稲田伊彦・小定弘和……188

Space・i(スペース アイ)とは――Space・i編集部　宇宙かわら版担当：田中令以知……192

●アイコンマークについて

- 駐車場あり
- 18時以降の開館あり（イベント、期間限定含む）
- 車いすでの入場可
- ベビーカー持込可
- 食事施設あり

●データの見方

- 施設名
- 所在地・TEL
- 開館時間
- 休 休館日
- ¥ 料金
- 駅 アクセス
- 駐車場の有無

※データは2016年6月現在のものです。

※施設の休館日、開館時間、入館料金などは変更する場合があります。お出かけの際は、HPなどでご確認ください。

世界中のロケットをペーパークラフトに

縮尺１／１００！　中川義通ロケットワールド

水戸市総合教育研究所
中川義通

２０１６年2月14日から3月28日までかかみがはら航空宇宙科学博物館２０周年記念イベントとして「ロケットペーパークラフト展」が開催されました。そこには実物の１／１００という精密なロケットが所狭しと展示されていました（頁下の写真）。すべてペーパークラフトで制作されたものです。制作者は中川義通氏。ロケットペーパークラフトでは、中川氏の右に出る人はいません。そんな中川氏に制作のきっかけ、思いなどお聞きしました。

きっかけは？

お金がなかったから（笑）。本当はサターンロケットの「大人の超合金」（バンダイ）が欲しかったんです。子どもたちに話すときに、こんなでっかいロケットで行ったんだよって話したら、喜んでもらえるかなと。でも5万円以上するんですよ。

で、ふと、どこか探せば、型紙があるんじゃないかと。それで、探してみたら、あっさり見つかったんです。ただ、ペーパークラフトは、それほどやったことがなかったので、いきなりあんな大きいのは無理だろうと思って、じゃあ、小さいのからと。でも、せっかく小さいの作るんだったらH-ⅡAロケットを作りたいと思ったんです。H-ⅡAの型紙を探し出して作りました。それが面白かったので、じゃ今度はというので、当時、野口さんが宇宙に行く直前でしたからソユーズだろうと。それで、ソユーズを作りました。それが、２００９年の秋頃でしたか。

自分でも不思議なんですよ。プラモデルもろくにやったことないんですよ。だいたい途中までやって飽きちゃって放り投げる方だったんですが、その私がなんでペーパークラフトだとあそこまでこだわってやるのかなって。

いくつぐらい制作されたのですか？

今展示しているものが全部ではありません。全部で作った数は、１５０点を超えていると思います。いくつかは震災のときにダメになって廃棄したのもあります。現在あるのは１２０点くらいです。

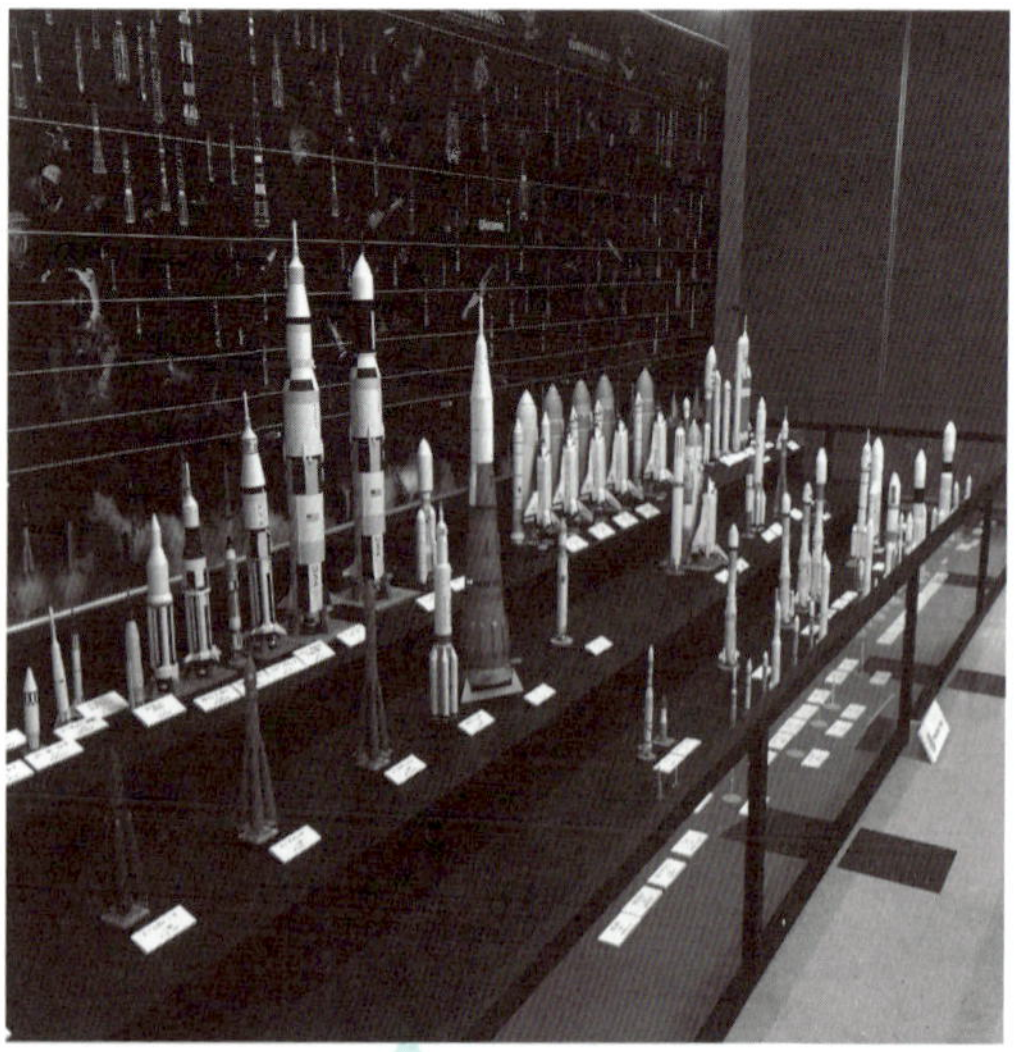

（なかがわ・よしみち）
1970年、茨城県水戸市生まれ。2000年より水戸市総合教育研究所移動天文車指導員。2009年秋頃より、教材として宇宙に関するペーパークラフト製作を開始。そのコレクションが日本最大規模となり、各地で展覧会を開催している。作品の写真は，「PASA：ペーパークラフト航空宇宙局」（http://universe.art.coocan.jp/PASA/）にて公開中。

今日持ってきていないのは、職場に置いてあります。保管しています。結構、場所をとるんですよ。そこはわがまま言って置かせてもらっています（笑）。

最も苦労されるところは？

じつは最も苦労する点は、本体ではなくて、作ったロケットをどうやって立てるかということなんです。立たないものが多いんです。だいたい下にエンジンがあるので。そこで、発射台のようなものを作ってそこにうまく収まるようにして立てるとか。あとは、制作するときに内側にピアノ線を仕込んでおいて、磁石でくっつけるとか。そのように、どうやって立てるかが、じつは一番難しいところですね。

「ペーパークラフト教室」（2016年3月20日、於かかみがはら航空宇宙科学博物館）

最終目標は？

最終的に……うーん。じつは、具体的なものは何も考えてないんです。でもやっぱり、思っているのは、日本でこうした展示を見かけないんですよ。世界のロケットが並ぶっていうのは。JAXAに行ってもどこいっても日本のロケットですね。さらにいうと、つくばにいくと、旧宇宙開発事業団系列の展示があって、相模原に行くと、旧宇宙科学研究所系列の展示はあってと、そこでだいたい終わりなんですよね。

日本という括りでまずあって、それが世界のなかでどういう位置づくのかという展示は見かけないのです。そのあたりをいろいろわかってほしいと思って、こうした展示をあちこちでやっています。

あとは、意外とみなさん、最新の情報を知らないのでそのあたりも伝えたいと。たとえば、ファルコン9（ナイン）が去年回収のための着陸に成功したとか。我々には衝撃的なニュースで飛びついたんですけど。あの着陸成功のニュースってあんまり出なかったですよね。また、アメリカのドラゴン宇宙船が有人型でがんばっていることも皆さんあまり知らないし、そういうあたり、できるだけ、私も最新のものを作って展示会ごとに用意するようにしていますので、まさに、進歩している最中だってことを見て欲しいというのがあります。だからといって、最終的にどこを目指しているとかいうのは、ないんです。

今、国際宇宙ステーションを作っているんです（笑）。じつは、私も作り始めたのを後悔するくらい難しいんです。これが一応、代表作といえば代表作です。まだぜんぜん完成に遠いので、何とも言えませんが。当初の完成見込みの時期はとっくに過ぎているんです（笑）。

楽しい話を聞かせていただきました。なかなか根気のいる作業です。ロケットの世界を身近に感じることができる中川ワールドでした。これからも楽しみですね。

宇宙展示との出会いの演出は〝ワクワク感！〟

株式会社　丹青社
加藤　剛

いま、わが国では宇宙が熱い！
だから宇宙展示も熱い！

日本におけるここ数年の宇宙の話題は、私たちをワクワクさせてくれます。ご存知、小惑星探査機「はやぶさ」によるサンプルリターンのミッションは、『走れメロス』にも負けず劣らずの感動物語として語られ、後継探査機の「はやぶさ2」にも新たなドラマの期待が高まります。国際宇宙ステーションで若田光一宇宙飛行士が船長としての任務を無事遂行されたことはまだ記憶に新しいですね。

一方で、通信、測位、地球観測など、私たちの毎日の暮らしに密着した衛星たちの運用プロジェクトが着々と進められています。さらに今後、誰もがもっと気軽に、もっと自由な発想で宇宙を活かしたアイデアを試すことができるようになると、ひょっとすると社会を劇的に変えるような民間によるサービスが登場するかもしれません。宇宙は今、日本人宇宙飛行士が活躍し、その有効利用によって日々の暮らしを私たち自身でより豊かにしていくことができる、とても現実的で身近な対象になってきています。

さて、そうなると、宇宙展示の現場でもそのねらいやアプローチの仕方が少々変わってきます。これまでは、天文学や宇宙物理学の基礎、最新の研究成果といった内容がおもな展示対象でした。そこに民間参入も含めた宇宙利用の視点が加わることによって、将来宇宙飛行士や天文学者をめざすような人でなくても興味を抱くことのできるような多角的な展示が必要です。「さぁ、宇宙で何ができるかな？　キミも一緒に考えよう！」といったノリで、今後はより多くの来館者の皆さんに主体性を促すような工夫が必要になってきそうです。

宇宙は情報内容が日進月歩で追加更新されるライブ感あふれる展示テーマであり、今や誰もが将来関わる可能性を秘めた、広くて深い、遠くて近い、そんな挑戦し甲斐のある熱いテーマなのです。

近年の多様な情報社会の中、博物館・科学館では日常生活や学校などでは得られないような、空間特性を活かしたモノ・コトとの出会いの演出を重視し、エモーショナルな体験・体感性のある展示をより積極的に取り入れはじめています。

宇宙展示においても上述のような背景をふまえて、これまで解説パネルでしか伝えることができなかった情報を、より多くの皆さん（特に小さな子どもたち）にも興味をもって見てもらえるように、館の皆さんとアイデアを出し合っています。そんな〝ミッション〟に挑戦してできたエキサイティングな展示アイテムの例を紹介しましょう。

（かとう・つよし）

株式会社丹青社・シニアデザインディレクター。愛知県名古屋市出身、早稲田大学理工学部建築学科卒。現在はおもに全国の科学館、博物館、子ども施設、各種交流スペース等の展示企画・設計に携わっており、近年は特に子どもたちの多様な体験の場、成育環境の在り方について積極的な提案を行っている。国立科学博物館、筑波宇宙センター展示館、足立区ギャラクシティ、セーレンプラネット（福井市自然史博物館分館）など展示設計実績多数。

「オービタルビジョン」～素通りさせない！足もとに広がる俯瞰映像（ＪＡＸＡ筑波宇宙センター「スペースドーム」）

「人工衛星はどこをどのように飛んでいるのか？」「打ち上げられたロケットはその後どこに向かうのか？」といった〝軌道〟をテーマにした展示アイテムです。軌道の話は、〈公転・自転する地球とそこを周回する衛星〉のように、複数の対象がそれぞれ動きを伴うため、内容的にも表現的にも説明するのが実は難しい。しかしこのような、説明文や図解だけではわかりにくい内容も映像であれば一目瞭然になります。ところがこの映像を通常のディスプレイで映し出しても興味のある人は見るけど、そうでない人は見向きもしないことがある。誰もが関心を持って最後まで見てもらえるようにするためには、それなりの工夫が必要です。そこで、来館者の足もとに広がるダイナミックな大型床面映像にしました。各衛星の軌道や動きが直感的にわかるだけでなく、時には衛星と一緒に地球上をフライトしているような不思議な浮遊感が得られるなど、思わず足をとめて観たくなるアイテムです。

オービタルビジョン：手前に広がる床面に様々な軌道に関する映像が展開される

「時空ホッパー」～好奇心、冒険心、チャレンジ精神を刺激する！（バンドー神戸青少年科学館）

子どもたちに大人気の遊具と、地球・宇宙に関するコンテンツを組み合わせた日本初の展示アイテムです。展示室の壁いっぱいに広がる15m×7.8mの大画面映像とドーム型トランポリンで構成されており、時空間移動装置に見立てたこのドーム上で子どもたちがジャンプを繰り返すことによって、大画面で展開する冒険の旅を進め、ゴールをめざすというもの。プログラムは「天の川銀河の果てをめざせ！」など3つのミッションが用意されており、いずれも詳細な情報は詰め込みすぎずに、とにかく宇宙や地球の圧倒的なスケールを体感してもらうことに重点をおいています（各プログラム内容は、インタラクティブな検索装置「探究のトビラ」と連動しており、ここでより深い情報を〝探究〟できる）。

時空ホッパー：ドーム上でのジャンプによってストーリーが進行する

これまで宇宙展示にはあまり深く入り込めなかった低学年の子どもたちも含めて、好奇心や冒険心がかきたてられ、何度も挑戦したくなる仕掛けを施し、何よりもシンプルな楽しさを提供することによって、「宇宙コーナーは楽しい！」という原体験を持ってもらうこと。圧倒的なビジュアルによる刺激がさらなる宇宙への関心を高めるきっかけとなること。ここではこうした体験の場づくりを大切にした展示をおこなっています。

宇宙が人類にとっていまだにフロンティアであるように、展示の現場にいる私たちも常にフロンティア精神をもって、宇宙というジャンルのワクワク感が実感できるようなアイテムや空間づくりに挑戦しています。ますます身近になる宇宙の〝熱い〟展示をぜひお近くの様々な展示館で体感してみてください。

北海道

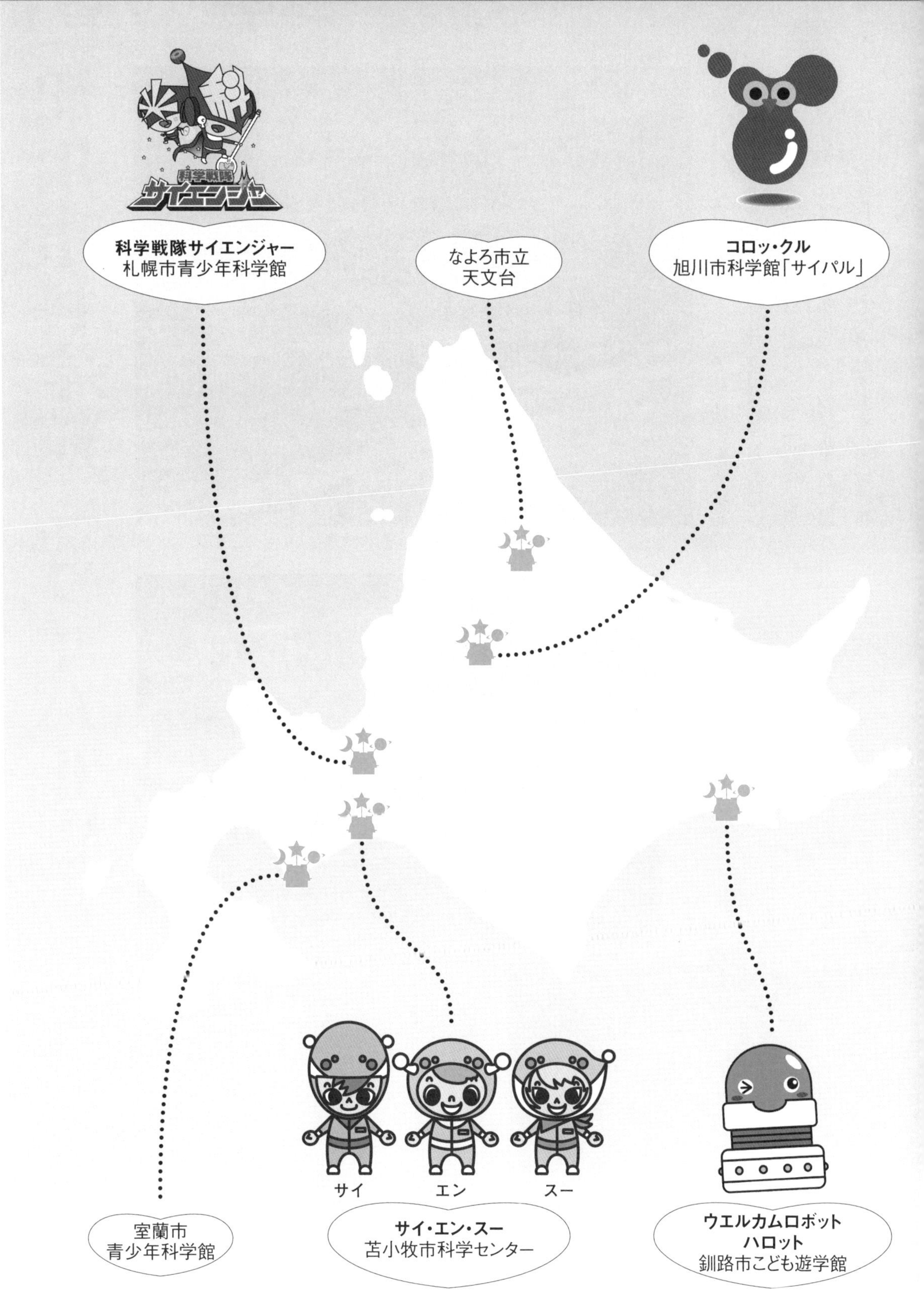
科学戦隊
サイエンジャー
科学戦隊サイエンジャー
札幌市青少年科学館
なよろ市立
天文台
コロッ・クル
旭川市科学館「サイパル」
室蘭市
青少年科学館
サイ
エン
スー
サイ・エン・スー
苫小牧市科学センター
ウエルカムロボット
ハロット
釧路市こども遊学館

「ふしぎからはじまる〈科学〉との出会い」をお届けします。

旭川市科学館「サイパル」

素朴な疑問を大切にすること、それが旭川市科学館「サイパル」のコンセプト「ふしぎからはじまる〈科学〉との出会い」です。1階には常設展示室やプラネタリウム、2階には実験実習室やレファレンスルーム、屋上には天文台を配置し、子どもから高齢者の方など誰

常設展示室宇宙コーナー。そのほかの展示もございます。

ラネタリウム。座席数は170席です。

もが楽しみながら科学を学ぶことができる施設です。

☆常設展示室

北国・地球・宇宙の3つのコーナーがあり、宇宙コーナーにはムーンジャンプ・宇宙ゴマ・月の満ち欠け・星の回転運動など体験的に学べる展示機器を多く設置しています。

☆プラネタリウム

光学式投影機カールツァイス社製STARMASTER ZMPから投影される美しい星空と全天周ドーム投影システムによる映像を組み合わせ、一般番組や自主制作の幼児番組の投影、また、コンサートなどの特別番組も定期的に投影しています。

☆天文台

開館日の午前中は20㎝屈折式望遠鏡で太陽黒点を、午後からは65㎝反射式望遠鏡で昼間の星を見ることができます。定期的に季節の星座の1等星や観望好期の惑星などを観測する観望会「天体を見る会」も実施しています。「天体を見る会」開催日はプラネタリウムで当日の星空の事前解説もおこないます。

見所展示・体験コーナー

☆ムーンジャンプ☆月の重力を疑似体験できます（月の重力は地球の約６分の１ですが、本機器では体験性を高めるため、10分の１に設定しています）。

☆宇宙ゴマ☆３軸で回転するイスに座り、前後左右上下がない宇宙空間の無重力状態を疑似体験します。NASAの訓練機器を模した装置を使用しています。

☆星の回転運動☆回転軸に体を近づけると回転が速くなり、遠ざけると遅くなるという、角運動量保存の法則を実体験できます。惑星の公転運動にも同様の力が働いていることを感じ取ってもらうことを目的としています。

☆月の満ち欠け☆月の満ち欠けや日食・月食の仕組みを、自分が地球の位置に座って動きながら太陽・地球・月の位置関係を学ぶことができます。

DATA

- 名：旭川市科学館「サイパル」
- ★：北海道旭川市宮前１条3-3-32 TEL 0166-31-3186
- 時：9:30～17:00（入館は16:30まで）
- 休：毎週月曜日（6～9月は無休、ただし整理休館日は除く）、年末年始（1/2除く）、毎月末の平日
- ¥：大人：400円・高校生：250円・中学生以下：無料　※プラネタリウムは別料金、セット券あり、天文台は無料
- 駅：【JR函館本線】〔バス〕旭川駅前27番のりばより5分程度、「科学館前」下車すぐ
- 車：あり（一般76台・身障者用5台・バス6台）無料
- HP：http://www.city.asahikawa.hokkaido.jp/science/index.html

INFORMATION

夏・冬休み期間に、館内各所で参加・体験型の工作や実験の実演など、科学をテーマにしたブースを多数出展し、参加者が館内を探索しながら科学を楽しむイベントを開催しています。また、春と秋の年２回、常設展示室とプラネタリウムの観覧料が無料になる“科学館まつり”も開催しています。

子どもから大人まで宇宙を体験しながら学べる施設です！

釧路市こども遊学館

科学知識の普及啓発を図るとともに次代を担うこどもたちが五感を通した「遊び」、「学び」の多くの体験から豊かな感性、創造力、知的好奇心を高め、各世代の人々がこどもたちのために協働し互いの交流を深

見て触って学べるロケット展示

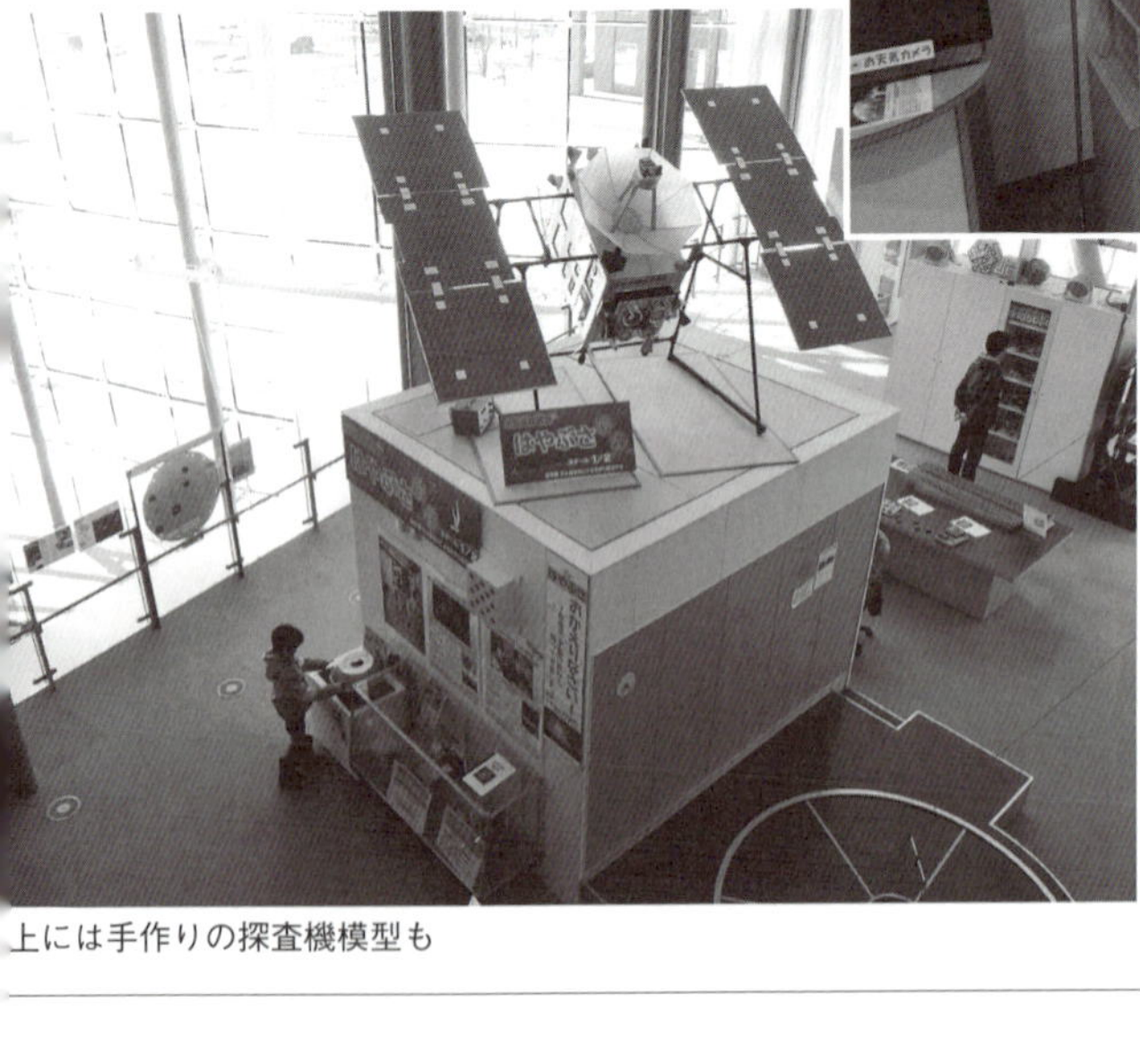

上には手作りの探査機模型も

め、地域文化の発展に寄与することを目的に建設されました。こどもたちの無限の可能性を引き出すところ、それがこども遊学館です。

　皆さまをお迎えする1階「さんさんひろば」には国内最大規模の屋内砂場があります。夏は涼しく冬は寒冷ながら日射時間の長い道東の気候特性を最大限に活かすガラス壁面で覆われ、開放感あふれる憩いの場（無料）となっています。館内を進むと、オリジナル楽器をはじめとした、体感・実感できる展示物や遊具が集まる「あそびらんど」、宇宙・地球・生命をテーマにした展示や実験工作・サイエンスショーがおこなわれる「ふしぎらんど」、世界で1台しかない投影機「ジェミニスターⅡ」を装備して地域色を活かした番組投影・星空解説をおこなうプラネタリウム「スターエッグ」など、魅力たっぷりの遊びと学びの場が広がります。

　また、例年9月には「宇宙の日」にちなんだ特別イベントを実施して、こどもたちが宇宙に興味を持つきっかけ作りの場も提供しています。遊学館でしかできない体験を思い出に持ち帰ってください。

見所展示・体験コーナー

プラネタリウム「スターエッグ」は、国内唯一の「デジスターⅡ」を含む、世界で１台しかない投影機「ジェミニスターⅡ」を装備しています。地域色を活かした当館オリジナル番組の投影や星空の生解説をおこなっています。

「宇宙・地球・生命」をテーマにした常設展示では、重力の窪み、日食・月食など遊びながら宇宙を体験できるコーナー、宇宙船に乗った気分でクイズを楽しみながら宇宙を学べるコーナーなどがあります。また、H-Ⅱロケット 30 分の１模型をはじめとしたロケット模型、ボランティアによって全国に先駆けて作成された小惑星探査機「はやぶさ」２分の１模型をはじめとした手作り探査機模型なども見ることができます。

DATA

- ：釧路市こども遊学館
- ：北海道釧路市幸町 10-2
  TEL 0154-32-0122
- ：9:30〜17:00
- 休：月曜日（祝日の場合は翌日、ただし GW、市内小中学校長期休み中は開館）、年末年始
- ¥：大人：590 円・高校生：240 円・小中学生：120 円・幼児：無料　※プラネタリウムは別料金、セット券あり
- 駅：【JR 根室本線】釧路駅より徒歩８分
- ：あり（81 台）無料
- HP：http://www.kodomoyugakukan.jp/

INFORMATION

移動天文車「カシオペヤ号」が天体観測会を希望する市内の団体や地元のお祭りなどに出動します。また、釧根地域唯一の科学館として、全国で話題のイベントも積極的に取り入れています。過去には小惑星探査機「はやぶさ」帰還カプセルの展示や国際宇宙ステーション滞在中の宇宙飛行士との交信イベント（２回）など、おこないました。

プラネタリウムが 2016 年春リニューアル。1 億個の星で星空を再現。

札幌市青少年科学館

地下鉄とＪＲの両駅に隣接し、交通の便がとてもよい札幌市青少年科学館。宇宙や科学を体験しながら学べる科学館です。北海道最大級の規模を誇るプラネタ

2016 年 4 月にリニューアルされたプラネタリウム。

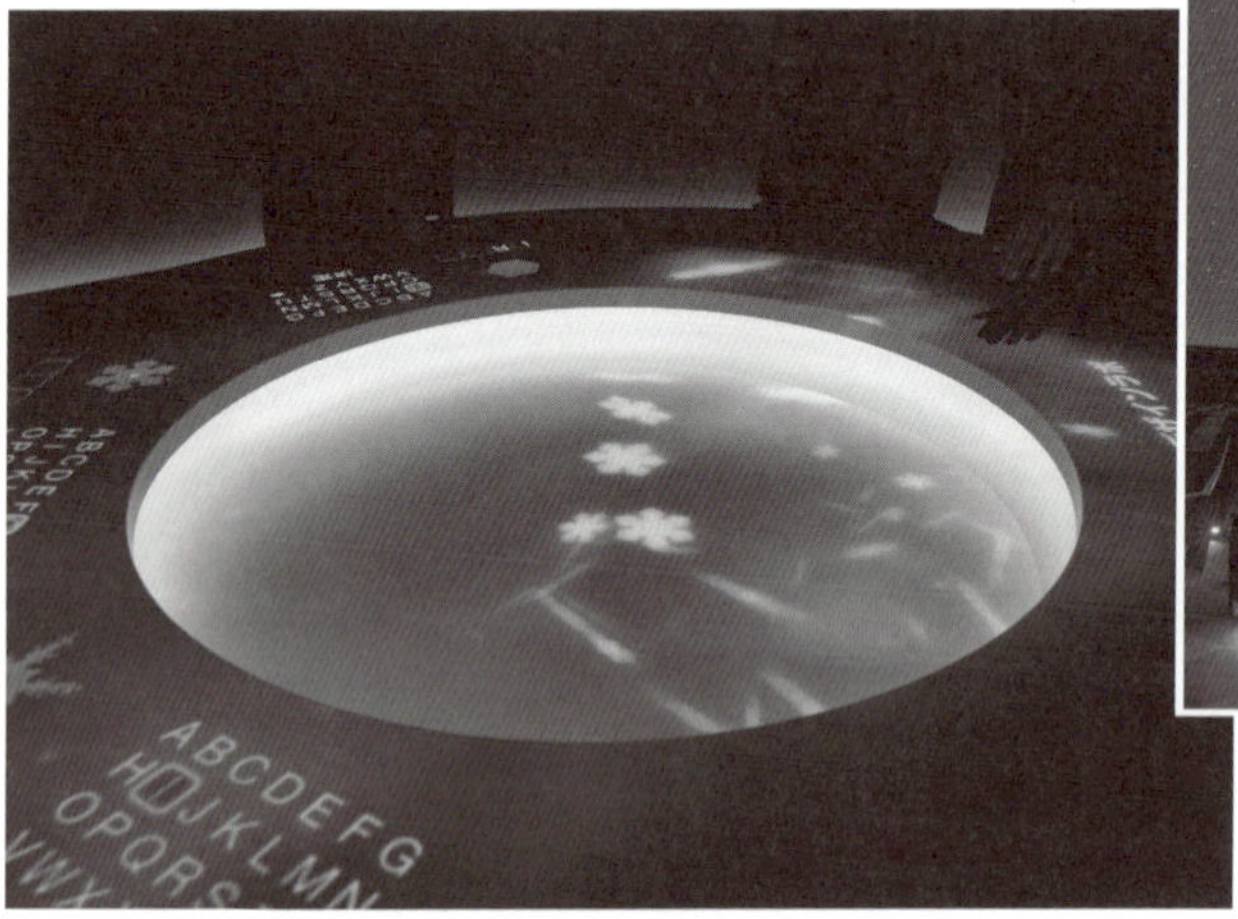

スノーデザインラボ　自分だけの雪の結晶をデザインできます。

リウムは、ドーム直径18mを誇り、座席数200席の中で全天周映像を駆使した臨場感ある星空が楽しめます。約1億個の美しい星々がカラフルな色やリアルな瞬きとともにドームいっぱいに映し出され、本物に近い星空を体験できます。毎日のプラネタリウムでは、職員の生解説による今日の星空、オリジナルのプラネタリウム番組などを上映。月に1度程度おこなう「夜間特別投影」では月食などの天文現象や音楽をテーマにした上映をおこなっています。

また、「見て、触れて、考える」をコンセプトに、館内の展示室にはロボット・光・音・交通などのテーマ別に約200点の体験型の展示物があります。なかでも北国の科学館らしく、雪や氷を学ぶ展示物が充実しており、世界で初めて設計・製作された人工降雪装置や、雪の結晶には様々なデザインがあることを学ぶスノーデザインラボがある「雪・氷コーナー」が人気です。

毎日おこなわれているサイエンスショーでは、日常生活で目にする不思議な現象を紹介するなど、楽しみながら科学を学ぶことができます。

見所展示・体験コーナー

「天文・地球科学コーナー」では、プラネタリウムの上部ドームを活用し、日本列島を中心とした北半球の冬のようすがわかる巨大スケールの地球ドームと、それを取り囲む4つのコーナーで、宇宙と太陽系と地球、そして北海道の成り立ちをダイナミックに解き明かします。

また、札幌市青少年科学館の名誉館長を務める山崎直子宇宙飛行士の足跡をたどるコーナーがあり、ISS(国際宇宙ステーション)きぼう実験棟での活動のようすを紹介したり、宇宙で使用した物品や洋服などを展示しています。

DATA

- 札幌市青少年科学館
- 北海道札幌市厚別区厚別中央1条5丁目2-20 TEL 011-892-5001
- 9:00〜17:00(5〜9月)、9:30〜16:30(10〜4月)
- 休：月曜日(祝日の場合は翌日)、年末年始
- ¥：大人：700円・中学生以下：無料　※プラネタリウムは別料金、セット券あり
- 駅：【JR千歳線】新札幌駅よりサンピアザ経由で徒歩5分／【地下鉄東西線】新さっぽろ駅1番出口より徒歩1分
- あり(40台)無料　※土日祝のみ一般開放、平日はバス専用駐車場、別途提携駐車場あり、館内で押印の場合2時間まで無料
- HP：http://www.ssc.slp.or.jp/

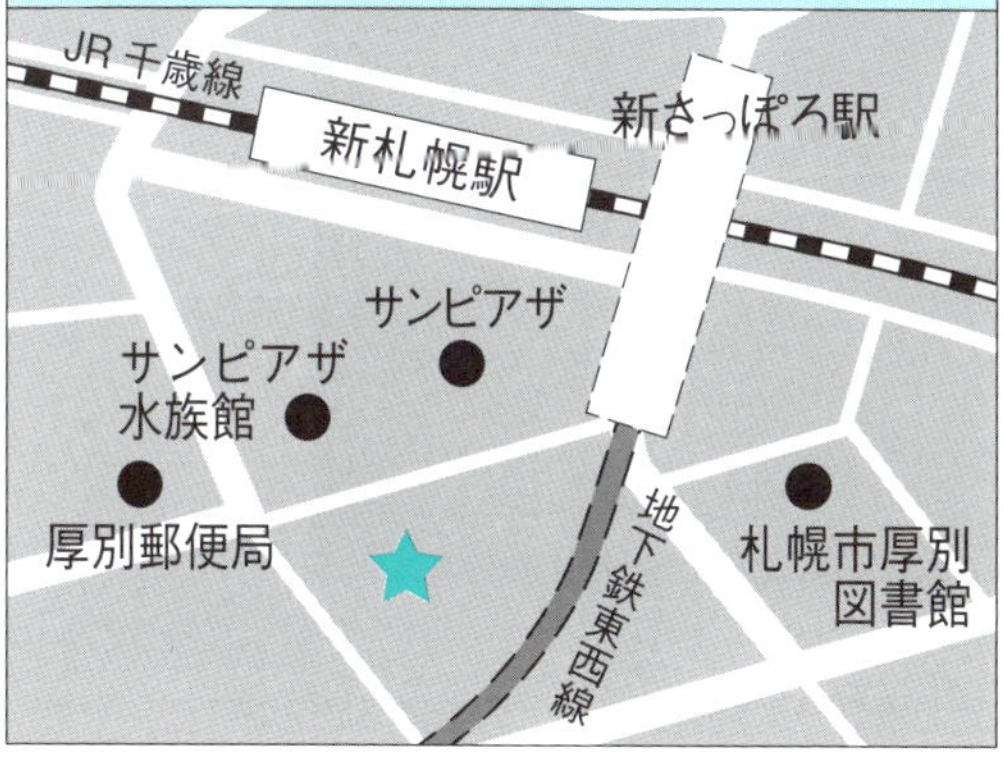

INFORMATION

小さなお子さんも楽しめる幼児向けのプラネタリウムがあります。普段より上映時間を短くして気軽に見られるプログラムで、子育て中のママやパパも一緒に楽しめるとあって好評です。また、夏休みや冬休み期間中には、特別展をおこなっており、多くの子どもたちでにぎわっています。

本館とミール展示館を、親子で無料で楽しめます。

苫小牧市科学センター（科学センター）

青少年の科学する心と郷土文化への興味を育むために１９７０年に「苫小牧市青少年センター」として開館しました。

本館２階「宇宙コーナー」

その後1985年に「苫小牧市科学センター」と改称、1999年には「ミール展示館」がオープンしました。

本館1階では、ロシアのサハリン州で火傷を負ったコンスタンチン君を緊急搬送したり、1993年に起きた「北海道南西沖地震」などで活躍した防災救急ヘリコプター（ドクターヘリ）「はまなす」を展示しており、自由に乗ったり、操作することができます。

2階では、「真空実験」や「鏡の部屋」など、科学を楽しめる様々なコーナーや、小さなお子様でも遊べる「あそびの森」コーナーがあり、乳幼児とご一緒にご来館されるご家族も安心して楽しめることができます。また、「赤ちゃんの駅」も設置しており、授乳やおむつの交換などもできるお部屋もあります。このほかに、「プラネタリウム」もあり、季節ごとに星空や星座を楽しむことができます。

ミール展示館では、世界に1つしかない宇宙ステーション「ミール」の予備機を展示しております。

また、太陽光発電のしくみを理解することができる学習コーナーも設置されております。

見所展示・体験コーナー

1番の人気は、世界中でここ苫小牧にしかない宇宙ステーション「ミール」の実物・予備機です。宇宙開発を語る上で貴重な展示物です。このミールを見るために道内だけでなく、全国各地から大勢の皆様がいらっしゃいます。

また、プラネタリウム（定員84名）も無料でご覧いただけます。

ほかにも、本館2階展示室の「真空実験装置」では、「音の伝わり」、「ものの落下について」を学べます。

DATA

：苫小牧市科学センター
：北海道苫小牧市旭町3-1-12
TEL 0144-33-9158
：9:30～17:00
休：月曜日（祝日の場合は次の平日）、年末年始
¥：無料
駅：【JR室蘭本線】苫小牧駅より徒歩20分、または車で5分
：あり（20台）無料
HP：http://www.city.tomakomai.hokkaido.jp/kagaku/

INFORMATION

通年実施されている「星空観望会」「科学ふれあい教室」「木工教室」、夏休み、冬休み中に開催の「夜間開館」、また「科学の祭典苫小牧大会」や「巡回展」などが好評です。また「環境工作教室」や「太陽光発電実験装置」などの環境学習にも特徴があります。

北海道、第１号科学館!!
体験コーナーが満載です！

室蘭市青少年科学館（科学の宝箱）

２０１３年に開館50周年を迎えた、北海道で一番古い科学館です。

建物は建設当時のままで、常設展示は現在の施設は1〜3階まであり、中庭には野草園、

浮沈子の説明をしている
プロモ職員

階展示室のようす

蒸気機関車D-51が展示されています。SLは、運転席に乗ることもできます。

　常設展示では、1階に3Dシミュレータや地震体験台のほか、職員手作りのミニ実験コーナー、紙工作コーナー、幼児も楽しめるキッズコーナーがあります。紙工作コーナーでは、いつでも紙トンボやペーパーグライダーを手作りしてお持ち帰りできます。浮沈子やビー玉転がし、大人気のビー玉ピラミッド積みなど、職員手作りの展示品も多数あります。プロモと呼ばれる職員が、お客様の反応をみながら説明をするという日本で一番ぜいたく?な展示スタイルをとっております。

　2階は、H-Ⅱロケットの模型や天文、音、光に関する展示や飛行機の操縦体験ができるフライトシミュレータ、プラネタリウム施設があります。天文ブースでは、太陽系の惑星について学べる展示や、パソコンソフトを利用した宇宙クイズコーナーもあります。

　3階は、室蘭に事業所がある企業の紹介展示です。鉄や石油などについて、学べます。

見所展示・体験コーナー

　宇宙関係のおすすめ展示は、H-Ⅱロケット模型とロケットなるほど講座です。ロケットの飛ぶしくみをわかりやすく解説しています。

　毎週、土・日曜日はスライム作りなどの簡単な工作や実験を体験できるスポットサイエンスを開催しています。入館者を対象に、事前の予約なしで体験できます。参加料は無料です。くわしい内容は、ホームページをご覧ください。

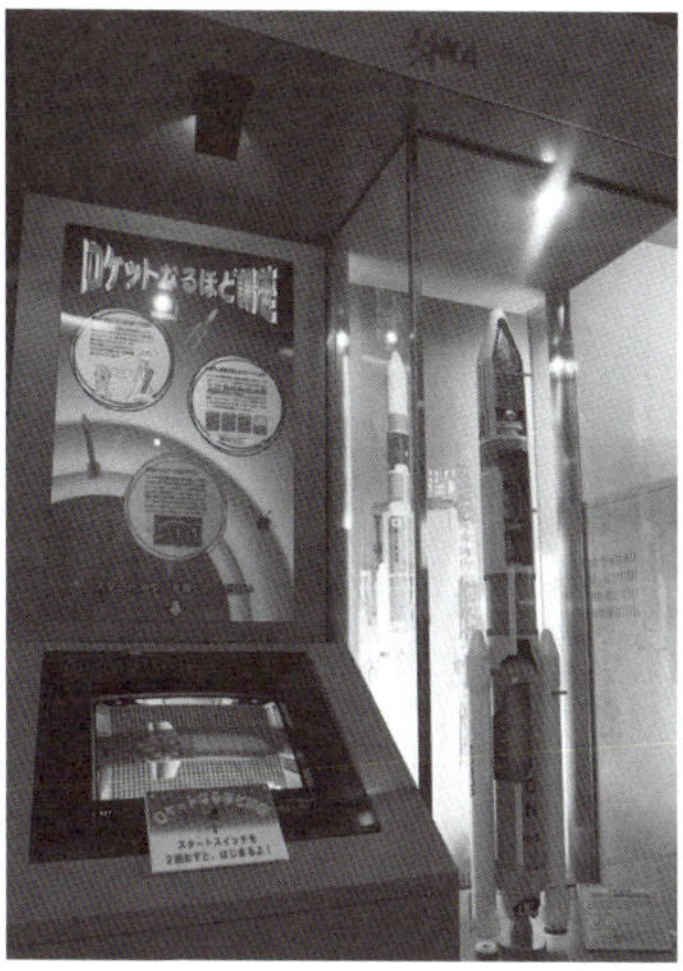

DATA

- ：室蘭市青少年科学館
- ：北海道室蘭市本町 2-2-1 TEL 0143-22-1058
- ：10:00～17:00（3～10月）、10:00～16:00（11～2月）※入館は、閉館 30 分前まで
- 休：月曜日、祝日の翌日、12/29～1/3　※年末年始を除く市内小中学校の夏・冬・春休み期間は休館日なし
- ¥：大人：300 円・高校生：100 円・中学生以下 70 歳以上：無料　※プラネタリウムは別料金
- 駅：【JR 室蘭本線】室蘭駅より徒歩 15 分
- ：あり（13 台）無料
- HP：http://www.kujiran.net/kagaku/

INFORMATION

　GW、夏休み、冬休みには、科学館祭を開催しています。万華鏡作りなどの工作や、液体窒素を使った実験教室やポップコーン作りなどの食べ物教室も登場します。夏休み科学館祭では、中庭にて水ロケットや水遊びコーナーもあります。毎年９月には、「青少年のための科学の祭典室蘭大会」を開催しています。

なよろ市立天文台（きたすばる）

空の暗さが自慢の天文台。プラネタリウムもあるので天候にかかわらずいつでも楽しめます。

当天文台は2010年にオープンした、プラネタリウムや北海道大学の附属天文台が併設されている全国的に見ても珍しい形態の施設です。

市中心部から車で15分のアクセスで、天の川をはじめ、暗い天体が見られます。

屋上観測室は屋根がスライドする「スライディングルーフ」で、中には口径50㎝や40㎝の複数台の望遠鏡を完備。また、北海道大学の「ピリカ望遠鏡」は口径が1・6mもあり、一般公開している望遠鏡としては日本で2番目の大きさを誇ります。※公開日は要問い合わせ。

プラネタリウムは8mドームのフルデジタル式でピアノも設置されているので、幅広く活用できるスペースとなっています。

INFORMATION

本格音響設備を活かした音楽イベントを不定期でおこなっているほか、毎年夏に、当天文台最大のお祭りである「星と音楽の集い（星まつり）」を開催。また、週に1回、インターネットテレビ「きたすばるどっとこむ」を放送し、天文やイベント情報、近隣市町村のイベントなどを紹介しています。

見所展示・体験コーナー

展示コーナーには太陽系の大きさを実感できる展示パネルや、前身である木原天文台の創設者（故・木原秀雄氏）の礼文島日食の貴重な資料、その時使用された望遠鏡などを展示しております。

また隕石のコーナーでは、国内外に落下した隕石を複数展示しているほか、実際に触ることのできる隕石もあります。

夜の天体観望会では、星座の案内をはじめ、星雲・星団、銀河など季節に応じた様々な天体を望遠鏡で観察でき、はるかな宇宙を体験できます。お昼でも、明るい惑星や1等星など日中の青空の中に輝く明るい天体を観察できます。

DATA

- ：なよろ市立天文台
- ：北海道名寄市字日進 157-1
  TEL 01654-2-3956
- ：13:00～21:30（4月～10月）、13:00～20:00（11月～3月）
- 休：月曜日、および祝日直後の平日、年末年始
- ¥：大人：410円、大学生：300円、70歳以上と高校生以下：無料
- 駅：【JR 宗谷本線】名寄駅より車で15分
- ：あり（50台）無料
- HP：http://www.nayoro-star.jp/

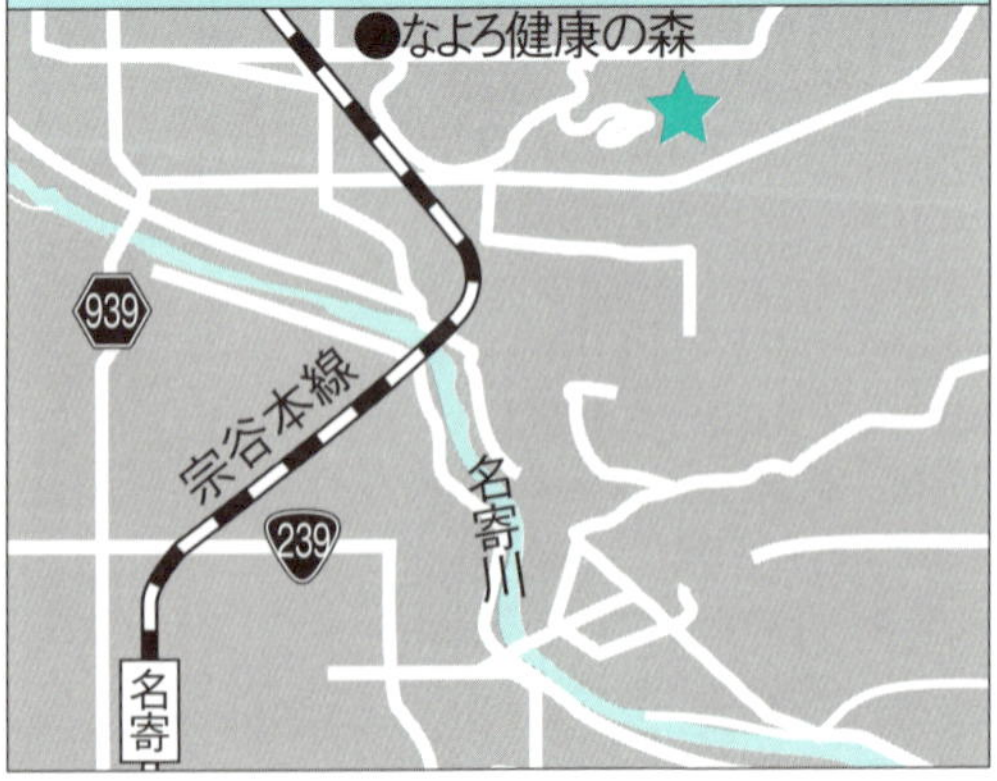

西千葉の糸川研究室
――ロケット研究の黎明期に想いを馳せる

JAXA 名誉教授
的川泰宣

1955年（昭和30年）4月、東京都下国分寺の新中央工業跡地を使って、ペンシル・ロケットの水平試射が行われました。戦前に戦争目的とはいえ、非常に高い水準にあった日本のロケット開発でしたが、戦犯になることを懼れた人たちは、当時の資料をこぞって焼き払い、戦後にその技術が継承されることはありませんでした。

ロケット旅客機の開発

サンフランシスコ条約の下、日本が独立した道を歩むようになってから、ロケットを志した東京大学の糸川英夫は、太平洋を横断するロケット旅客機の開発という勇壮な目的を掲げたプロジェクトをスタートさせました。その狙いの中に、敗戦によって自信を失った日本の若者たちを鼓舞するという意図が強くこめられていたことは言うまでもありません。

そしてその最初の技術的成果が、直径1・8cm、長さ23cm、重さ200kgの可愛い「ペンシル・ロケット」だったのです。しかし今で言う「スペースプレーン」を先取りしたロケット旅客機の構想は、政府の予算はつきづらく、ペンシルの発射準備が整った頃には、日本のロケット開発の当面の目標は、1957年から翌年にかけて実施される国際地球観測年（IGY）に的が移されていました。

ロケットによる上層大気観測への挑戦

この時のIGYでは、南極観測とロケットによる上層大気観測という二つの特別プロジェクトが組まれました。世界中の科学者の連携で地球という天体の大気の上層をグローバルに調べ上げようという計画ですから、当然アジアの上空も重要なデータです。極東地域では唯一日本だけがロケット観測に名乗りをあげました。

1955年4月の国分寺では、水平に29機が発射され、そもそもロケットがどのように飛ぶものか、その把握のための基礎データががっちりと集められました。しかしそれはほんの序の口。何しろIGYでは数十kmから100kmくらいの高度まで飛んで大気観測をしなければなりません。わずか2年で

西千葉の糸川研究室で（左が糸川英夫、右は秋葉鐐二郎、1955年）

（まとがわ・やすのり）
1942年呉市生まれ。はまぎん こども宇宙科学館館長、相模風っ子教師塾塾長、日本宇宙少年団顧問、やまとミュージアム名誉館長、日本学術会議連携会員、国際宇宙教育会議日本代表。ミューロケットの開発、日本最初の人工衛星「おおすみ」など数々の科学衛星／探査機の誕生に活躍。映画化された「はやぶさ」で西田敏行が演じた的場泰弘のモデル。2005年、JAXA宇宙教育センターを先導して設立、初代センター長。「宇宙教育の父」とも呼ばれる。

１００km！　あまりに遠大なターゲットに見えますね。

　国分寺の後は、千葉の生産技術研究所の研究室が、日本のロケットを育てる根拠地となりました。ここにあった船舶の水槽を改造して、ロケット水平発射のための装置が作られました。ペンシル標準型、ペンシル３００、２段式ペンシル、・・・後に秋田ロケット実験場で大空高く飛び立っていくロケットの予備発射実験が次々と行われていきました。

千葉の発射実験装置と糸川英夫

日本の宇宙技術を育んだ西千葉

　私が大学院に進んで糸川研究室の一員になった頃には、現在の千葉大学の構内にまだ研究室は残っており、燃焼テストを始めとするロケット研究が実行されていました。私も時々通っていました。あの頃の総武線は、終電近くになると、電車の上流から酔っぱらいのおしっこが流れてきたりして、ひどかったのですが、最近はこぎれいになりましたね。

　国分寺や秋田は、発射場として脚光を浴びましたが、その研究が実質上積み重ねられたのは何と言っても千葉の地であり、あの西千葉から歩いて数分のところで展開された地道な研究・実験こそが、将来大きく飛躍する日本の宇宙技術を育んだのだと実感します。

　その近くに、千葉の有志の努力と千葉市の協力で、日本ロケット発祥の記念碑が２０１６年に建立されると聞いています。嬉しいことです。２０１２年には、鹿児島・内之浦の発射場に、糸川英夫先生の立像が作られました。そのブロンズの糸川先生は腕を胸のところで組んで太平洋を睨んでいます。千葉で油まみれになって働いていた頃の糸川先生の心には、未来の日本の宇宙活動のどんな姿が浮かんでいたのでしょうか。そんな想いに駆られながら、千葉の記念碑を、私は待ち望んでいます。

　紛争や問題の山積する世界のことを考えると、平和のために「宇宙」が大きな役割を担うべきだと構想していた糸川先生が偲ばれます。これからの千葉も、そのような未来への跳躍台を踏みしめる若者をたくさん輩出してくれることでしょう。

日本初　ロケット火薬実験の地記念碑

日本初ロケット火薬実験の地
記念碑建立実行委員会
実行委員長　**前川義憲**

（まえかわ・よしのり）
1947年、香川県生まれ。1996年より日本宇宙少年団茅ヶ崎分団分団長。2002年、宇宙飛行士野口聡一さんを励ます会発足のち、2008年よりちがさき宇宙フォーラム会長

茅ヶ崎市では、土井隆雄・野口聡一両宇宙飛行士のゆかりのまちとして数々の宇宙教育事業が開催されてきました。

その中で、２０１２年第7回ちがさき宇宙記念日において、的川泰宣ＪＡＸＡ（宇宙航空研究開発機構）名誉教授が「１９３４年（昭和9年）に日本で最初にロケットの打ち上げが行われたのはこの辺りの海岸だった」と仰いました。

日本の宇宙開発の第一歩として挙げられるのは、１９５５年（昭和30年）4月12日に東京都国分寺市で公開試射された糸川英夫博士のペンシル・ロケットですが、このロケットの燃料に結実する火薬を提供したのが固体燃料ロケット研究の第一人者である村田勉博士とのことです。

その火薬の開発実験地が、当時、横須賀海軍砲術学校辻堂演習場であった汐見台でおこなわれ、さらに終戦までに茅ヶ崎海岸一帯に拡大されていました。この地にお住まいがあった加山雄三氏の記憶では、終戦直前、ご自宅の前の海岸に「ロケット研究所の発射試験場」があったと言っておられ、そこに勤務していた人の証言もあります。

土井隆雄・野口聡一両宇宙飛行士を輩出したこの地が、日本の宇宙への挑戦の曙に深く関わっていたことに感銘を受け、このことを多くの人に知っていただき後世に伝えるために、『日本初ロケット火薬実験の地』の記念碑を建立しました。

記念地が海岸一帯におよぶことから、汐見台と加山雄三通り前海岸の2カ所に建立し、碑の足元には憩いのベンチも設置しました。

湘南茅ヶ崎海岸へお出かけの際はぜひお立ち寄りください。

記念碑（左：加山側、右：汐見台側）

日本の宇宙開発発祥の地

国分寺市政策部市政戦略室
まちの魅力発信担当

日本の宇宙開発の歴史は、１９５５年４月12日に国分寺市内で行われたペンシルロケットの水平発射実験がはじまりです。

東京大学生産技術研究所の糸川英夫教授らが、試行錯誤を重ね、全長わずか23㎝のペンシルロケットが誕生しました。このペンシルロケットの実験で得た成果をもとに、日本のロケットは独自の技術で大型化し、現在の小惑星探査機「はやぶさ」を打ち上げたM-Vロケットやイプシロンロケットの開発に至りました。

世界の最先端を走る日本のロケット開発。その原点が、国分寺市にあります。

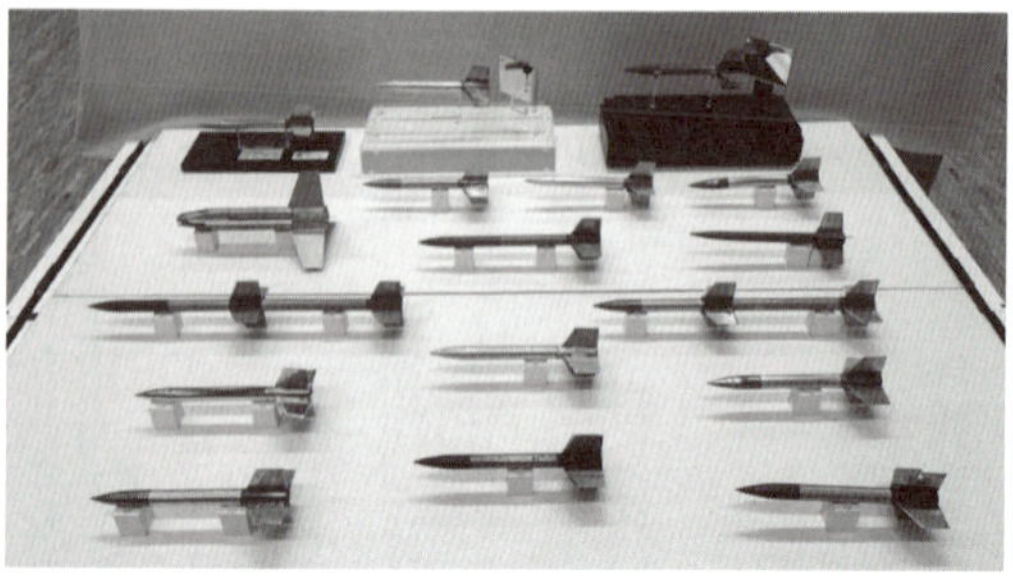

写真１　ペンシルロケット大集合！
企画展「ペンシルロケット60年目の待ち合わせ in 国分寺」（2015年４月11〜19日）では、全国からペンシルロケットが集結。過去最大数の17機が展示された。

「日本の宇宙開発発祥の地」顕彰碑

２００５年４月、水平発射実験から50年の節目に、実験の地であることを記念する「日本の宇宙開発発祥の地」顕彰碑の建立が提案されました。市内の多くの団体、ＪＡＸＡ、早稲田実業学校などの関係者から「日本の宇宙開発発祥の地」顕彰会が組織され、募金活動を開始。全国の多くの方々のご協力を得て、建立することができました。

顕彰碑の下には、松本零士氏デザインのタイムカプセルが埋められています。その中には、ＪＡＸＡ主催ペンシルロケット50周年記念事業の水平発射再現実験に使用されたペンシルロケット1機と、子どもたちから募集した「未来のロケットのイラスト」が収められています。タイムカプセルは、ペンシルロケット発射実験１００周年を迎える２０５５年４月に開封される予定です。

写真２「日本の宇宙開発発祥の地」顕彰碑

(東京都国分寺市)

東京都のほぼ中央、いわゆる東京の「へそ」に位置する。JR 中央線・武蔵野線等が走り、多摩地域の交通の要衝となっている。新宿から最短 17 分(中央特快利用)という首都近郊にありながらも、全国名水百選に選ばれる湧水、史跡武蔵国分寺跡に代表される文化財を有している。市政戦略室にて、地域資源の発掘・PR 等を行う。2015 年より、「国分寺×宇宙」と題して「日本の宇宙開発発祥の地」の PR、実験場所の特定調査、宇宙関連イベントを展開。

想いを受け継いで

「逆境こそが人間を飛躍させる」糸川教授の有名な言葉の一つです。

宇宙開発に限らず、すべてにおいて忘れてはならない想いではないでしょうか。

国分寺市では、日本の宇宙開発の歴史を語り継ぐだけでなく、宇宙や科学への理解を促進するため、ペンシルロケット発射60周年記念事業、宇宙の学校、星空観望会など様々な事業に取り組んでいます。この地で芽生えた日本の宇宙開発と先駆者たちの想いを、未来を担う子どもたちに受け継いでいくことは、発祥の地「国分寺」の使命であり、誇りでもあるのです。

写真3　全国初!ロケットマンホール!
「ペンシルロケット」から、最新の「イプシロンロケット」まで歴代の活躍した日本ロケット 12 種類を描いたマンホールを設置。開発された順番に設置しているため、歩くと自然に日本ロケットの歴史がわかり顕彰碑に向かう仕掛けになっている。

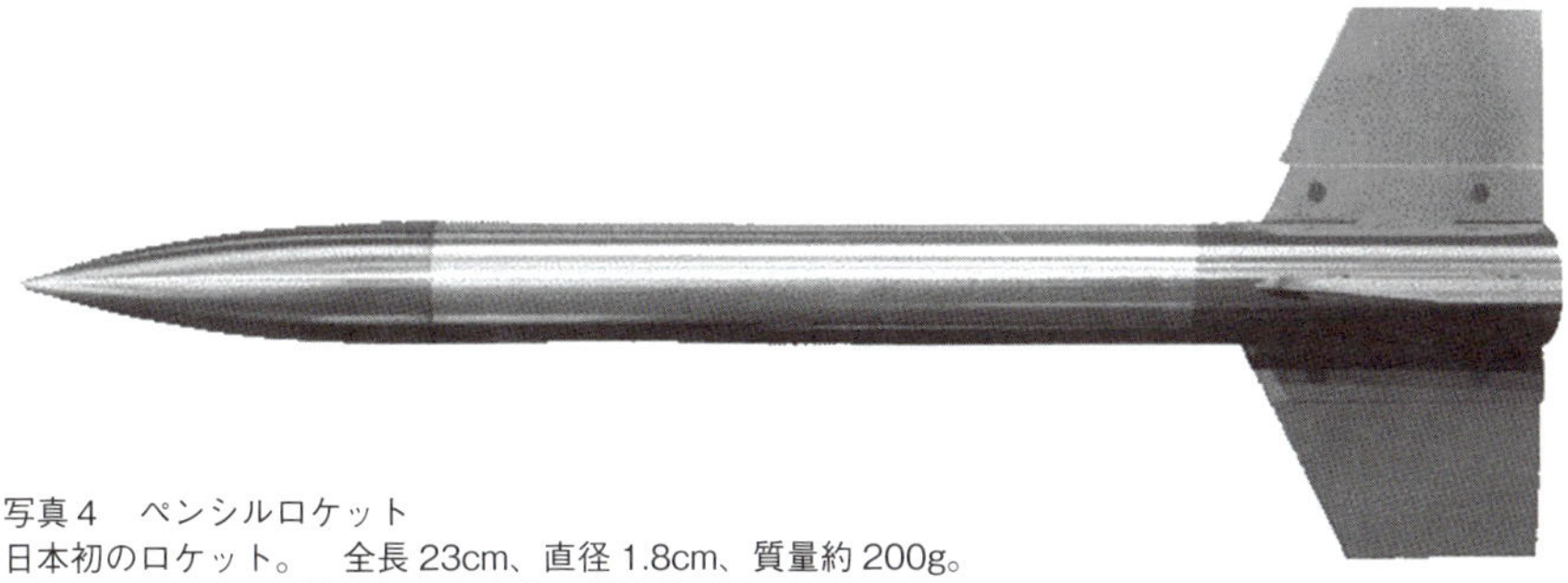

写真4　ペンシルロケット
日本初のロケット。　全長 23cm、直径 1.8cm、質量約 200g。
実験は、国分寺町(当時)の新中央工業跡地で行われた。
現在、その場所は早稲田実業学校となり、正門前に「日本の宇宙開発発祥の地」顕彰碑がある。写真は、ペンシルロケット発射 60 周年を記念して 1000 機限定で製作したレプリカ。ふるさと納税のお礼の品として贈呈している。

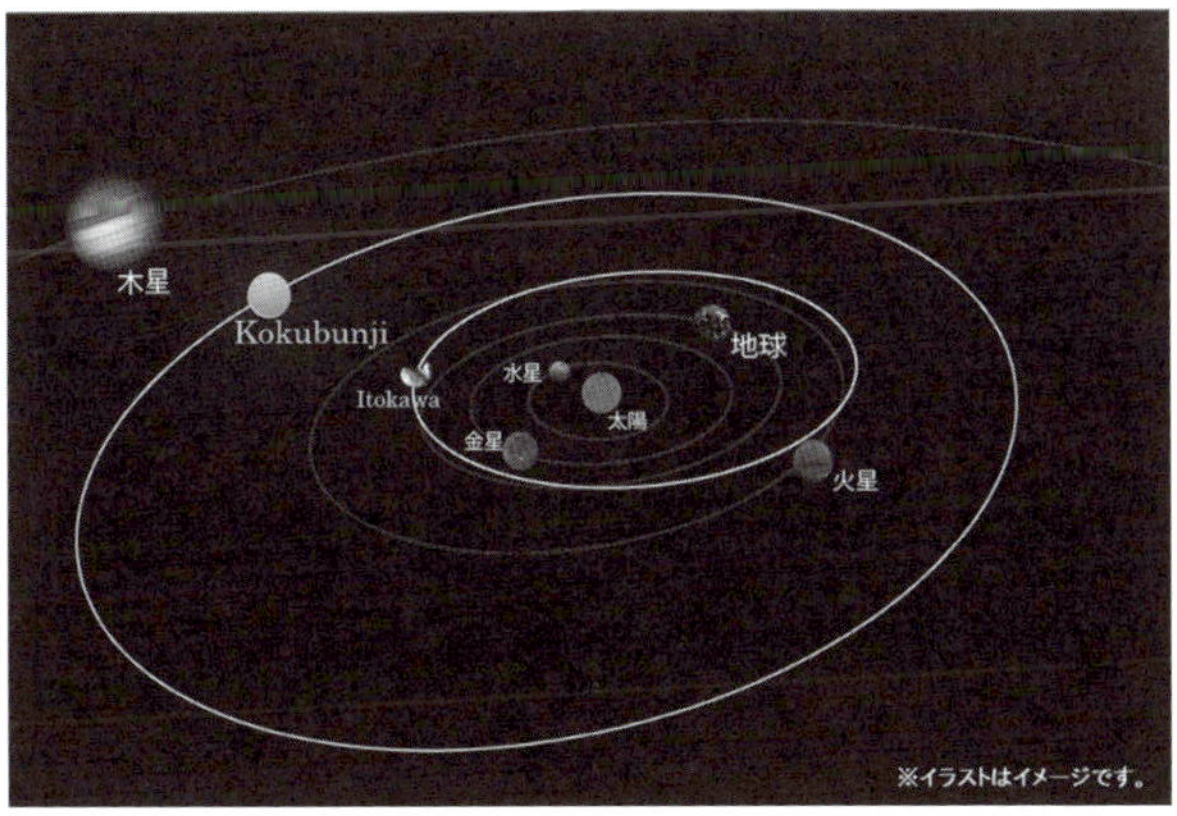

図1　宇宙にも「国分寺」!
1つめは、NPO 法人日本スペースガード協会が 2000 年に発見した小惑星 87271 番 (2000 PY3)。同協会と(一財)日本宇宙フォーラムにより、小惑星に「Kokubunji」と命名する提案申請がされ、2015 年2月3日に国際天文学連合より命名された。小惑星 Kokubunji は、直径約4km、約4年2カ月の時間をかけて太陽の周りを回っている。(左イラスト)
また、あの小惑星探査機「はやぶさ」が到着した小惑星イトカワの岩の1つが「国分寺」と呼ばれている。

能代宇宙イベント
―ペンシルロケット打上げを記念して―

能代宇宙イベント実行委員会
実行委員長　堤　明正

（つつみ・あきまさ）
秋田大学大学院工学資源学研究科附属ものづくり創造工学センター　助教（副センター長）

綺麗な青空と雄大な風車群をバックにロケットが打ち上げられ、上空にプカプカ浮かんだ気球からは人工衛星のタマゴが落とされ、ゴール目指して進んでいく。また別の日には、海岸から海に向かってロケットが高く高く打ち上げられ、海に着水したロケットが漁船で回収されていく―。これらは、秋田県能代市で毎年夏に繰り広げられている情景です。

１９５５年８月６日、旧秋田県岩城町（現秋田県由利本荘市岩城）の道川海岸において、ペンシルロケットの上空発射実験が故糸川英夫博士の手により国内で初めて実施されました。その後も道川海岸を舞台にして固体ロケットの研究開発が精力的に行われ、日本の固体ロケットはペンシル・ベビー・カッパと成長していきました。さらに大きなロケットの打上げ実験拠点として鹿児島県肝属郡内之浦町、現在の鹿児島県肝属郡肝付町が選ばれ、大型ロケット打上げ実験場は彼の地へ移りました。

しかし、秋田県でのロケット研究開発の火は消えることはありませんでした。１９６２年、秋田県能代市にロケット実験場が開設され、引き続き県内でロケットに関する研究開発が行われることとなりました。

そして２００５年８月、ペンシルロケット飛翔実験50周年を記念して第１回能代宇宙イベントが開催されました。このイベントは、宇宙工学を学ぶ全国の大学生・大学院生が能代市に集合し日ごろの研究成果を試す、実践的な宇宙工学実験会です。参加学生は年々増加し、現在では北は北海道から南は九州まで、全国の約50の団体・研究室からおよそ６００名の学生が参加しています。

本イベントは、冒頭で紹介したハイブリッドロケット打上げ実験・缶サット（模擬人工衛星）による自立制御コンテストを核として、小中学生・高校生も参加することができる内容も盛り込まれ、約10日間に渡って開催されます。一般公開日には、皆さんにも参加いただけるローバー型缶サット操縦体験会やロケット打上げ体験会も実施されます。

能代の夏を彩る宇宙イベント、ぜひご参加ください。

能代宇宙イベント風景

東北

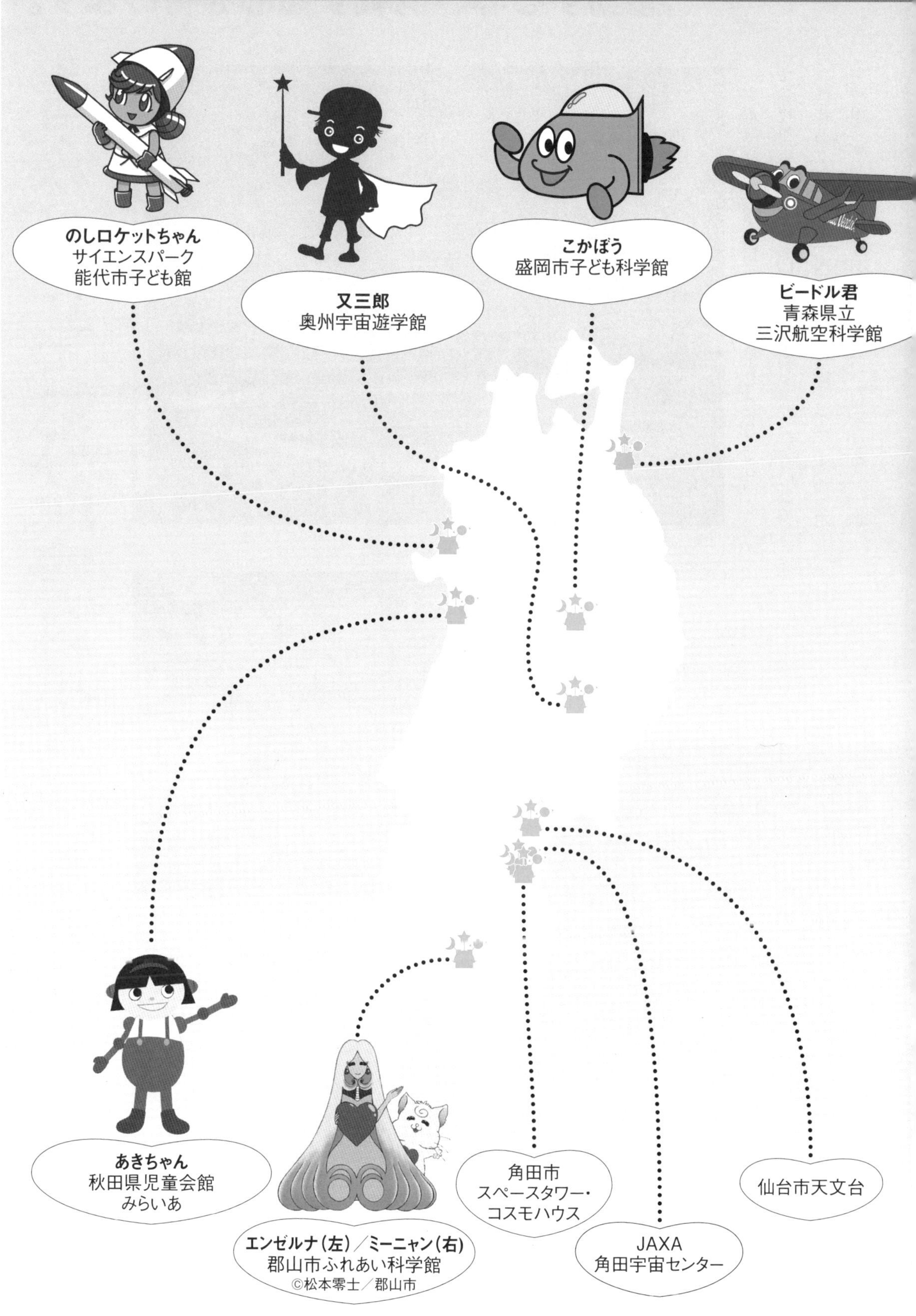
のしロケットちゃん
サイエンスパーク
能代市子ども館
又三郎
奥州宇宙遊学館
こかぼう
盛岡市子ども科学館
ビードル君
青森県立
三沢航空科学館
あきちゃん
秋田県児童会館
みらいあ
エンゼルナ（左）／ミーニャン（右）
郡山市ふれあい科学館
©松本零士／郡山市
角田市
スペースタワー・
コスモハウス
JAXA
角田宇宙センター
仙台市天文台

「大空」と「飛翔」をテーマに、科学する心、感動する心、挑戦する心を育みます。

青森県立三沢航空科学館（航空科学館）

青森県立三沢航空科学館は、2003年8月8日に、青森県が航空史にはたしてきた役割を広く全国に情報発信するとともに、「大空」と「飛翔」をテーマに未来を担う子どもたちが楽しみながら、科学する心・感

宇宙にでかけよう

空ゾーン

動する心・挑戦する心を育むことのできる施設として建設されました。館内は大きく「航空ゾーン」と「科学ゾーン」からなっています。航空ゾーンには、三沢市から飛び立ち世界初の太平洋無着陸横断を成功したミス・ビードル号（復元機）、初代国産旅客機　YS－11（実機）、周回航続距離の世界記録を達成した航研機（復元機）や、科学ゾーンには、「月の重力疑似体験装置」「フライトシミュレータ」など57の体験型展示があります。

また、子どもたちがいろいろな科学現象を体験する「サイエンスショー」「ワークショップ」をおこなう科学実験工房があります。

さらに、航空科学館前に広がる三沢市大空ひろばには、自衛隊機（T－2ブルーインパルス）や米軍機（F－16A）など、日米軍用機の実機11機が展示されているほか、子どもたちのための遊具があり、親子で1日中楽しめる施設です。

見所展示・体験コーナー

☆川口淳一郎教授と「はやぶさ」展示

青森県出身である川口淳一郎教授についての展示コーナーです。展示内には「はやぶさ」の模型、川口教授の色紙を展示しています。

☆宇宙にでかけよう（2016年夏休みオープン）

「簡易プラネタリウム」と「はやぶさシミュレータ」「宇宙船の窓」を企画中です。

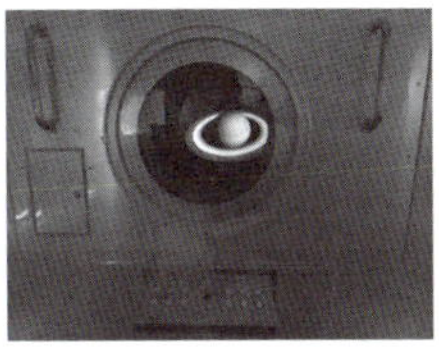

DATA

- ：青森県立三沢航空科学館
- ：青森県三沢市三沢北山158
  TEL 0176-50-7777
- ：9:00～17:00（夏休み期間は18:00まで）
- 休：月曜日（祝日の場合は翌日）、12/30～1/1
- ¥：一般：510円・高校生300円・中学生以下：無料
- 駅：【JR】三沢駅より車で約15分／青森空港より車で約90分／三沢空港より車で約6分
- ：あり（約400台）無料
- HP：http://www.kokukagaku.jp/

INFORMATION

科学実験工房では、紙飛行機工作を通年おこなっています。また、サイエンスショーでは、てこ・光・月などをテーマにし、工作ワークショップでは、万華鏡・スライム・潜望鏡など、月替わりでメニューが変わります。星空監察会・津軽塗研ぎだし体験・ロボットを作ろう・ハロウィン工作・クリスマス実験工作などがあります。理科実験の研究発表「あおもり科学大賞」は毎年開催しています。楽しい企画を月毎のイベントチラシやホームページでお知らせしています。

プラネタリウムはシャープな星空とダイナミックな映像の迫力空間

盛岡市子ども科学館

「子どもたちに科学する心を！」をミッションとし、子どもはもちろん大人も楽しく体験しながら科学・技術に触れることができる施設です。

光学式とデジタル式の美しいプラネタリウム

学と技術の原理をひもとく展示室

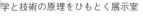

見所展示・体験コーナー

科学館１階エントランスホールの吹き抜けに、大きな「フーコーの振り子」を展示しています。これはフランスの物理学者フーコーが、地球が自転していることを実証した実験装置として有名です。振り子の動きを見ていると、その振動面が時間の経過とともに、少しずつ時計まわりに回転していきます。その動きが展示台上の円状に立ててある棒を倒していくようすから、地球が回っているということを実感できる展示です。振動面が回転する速度は、振り子の置かれている場所の緯度によって異なります。盛岡の緯度は北緯39.7度なので、１周するのに約37時間30分（１時間に約9.6度回転）かかります。

展示室には各フロアにて「科学の旅」になぞらえて、〝科学の世界へ出発して何かを発見〟というコンセプトで設置しています。実際に目で見て、手で触れて、科学・技術を体感できます。プラネタリウムでは、プラネタリウムデビューを目指す小さなお子様向けの「子どもの時間」、生解説による今夜の星空案内とテーマのお話をする「星空の時間」、プラネタリウムドーム全天に映し出される映像番組「映像の時間」を投映しております。

日曜・祝日には、様々なテーマによる実験をショー形式でおこなう「サイエンスショー」や、科学工作が体験できる「ワークショップ」などを開催。毎月第一土曜日にはナイトミュージアムを開催しており、「星を見る会」や特別なプラネタリウムを投映しています。また、事前予約制の「団体向け実験工作教室」（学級レク・子ども会など）もおこなっており、約20種類あるメニューの中から、お好きな題材をお選びいただき、実験や工作をお楽しみいただけます。

施設の場所は、比較的アクセスしやすい盛岡市中心部の中央公園内にあり、駐車場も無料にて広く完備しています。

DATA

- ：盛岡市子ども科学館
- ★：岩手県盛岡市本宮字蛇屋敷13-1
TEL 019-634-1171
- ：9:00〜16:30　※入館は16:00まで、ナイトミュージアムは第１土曜日
- 休：月曜日、毎月最終火曜日、年末年始
- ￥：高校生以上：200円・小中学生(4歳以上)：100円・3歳以下：無料　※プラネタリウムは別料金
- 駅：【JR東北本線】盛岡駅よりバスで「市民総合プール」下車、徒歩約10分／盛岡駅より徒歩約15分
- ：あり(普通車110台、大型バス10台)無料
- HP：http://www.kodomokagakukan.com/

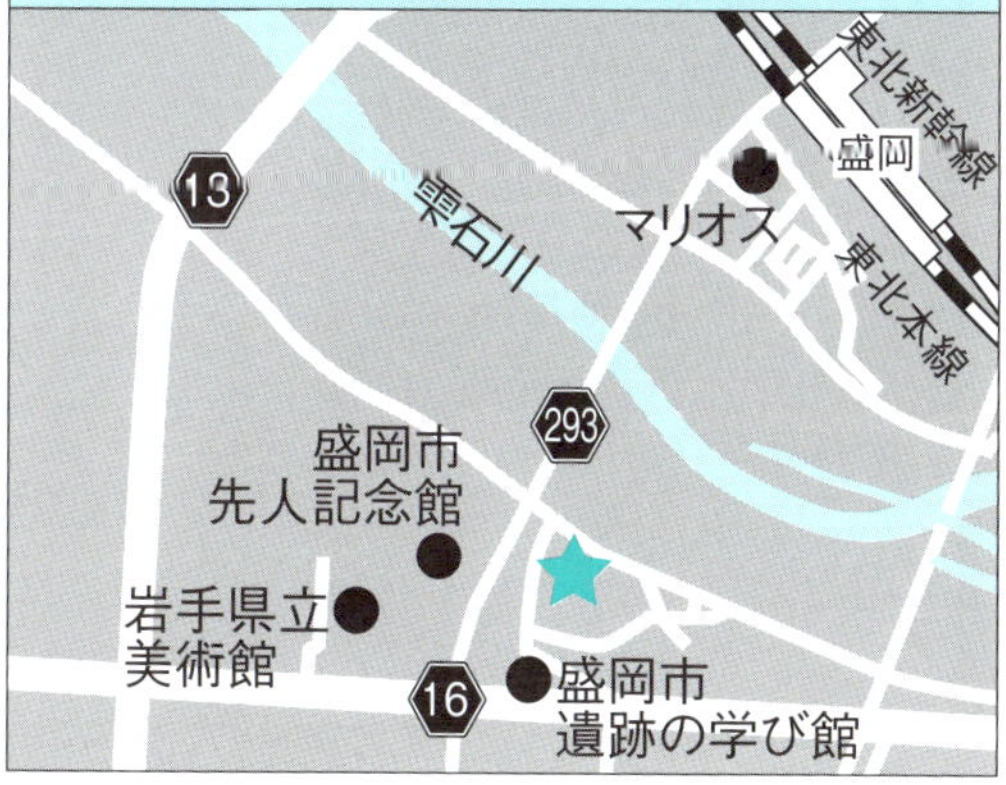

INFORMATION

毎年ゴールデンウィークの５月３日〜５日には、「子ども科学館まつり」を開催しています！　科学館最大のイベントとなり、プラネタリウムをはじめ、サイエンスショーや実験・工作コーナーなど、ワクワクする体験やおもしろい科学で１日中お楽しみいただけるお祭りです♪

国立天文台の観測に基づく
4D2U 宇宙シアターで宇宙を楽しもう！

奥州宇宙遊学館

奥州宇宙遊学館は1921年日本で最初の国際的な観測所、「緯度観測所」本館として建てられた建物を改修した学習施設です。施設は国立天文台水沢VLBI観測所の構内にあり、天文台の歴史的な天文機器、現在の装置や成果を紹介しています。宇宙遊学館は名前の通り、子どもや高齢者はもちろん、一般の方々が遊びながら宇宙や科学について学べる施設です。

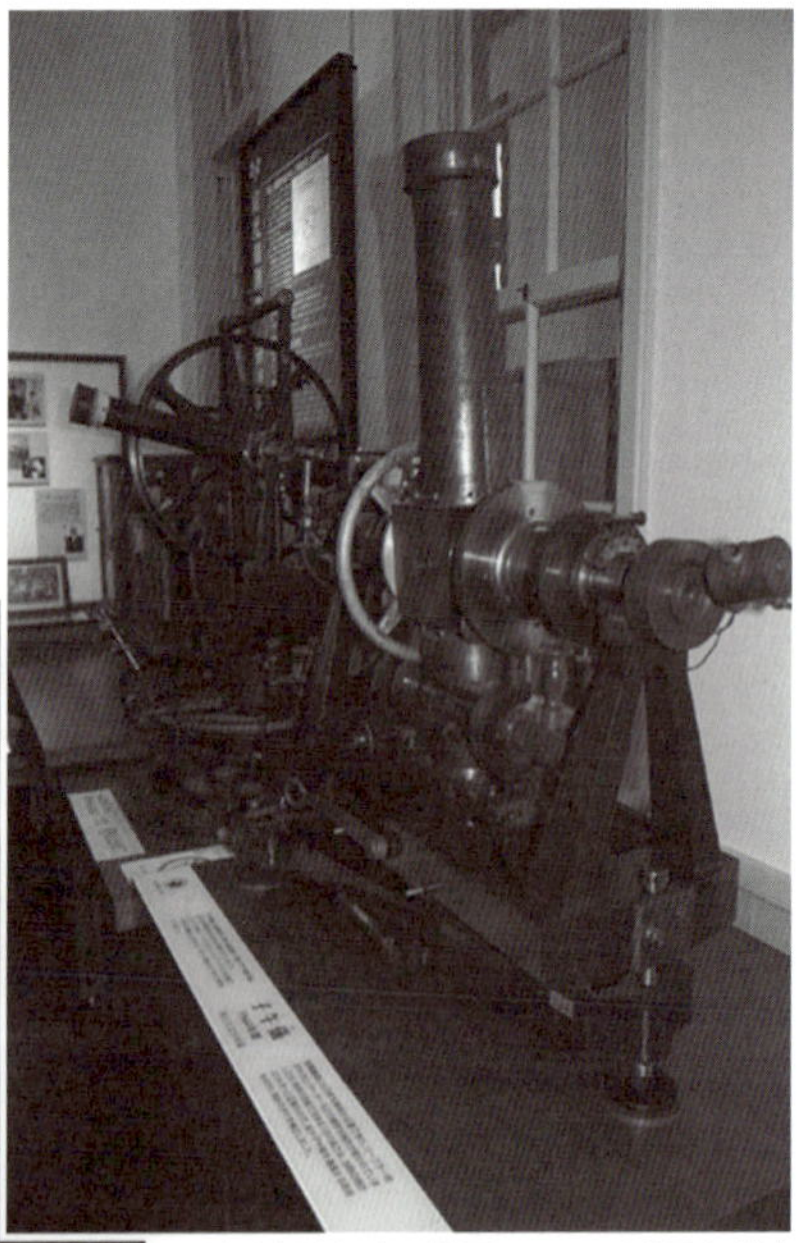

緯度観測所で使用していた「子午儀」

示室「銀河」太陽系の惑星の重力くらべを体験できます。

見所展示・体験コーナー

奥州宇宙遊学館一番人気は国立天文台が開発している「４次元デジタル宇宙シアター」。3D メガネをかけて立体映像で宇宙の姿を楽しみながら最新の天文学に触れることができます。たくさんの星が目の前に迫ってきます。手を伸ばせばつかむことができそうですよ！ぜひご体験ください（定期上映）。

展示室には、「同じモノでも星によって感じる重さが違う」ということを体感できる『惑星の重力くらべ』や本物の隕石を手で触って間近で観察できる『隕石タッチプレート』といった、実際に手で触れて、体験できるコーナーも用意しています。

☆展示室「大地」
「宇宙を知ること」「宇宙を感じること」の素晴らしさや楽しさをお伝えします。

☆シアター室
国立天文台が実際に観測に基づいたデータを取り込んで開発された「4次元デジタル宇宙シアター」を上映します。生解説で迫力ある映像をお楽しみください。

☆展示室「風」
宮沢賢治と自然科学の関わりについて辿ることができます。緯度観測所は「風の又三郎」「銀河鉄道の夜」を書くきっかけとなった場所と考えられています。賢治と緯度観測所、この地の繋がりに触れてみてください。

☆展示室「星」
緯度観測所の歴史と天文機器を紹介します。脈々と続けられた観測の歴史を学ぶことができます。

☆展示室「銀河」
惑星の重力くらべ、マジックミラーやパラボラクッションを体験し、宇宙や地球について理解を深めます。

DATA

- ：奥州宇宙遊学館
- ：岩手県奥州市水沢区星ガ丘町 2-12
  TEL 0197-24-2020
- ：9:00～17:00（入館は 16:30 まで）
- 休：火曜日（祝祭日の場合翌平日）、12/29～1/3
- ¥：大人 200 円・小人 100 円
- 駅：【JR 東北本線】水沢駅より車で 5 分／【東北自動車道】水沢 IC より車で 10 分
- ：あり（20 台）無料
- HP：http://uchuyugakukan.com/

INFORMATION

毎月第２土曜日 19:00 ～は星空観望会、第４日曜日 14:30 ～は奥州宇宙遊学館サンデースクールを、偶数月の第三日曜日はサイエンスカフェを開催しています。連休期間にはワークショップやサイエンスショーをおこないます。最大のイベントは８月に奥州市・国立天文台水沢 VLBI 観測所とともにおこなう「いわて銀河フェスタ」です。

施設のミッションは「宇宙を身近に」。地域にひらかれた宇宙の広場。

仙台市天文台

仙台市天文台は１９５５年、市民・有志による寄付をきっかけに〝市民天文台〟として開台し、２０１５年に開台60周年を迎えました。２００８年には現在地（仙台市青葉区錦ケ丘）に移転しリニューアルオープン。「宇宙を身近に」を施設のミッションに、多彩なプラネタリウム番組の投映や、コミュニケーショ

プラネタリウム（270 席）

ひとみ望遠鏡（口径 1.3m）

見所展示・体験コーナー

展示室は「地球エリア」「太陽系エリア」「大宇宙エリア」「天文学の歴史エリア」から構成され、天文分野の常設展示としては国内最大級。巨大な太陽系の惑星模型（5000万分の1のスケール）や、映像、パネルなどで宇宙を身近に「見る」、「触る」、「体験する」ことができる展示になっています。また、展示室各所にクエストテーブルを配置し、ワークショップを開催したり、宇宙についてディスカッションしたり、自由研究をしたりと柔軟に多目的に活用できるような仕立てになっています。各展示物の説明文を最小限に抑え、お客様とスタッフがコミュニケーションをとることで生まれる感動を大切にしています。土・日・祝日には毎週定期的にワークショップや展示ツアーを開催中。

ンを重視した展示室、口径1・3mの「ひとみ望遠鏡」による天体観望会など、お客様を宇宙へと誘う感動と賑わいのライブスペースです。

市民の皆様に一緒に活動していただくための足がかりとして、毎年「活動テーマ」を設定。例えば、日食や月食が多かった2012年のテーマは「食べる」。2013年は「うつす」をテーマに、市内の映画館とのコラボレーションイベントなどを開催しました。ほかにも、プラネタリウムを会場にしたコンサートの開催や、地元出身アーティストによる個展の開催、公募で選ばれた小学生の「1日子ども台長」など、市民参加型イベントも積極的に開催。「スタッフサポーター」「オーナーサポーター」「ブレインサポーター」「ファンサポーター」の4種類のサポーター制度も充実。仙台市天文台は、地域を巻き込み、市民の参加を促すことで、地域とともに成長するひらかれた「宇宙の広場」を目指しています。

DATA

：仙台市天文台
：宮城県仙台市青葉区錦ケ丘9-29-32
TEL 022-391-1300
：9:00〜17:00（土曜日は21:30まで・展示室は17:00まで）
休：水曜日、第3火曜日（祝休日の場合はその直後の平日）、12/29〜1/3
¥：［セット券（プラネタリウム1回＋展示室）］
大人：1000円・高校生：600円・小中学生400円
駅：【JR仙山線】愛子駅よりバスで「錦ヶ丘7丁目北・天文台入口」下車、徒歩5分
：あり（125台）無料
HP：http://www.sendai-astro.jp/

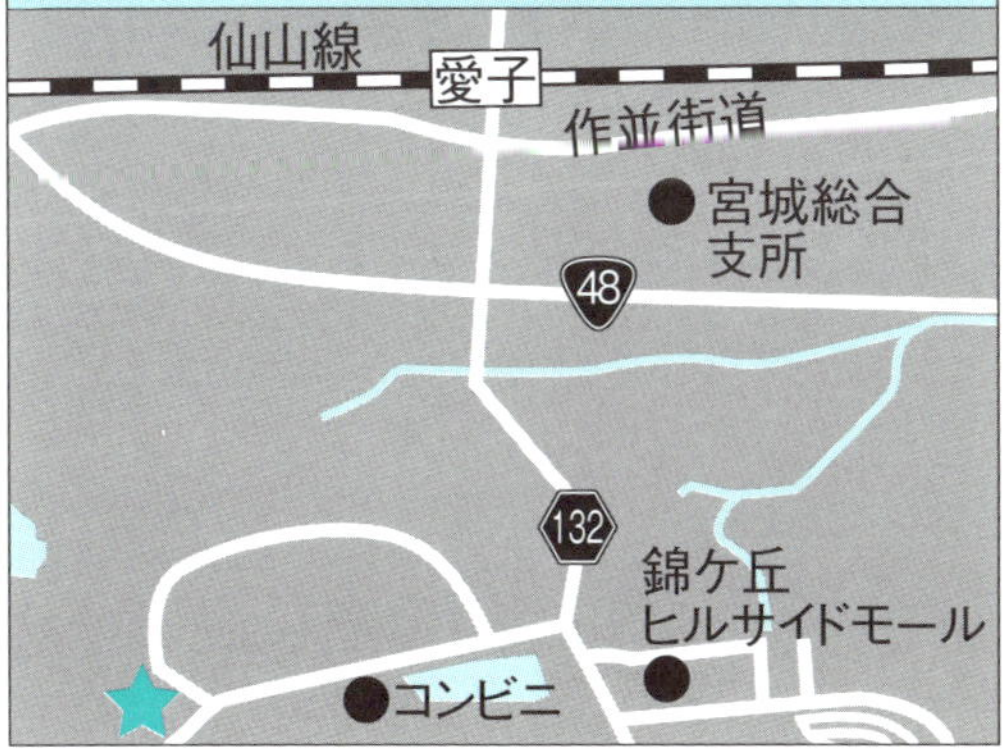

INFORMATION

仙台市天文台オリジナルキャンディが大好評です。現在、アースキャンディ・ムーンキャンディ・ジュピターキャンディ・オーロラキャンディの4種類を販売しています。また毎年2月に「天文台まつり」を開催。星や宇宙を身近に感じていただけるまつりならではの特別イベントが盛り沢山です！さらに毎年3月11日付近に震災特別番組「星空とともに」を投映しています。これは東日本大震災の被災者から寄せられた星と震災にまつわるエピソードを元に制作したプラネタリウム番組です。

ロケットエンジンや将来の宇宙エンジンの研究開発拠点
ホンモノのロケットエンジンを間近で見られる！

ＪＡＸＡ角田宇宙センター　宇宙開発展示室

轟音とともに人工衛星などの荷物を載せて宇宙に飛び立つＨ－ⅡＡロケットやＨ－ⅡＢロケット。その心臓部となるロケットエンジンの研究・開発をおこなっているのが角田宇宙センターです。

現在は、新型のＨ３ロケット用のエンジンＬＥ－９の開発試験がおこなわれ

歴代ロケットの模型（1/20）

底から引き揚げたLE-7エンジン

ています。さらに、将来の高性能エンジンとして、地上から宇宙まで使用が可能な複合サイクルエンジンに関する研究開発もおこなっています。

自由に見学することができる宇宙開発展示室には歴代のロケットの模型、実際に試験で使用したロケットエンジンや複合サイクルエンジンなどが展示されています。

屋外には、ホンモノのLE-5、LE-7エンジンや、H-Ⅱロケットの第2段燃料タンクがあり、ホンモノのロケットの大きさを体感することができます。

展示室の屋内には、ロケットエンジンで最も重要な部分である液体水素ターボポンプ、液体酸素ターボポンプや角田宇宙センターで実験をおこなったエンジンなど、滅多に見ることができないロケットエンジンのパーツが多数、展示されています。また、「失敗から学ぶ」をテーマに、1999年に打ち上げに失敗し、海底3000mから引き上げたH-Ⅱロケット8号機のLE-7エンジンが、そのままの姿で展示されています。

見所展示・体験コーナー

宇宙開発展示室では、宇宙やロケットのことを楽しく学べるDVDや絵本があり、どなたでも自由に見ることができます。

また、クイズに挑戦できる「スペースプレーンシミュレータ」や「人工衛星クイズ」、小惑星探査機「はやぶさ」のミッションを体験することができる「はやぶさシミュレータ」などもあり、大人から子どもまで宇宙を身近に感じることができます。

INFORMATION

夏休みには全国の高校生から募集をおこない、ロケットエンジンの基礎から未来のロケットエンジンまでを学習する2泊3日の角田スペーススクールを開催しています。また、毎年秋に開催する一般公開では、普段は見ることができない試験施設などが公開されるほか、大人も子どもも楽しめるイベントも用意しています。開催日は、決まり次第、ホームページやツイッターなどでお知らせします。

DATA

- ：JAXA 角田宇宙センター　宇宙開発展示室
- ：宮城県角田市君萱字小金沢1
  TEL 050-3362-7500
- ：10:00～17:00
- 休：土・日・祝日、年末年始（ただし、4～10月の間は無休）
- ¥：無料
- 駅：【JR東北本線】船岡駅より車で10分
- ：あり（普通車25台、大型車4台）無料
- HP：http://fanfun.jaxa.jp/visit/kakuda/

☆宇宙に馳せる大きな夢☆
ロマンと未知の世界を実感体験できます。

角田市スペースタワー・コスモハウス

角田市には宇宙航空研究開発機構・角田宇宙センター〝通称：ＪＡＸＡ〟という主にロケットエンジンの研究、開発、実験をおこなっている研究所があります。

惑星探査機
「ボイジャー１号」

Ⅱロケット第２段用エンジン「LE-5A」

そこで角田市では、日本の宇宙開発の要となる研究施設「角田宇宙センター」の周知と、次代を受け継ぐ若い人々に宇宙に対する憧れや科学する心を持ってもらいたい、未来の世代を大きく拓いてもらいたい、そんな願いが込められ、「角田市スペースタワー・コスモハウス」を建設しました。

☆日本初の純国産大型ロケット「H-Ⅱロケット」の実物大模型　高さ49m、直径4m、重さは130tあります。

☆ロケットの発射台をイメージした「スペースタワー（展望塔）」　高さ約45mの展望台からは、「H-Ⅱロケット」の実物大模型を見上げることができ、ロケットの高さを実感できます。

☆「コスモハウス（宇宙展示館）」　展示室には土星や木星の観測で活躍したアメリカの「惑星探査機ボイジャー1号」の実物大模型と角田宇宙センターで実験に使われた「H-Ⅱロケット第2段エンジン・LE-5A」の実物を展示。

　また、モニターや写真パネルによって説明・解説しています。

見所展示・体験コーナー

・角田宇宙センターで実験に使われた「H-Ⅱロケット第２段エンジン・LE-5A」の実物を展示。

・土星や木星の観測で活躍したアメリカの「惑星探査機ボイジャー１号」の実物大模型展示。・展望台で、コーヒーを飲みながら蔵王連峰が一望できます。・ブルースーツ（レプリカ）を着用し、宇宙飛行士になった気分で記念撮影。・手作りの空気砲ロケット惑星ゲームは、お子様から大人の方まで人気。・無料工作コーナー：お子様限定で簡単なリサイクル工作ができます。

DATA

：角田市スペースタワー・コスモハウス
：宮城県角田市角田字牛舘 100
TEL 0224-63-5839
：9:00～17:00（3～10月）、9:00～16:00（11～2月）
：火曜日（祝日の場合その翌日）
：一般（高校生以上）：320円・小中学生：210円・幼児（3歳以上）100円
：【阿武隈急行線】角田駅より徒歩15分
：あり（約100台）無料
：http://www.city.kakuda.miyagi.jp/syoko/page00109.shtml

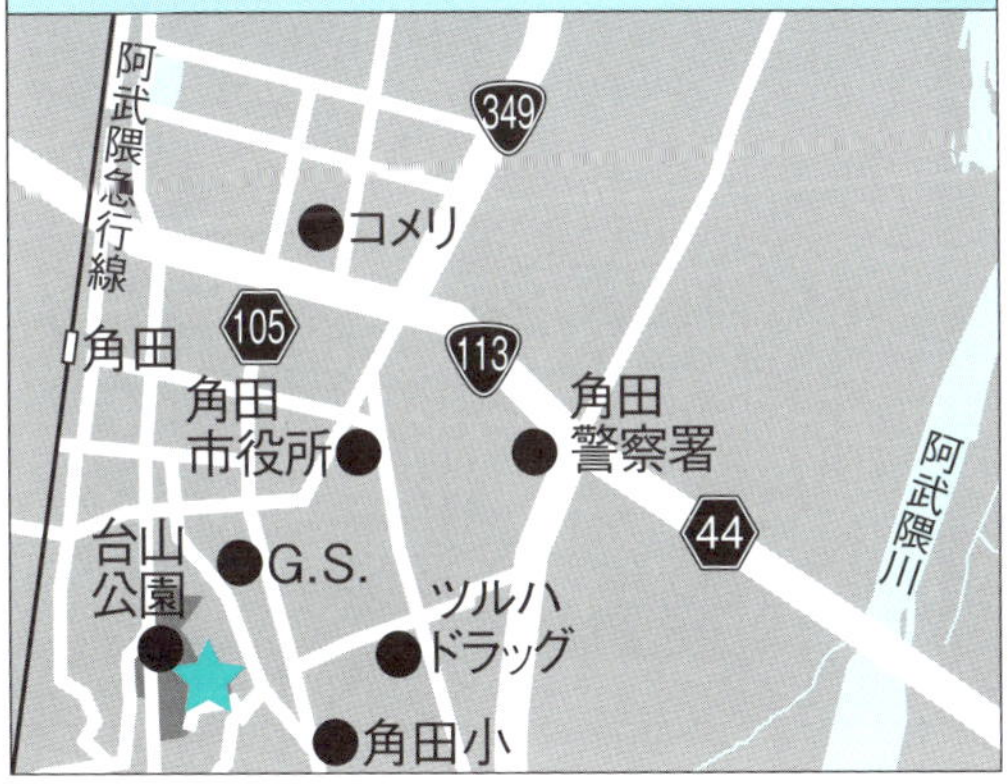

INFORMATION

・宇宙っ子まつり　５月５日（こどもの日）：こどものための楽しいお祭り。・宇宙っ子科学屋台村「はやぶさまつり」９月上旬：宇宙や科学を身近に感じる科学実験、工作などの屋台ブースがいっぱい。・宇宙クリスマス　12月下旬：手作りイルミネーションと幻想的なH-Ⅱロケットの実物大模型のライトアップ。

「宇宙のまち」能代で宇宙を身近に感じよう。

サイエンスパーク　能代市子ども館

能代市にはJAXA能代ロケット実験場（平日であれば、予約で見学可能）があります。はやぶさを打ち上げたM-Vロケットの燃焼実験をはじめイプシロン

直径 1.8m の大型地球儀

BSⅡ型ロケット関連の模型展示

ロケットの燃焼実験など、多くの固体燃料ロケットの燃焼実験がおこなわれてきました。また、毎年8月には日本最大級の宇宙教育イベントである能代宇宙イベントが開催されます。日本各地からロケットを研究している学生が集まってロケットの打ち上げをおこなっています。

そのような背景もあり、能代市では2011年度には本物の「はやぶさの帰還カプセル」の展示をおこなうことができました。それを機に能代市では「宇宙のまち」づくりに力を入れてきました。そして、2012年度に当館は2階展示室を宇宙館としてリニューアルオープンしました。1階展示室は「風の松原」など、能代市の自然に関するものを中心に展示していますが、2階は全て宇宙に関する展示物になっております。

また、子ども館周辺は河畔公園となっており、大型遊具もあります。天気の良い日には多くの家族連れでにぎわいます。ぜひいらしてください。

見所展示・体験コーナー

一押しは、国内でも非常に珍しい本物のロケット部品の展示です。今はコンピュータでシミュレーションをしてから打ち上げているようですが、昔は本物の部品を作って振動試験や強度試験をおこなってから打ち上げていました。当館にはM-3SⅡロケットの本物の尾翼と尾翼筒、1-2段モータの継ぎ手、3段モータケースなどを展示しています。

はやぶさ関連コーナーでは、はやぶさとM-Vロケット、はやぶさ2の1/10の模型を展示しています。そのほか、各種衛星模の展示やJAXA能代ロケット実験場コーナーもあります。

DATA

- ：サイエンスパーク　能代市子ども館
- ：秋田県能代市大町10-1
TEL 0185-52-1277
- ：9:00～17:00
- 休：月曜日、毎月第4金曜日、祝日の翌日、12/28～1/4
- ¥：無料　※プラネタリウムは高校生以上：340円
- 駅：【JR五能線】能代駅より徒歩25分、または車で5分
- ：あり（30台）無料
- HP：http://www.city.noshiro.akita.jp/g.html?seq=644

INFORMATION

・毎年夏にはのしろ銀河フェスティバルを開催・4～11月　モデルロケット教室・ペットボトルロケット教室を毎月開催・10～3月　ロボット・プログラミング講座を毎月開催・毎月　かがくあそび、星空めぐりを開催・2014年度には小惑星「イトカワ」の微粒子展を開催

ようこそ。
世界で一番地上から高い所にあるプラネタリウムへ

郡山市ふれあい科学館（スペースパーク）

21階展示ゾーン

JR郡山駅前に立地する、宇宙がテーマの都市型科学館。地上104・25mにあることでギネス認定された宇宙劇場（プラネタリウム）で満天の星を眺めれば、はるか彼方、神秘的な宇宙への想像をかき立てます。宇宙のロマンを感じてください。

一方の展示ゾーンでは、4つのテーマで宇宙を紹介しています。「プロローグ」では、球体の不思議な空間の中で、宇宙を見つめ続けた人々が考えた、宇宙の不思議が実感できます。「スペースフロンティア」では、昔の宇宙飛行士の訓練装置や月面の重力体験装置、宇宙探検シミュレーションなどを通して、宇宙での生活をバーチャルに体験できます。「クエスト・オブ・ザ・ユニバース」では、この宇宙の姿や成り立ちについて、現代科学が得た成果や考え方などを学ぶことができます。最後の「アースウォッチング」では、宇宙からの映像を中心に様々な角度から「地球」を見つめ、地球環境の大切さを皆さまに問いかけます。

郡山市内を一望できる地上高96mの展望ロビー（無料）では、明治時代以降、郡山を発展させてきた鉄道を日本最大級のNゲージ鉄道ジオラマで紹介しています。

見所展示・体験コーナー

宇宙飛行士が宇宙で過ごすためにどんな訓練をしているのでしょうか…。スペースフロンティアでは、宇宙飛行士の訓練を疑似体験できる装置「トリプルスピン」や月の重力を疑似体験できる「ムーンジャンプ」など、宇宙飛行士の気分を味わうことができます。また、プロローグでは、太陽系の惑星が浮かぶ異空間で、コペルニクス、ハーシェル、ハッブルが考えた宇宙をとおして、人類がどのように宇宙を考えてきたのかを見ることができます。一方、クエスト・オブ・ザ・ユニバースでは、宇宙の始まり、宇宙の果てなど、まだまだ解き明かされていない宇宙の謎を、現代の天文学の見地から紹介します！

DATA

- ：郡山市ふれあい科学館
- ：福島県郡山市駅前 2-11-1（ビッグアイ 20～24 階）
  TEL 024-936-0201
- ：10:00～17:45
- 休：月曜日（祝日の場合は翌日）、12/31、1/1
  10:00～20:00（展望ロビー：入館は 19:30 まで）、
  10:00～17:45（展示ゾーン・宇宙劇場：入館は 17:00 まで）※曜日により変更
- ¥：［展示ゾーン］一般：400円・高校・大学生等：300円・小中学生：200円・幼児、65 歳以上：無料
  ［宇宙劇場］一般：400円・高校・大学生等：300円・小中学生：200円・幼児、65 歳以上：100円
- 駅：【JR】郡山駅より徒歩１分
- ：なし　※近隣に民間駐車場が多数あり
- HP：http://www.space-park.jp/

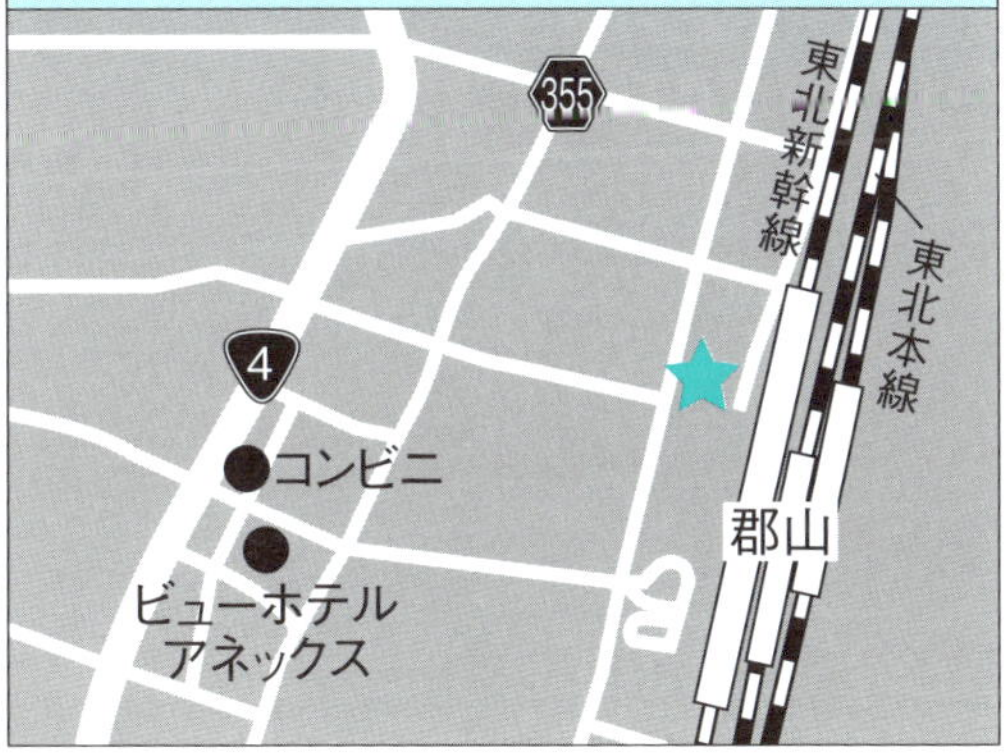

INFORMATION

ゴールデンウィークや夏休みに開催している「サイエンスフェスティバル」。科学の実験や工作をお祭りの屋台感覚で気軽に楽しむことができる催しで、来館者の皆さまに科学に興味・関心を持っていただける内容です。実験・工作屋台のほか、特別メニューのサイエンスショーや実験教室など、特別な実験を楽しめる催しもおこないます。

秋田県児童会館（みらいあ）

プラネタリウムは土日祝の投影で、全国的にも珍しい入場無料。

「みらいあ」の愛称で知られている秋田県児童会館は、子ども劇場やレクリエーションホール、図書室、光や音、宇宙や地球の展示室、プラネタリウムなどが揃った児童施設です。様々な遊具があり誰でも楽しむことができ、子ども劇場（けやきシアター）ではコンサートや映画会などの催し物が随時開催されています。プラネタリウムは通常土・日・祝のみ1日3回の投影で、夏休みなどの期間は平日も特別投影がおこなわれています。何といっても嬉しいのが全国的にも珍しい入場無料です。各回44名まで収容可能で、幼児から小学生、一般向け、ご年配の方向けなど様々な番組を20～30分程度で投影しています。

INFORMATION

木のままごとができるコーナーなど幼児が遊びやすい場所やおむつ替えベッド、授乳室、子ども用トイレといった設備が充実していて、親子で気軽に訪れやすいのもポイントです。申し込み不要のイベントも数多く開催しているので、プラネタリウムだけでなく施設内をとことん遊び尽くしてみても楽しいです。

見所展示・体験コーナー

「宇宙から見た私たちの郷土」は３つの機能があり、指１本で楽しみながら、秋田の地理を学べます。「上空から見よう」では秋田県全体の衛星画像から、指で触ったところを拡大してみることができます。「よく知ろう」では、69 市町村について１画面ずつ使って紹介しています。「作ってみよう」では、県北・中央・県南の３つにわけた地図を使って、各市町村をそれぞれ１ピースに見立てた組立パズルに挑戦できます。

DATA

- ：秋田県児童会館
- ★：秋田県秋田市山王中島町 1-2
  TEL 018-865-1161
- ：9:00～17:00
- 休：月曜日（月曜日が祝日のときは火曜日）、年末年始
- ¥：無料
- 駅：【JR 奥羽本線】秋田駅よりバスで「県立体育館前」下車、徒歩２分（約 15 分）
- ：あり（120 台）無料
- HP：http://akita-jidoukaikan.com/

関東

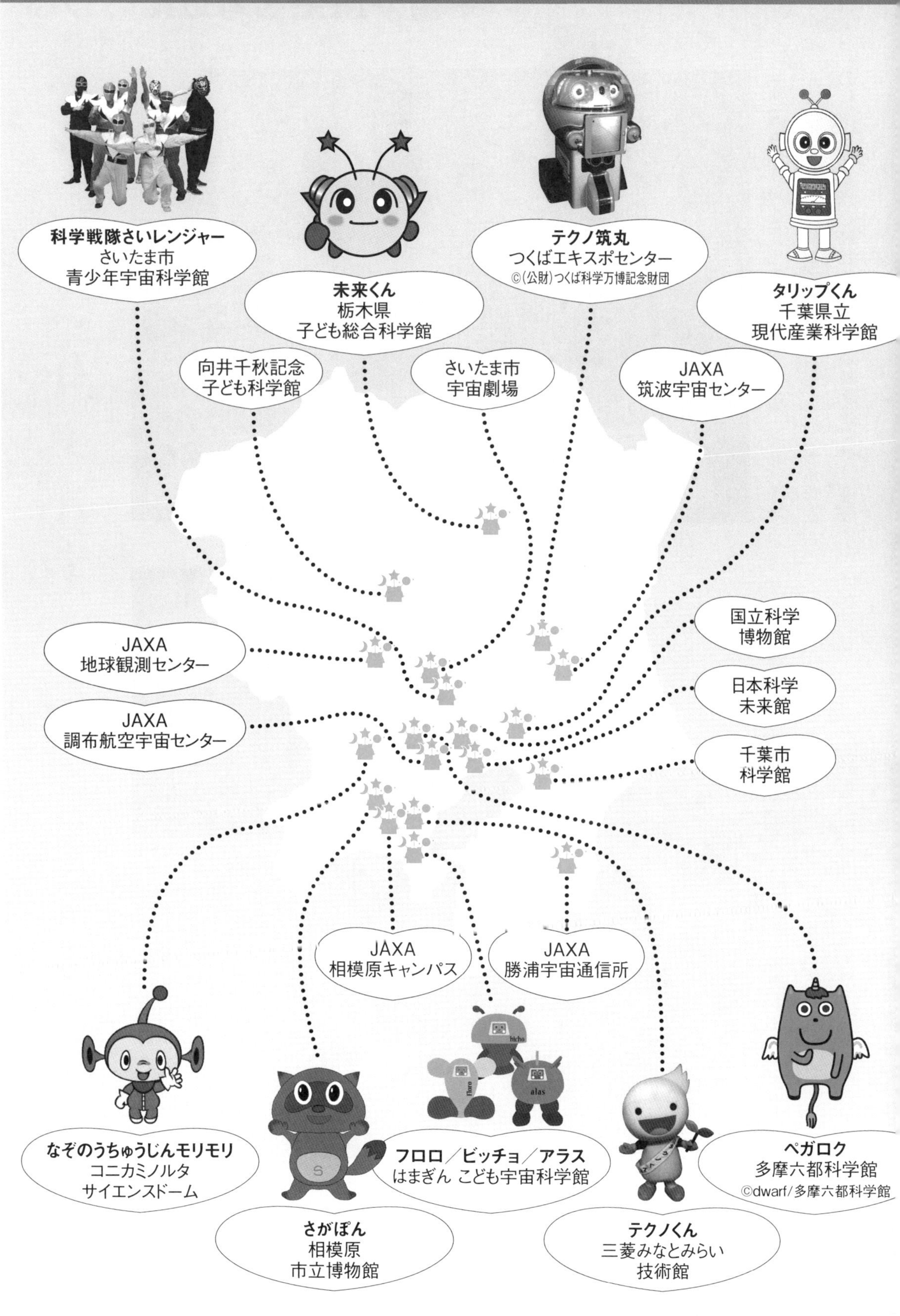
科学戦隊さいレンジャー
さいたま市
青少年宇宙科学館
未来くん
栃木県
子ども総合科学館
テクノ筑丸
つくばエキスポセンター
©(公財)つくば科学万博記念財団
タリップくん
千葉県立
現代産業科学館
向井千秋記念
子ども科学館
さいたま市
宇宙劇場
JAXA
筑波宇宙センター
国立科学
博物館
JAXA
地球観測センター
日本科学
未来館
JAXA
調布航空宇宙センター
千葉市
科学館
JAXA
相模原キャンパス
JAXA
勝浦宇宙通信所
なぞのうちゅうじんモリモリ
コニカミノルタ
サイエンスドーム
フロロ／ビッチョ／アラス
はまぎん こども宇宙科学館
ペガロク
多摩六都科学館
©dwarf/多摩六都科学館
さがぽん
相模原
市立博物館
テクノくん
三菱みなとみらい
技術館

世界最大級のプラネタリウムで 宇宙や星空を身近に感じる

つくばエキスポセンター

研究機関が集まるつくばの中心で宇宙・海洋・エネルギー・ナノテクノロジー・生命科学・地球環境などの科学技術を見て触れて楽しめる科学館です。直径

25.6mのドームに広がる美しい星空

階展示物「夢への挑戦」

写真提供：(公財)つくば科学万博記念財団

25・6mある世界最大級のプラネタリウム（座席数232席）では、季節ごとに美しい星空や最新の天文情報をご紹介しています。

プラネタリウムの見どころは、季節ごとにテーマを変えてスタッフが企画制作する、オリジナル番組です。宇宙の不思議や天文現象について、ダイナミックな全天周デジタル映像でお楽しみいただけます。また、英語の副音声・日本語の補聴援助システム（磁気ループ・イヤホン）・日本語字幕（週3回）の上映をおこなっています。星空生解説では、つくばから見えるその日の夜空を見ながら、星座や惑星の動き、彗星の到来、流星群など毎日少しずつ変わる星空の変化をご覧いただけます。そのほか、人気のアニメを取り入れたこども番組、大人向けの特別番組など工夫を凝らした豊富な番組を上映しています。

また、サイエンスショーや科学教室、エキスポ探検隊、天体観望会など月替わりのテーマで実施する定期イベント、春休みや夏休みを中心に開催する特別展など、ご家族みんなで楽しめるイベントが盛りだくさんです。

見所展示・体験コーナー

２階展示場「夢への挑戦―のぞいてみよう科学がひらく未来―」は５つのゾーンに分かれています。この創造の森をイメージした展示場の中には「宇宙への挑戦ゾーン」があります。ここでは、宇宙服や国際宇宙ステーションの寝室・トイレなどの展示物を見ることができ、宇宙環境を利用した研究、ロケット開発、人工衛星や探査機など宇宙から広がる夢を紹介しています。

展示場と合わせてプラネタリウムを鑑賞することで、より宇宙を身近に感じられることでしょう。

INFORMATION

プラネタリウムオリジナル番組は、英語の副音声、日本語の補聴援助システム（磁気ループ、イヤホン）の利用ができます。また、日本語字幕の上映回があります。「楽しい科学体験・相談コーナー」では、ボランティアインストラクターが楽しく科学の面白さを教えてくれます。不思議に思ったことを質問してみましょう。

DATA

- ：つくばエキスポセンター
- ：茨城県つくば市吾妻2-9 TEL 029-858-1100
- ：9:50～17:00（12・1月の平日のみ16：30閉館）
- 休：月曜日（祝日の場合は翌日）、月末最終火曜日、年末年始
- ¥：大人：410円・こども：210円／［プラネタリウム券（入館含む）］大人：820円・こども：410円 ※こども：4歳～高校生（3歳以下無料）
- 駅：【つくばエクスプレス】つくば駅A2出口より徒歩約5分
- ：あり（60台）有料　※要問い合わせ
- HP：http://www.expocenter.or.jp/

どなたでも自由に見学できる常設展示館です。

ＪＡＸＡ筑波宇宙センター　展示館「スペースドーム」

日本の宇宙開発を進めてきたＪＡＸＡの歩みと〝いま〟を10のテーマに分けてご紹介しています。

①『ドリームポート』：１００万分の１スケールの美しい地球がお出迎えします。

②『マモルホシ』：筑波宇宙センターの概要と人工衛星の活躍をご紹介します。

③『人工衛星による宇宙利用（情報通信・測位）』：データ中継技術衛星「こだま」の試験モデルをはじめ、情報通信・測位分野で活躍する人工衛星のミッションと成果をご紹介します。

④『未来をひらく人工衛星』：最近打ち上げられた衛星、これから打ち上げられる衛星、今話題のホットな人工衛星たちを見ることができます。

未来をひらく人工衛星

ドリームポート

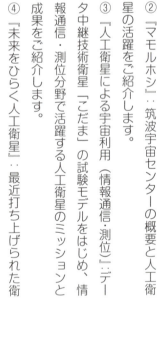

見所展示・体験コーナー

2015年6月にリニューアルいたしました。「よりリアルな宇宙開発の姿」がコンセプト。実物さながらの国際宇宙ステーション「きぼう」日本実験棟の実物モデルを体感できます。また、人工衛星などの宇宙空間での動きをリアルにイメージできる大型床面映像「オービタルビジョン」を新設したほか、「未来をつくる人工衛星」コーナーでは、パドルを広げた「だいち2号」の3分の1模型を中心に配し、最近の人工衛星の活躍についてご紹介しています。

⑤『人工衛星による宇宙利用（挑戦の歴史）』：技術試験衛星「きく」シリーズを軸に日本の宇宙開発の歴史や成果を知ることができます。

⑥『人工衛星による宇宙利用（地球観測）』：陸域観測技術衛星「だいち」の試験モデルをはじめ、地球観測分野で活躍する人工衛星のミッションと成果をご紹介します。

⑦『有人・宇宙環境利用』：国際宇宙ステーション「きぼう」日本実験棟の実物大モデルや、宇宙ステーション補給機「こうのとり」の試験モデルを中心に、国際宇宙ステーション計画や宇宙環境利用について、学ぶことができます。

⑧『ロケット・輸送システム』：燃焼試験で使われた本物のLE-7A、LE-5ロケットエンジン、20分の1スケールモデルを中心に、日本のロケットを見ることができます。

⑨『宇宙科学研究・月惑星探査』：月周回衛星「かぐや」の試験モデル、「はやぶさ」2分の1スケールモデルを中心に、宇宙科学・月惑星探査について、知ることができます。

⑩『オービタルビジョン』：大型床面映像で、軌道でのリアルな宇宙機の動きをご紹介しています。

DATA

- ：JAXA 筑波宇宙センター　展示館「スペースドーム」
- ：茨城県つくば市千現 2-1-1
  TEL 029-868-2023（見学案内係）
- ：10:00～17:00
- 休：月曜日（不定期）、12/29～1/3、※臨時休館あり
- ¥：無料　※ガイド付き見学ツアー：500円、要予約
- 駅：【つくばエクスプレス線】つくば駅より車で約10分、またはバスで「物質材料研究機構」下車、徒歩1分
- ：あり（50台）無料
- HP：http://fanfun.jaxa.jp/visit/tsukuba/

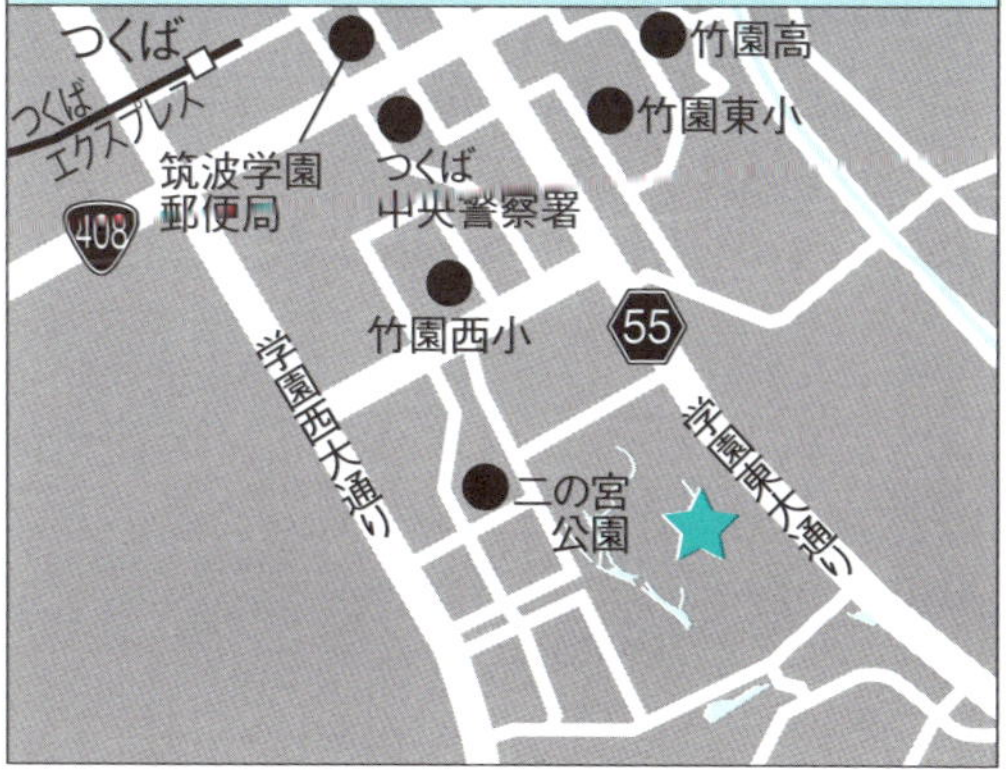

INFORMATION

筑波宇宙センターでは、国際宇宙ステーション「きぼう」運用管制室と宇宙飛行士養成エリアをガイド付きでご見学いただくことができる有料のツアーをご用意しています。

プラネタリウムとサイエンスショーは必見！

栃木県子ども総合科学館

展示場は、宇宙・地球・生命・情報・エネルギー・乗り物とロボット・身近な科学の7つのエリアで構成されています。展示品は200点以上！　その多くが見て・触って・動かして楽しめる参加体験型です。

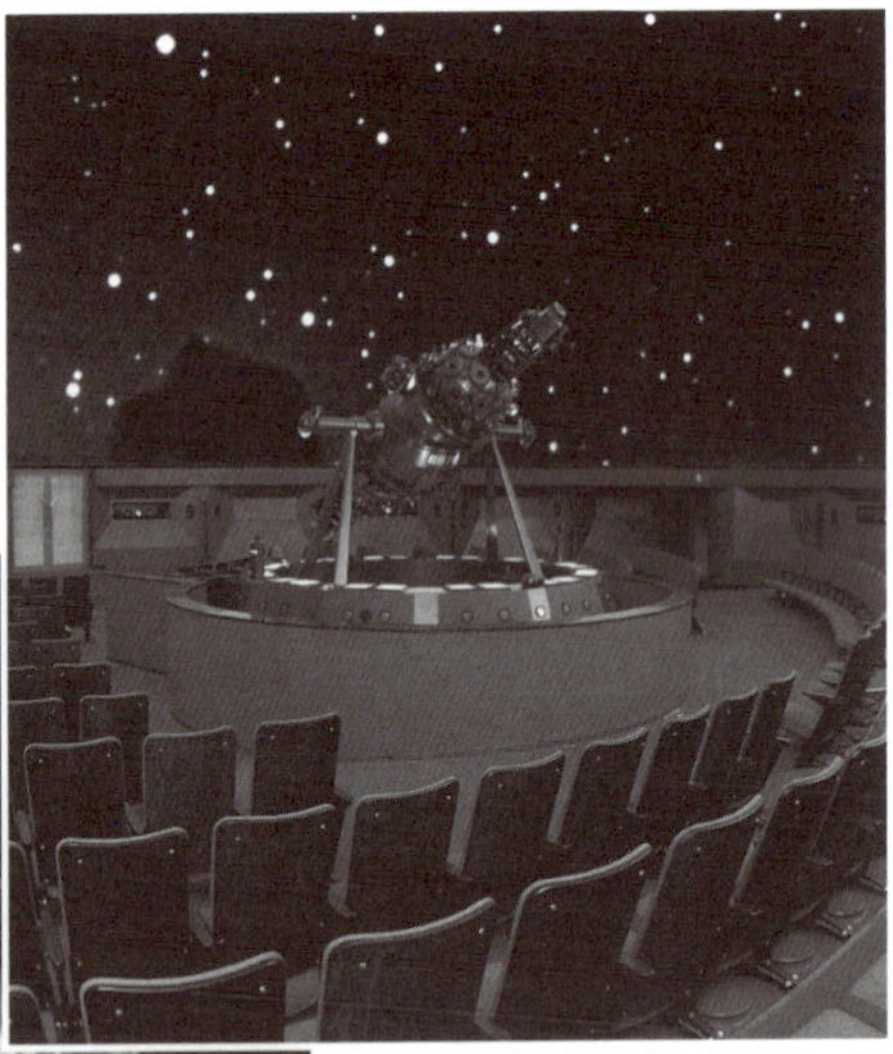

プラネタリウムイメージ

り物とロボットの科学コーナー

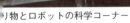

見所展示・体験コーナー

宇宙飛行士の疑似体験ができる船外活動機、ヘリコプター、飛行機の３つのシミュレータを楽しめます。船外活動機シミュレータでは、宇宙船のロボットアームに乗り込み機体を操縦。ターゲットに光線を当て得点をGET！　初級・中級・上級と難易度が分かれていて、上級コースをクリアすればライセンスがもらえるぞ！　飛行機シミュレーションは大型スクリーンに投影されるコースに沿って操縦をおこないます。ヘリコプターシミュレーションでは３種類のコースの空中散歩体験ができます。飛行機とヘリコプターには実際の機体が使用されていて臨場感抜群！いずれも受付で先着順に時間指定の搭乗券をくばります。

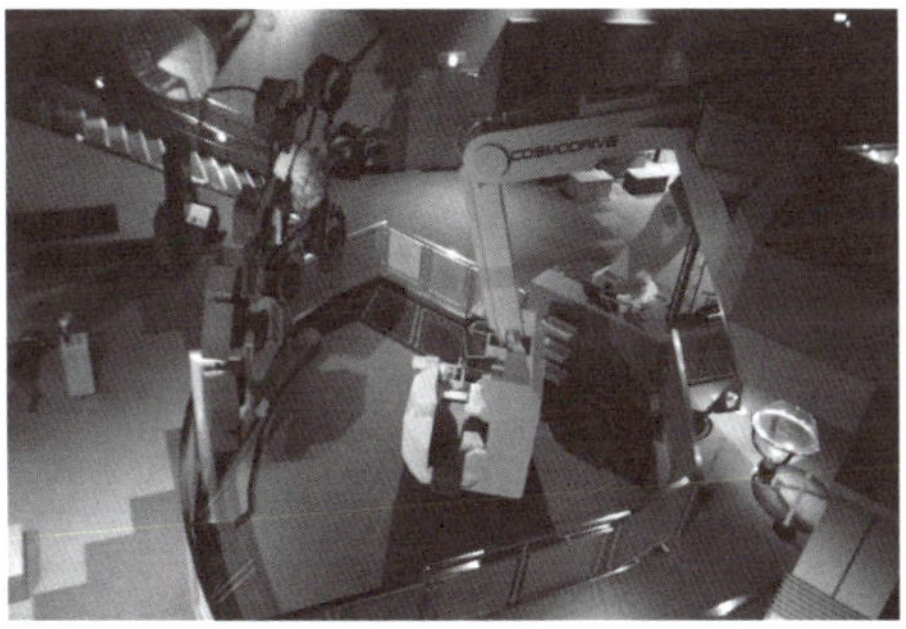

展示品のほかに、館内にある遊びの世界では、楽しい遊びや工作コーナーが大人気！　また、屋外には、無料で利用できる大型遊具があり、小さな子どもから大人まで、新しい発見に出会える科学館となっています。

宇宙の科学コーナーでは本物の隕石にさわることもできます。さらに、解説員がライブで実験をおこなうサイエンスショーを毎日開催。目に見えない空気の秘密にせまる「空気のパワーショー」や、クロマキー合成などテレビの映像技術を紹介する「テレビスタジオショー」など身近な科学を楽しく学ぶことができます。

プラネタリウムでは直径20ｍのドームスクリーンいっぱいに満天の星空を体感できます。プログラムは季節ごとに変わり、ここでしか見られないオリジナル番組も投影されています。

毎月開催の星を見る会では、一般公開向けとしては県内最大の口径75㎝の反射望遠鏡による天体観測が無料で楽しめます。

DATA

：栃木県子ども総合科学館
：栃木県宇都宮市西川田町567
TEL 028-659-5555
：9:30～16:30（入館は16:00まで）
休：月曜日（祝日の場合・県民の日6/15を除く）、毎月第４木曜日（３・７・８月および祝日の場合を除く）、祝日の翌日、年末年始
¥：大人：540円・小人：210円（小人は４歳から中学生まで、３歳以下は無料）
※プラネタリウムは別料金
駅：【東武宇都宮線】西川田駅より徒歩20分
：あり（724台）無料
HP：http://www.tsm.utsunomiya.tochigi.jp/

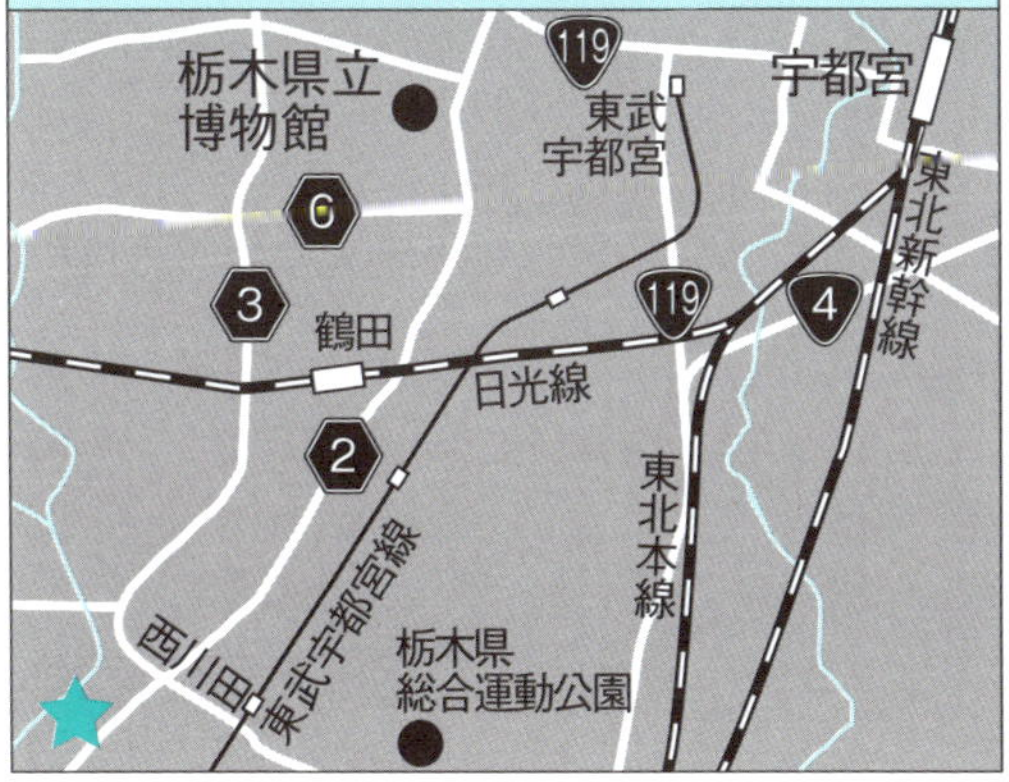

INFORMATION

春休みや夏休みの期間は、最新の科学技術などを紹介する企画展を開催！　期間中は特別サイエンスショーやオリジナル科学グッズが作れる工作コーナーも人気です。ほかにも、天文台公開やミニ工作など毎月たくさんのイベントが開催されているのでホームページをチェックしてみよう！

宇宙や科学について、身体を使って楽しく学べる科学館です。

向井千秋記念子ども科学館

向井千秋記念子ども科学館は、1991年5月5日、「館林市子ども科学館」として開館しました。その後、1994年と1998年の2度にわたり宇宙飛行をした、館林市出身の宇宙飛行士向井千秋さんの功績を称

向井千秋さんの大型パネル

験型の展示物が多くある展示室

え、1999年に現在の館名に改めました。

館内には、科学展示室と天体観測室、プラネタリウムなどがあり、科学展示室は、科学の現象のもっとも身近な例である「自然」をとりあげた「体験の世界」、実験装置や模型を使って、科学の原理や法則を学ぶことができる「観察の世界」、科学の原理や法則をもとに、生活に役立つ様々な技術が開発されていることを模型や装置で学ぶことができる「応用の世界」、宇宙飛行士向井千秋さんの生い立ちや宇宙での活躍を貴重な資料を通して知ることができる「向井千秋さんと宇宙」の4つに分かれています。

天体観測室は、直径6ｍのドーム内に口径20㎝のクーデ式屈折望遠鏡が設置されています。体勢を変えずに観測できるので、身体の不自由な方でも無理なく天体観測ができます。

ほかにも、科学絵本や図鑑などを配架した資料コーナーや、企画展などをおこなう多目的スペースがあります。また、実験室・工作室では、各種講座を実施しており、より充実した理科の学習ができるようになっています。

見所展示・体験コーナー

プラネタリウムは、2014年7月にリニューアルオープンしました。最新のデジタルシステムを導入し、直径23 mの大型ドームの中で、迫力ある映像と臨場感あふれる音声を楽しめます。プラネタリウム番組は、幼児～小学校低学年向けの「子ども向け番組」と、小学校高学年～大人向けの「一般番組」の2種類あります。また、平日ご利用の団体様向けに、複数の番組をご用意しています。

常設展示では、体験型の展示物が多く、五感を使って楽しく科学を学ぶことができます。その中でも、「ムーンウォーカー」は、月の重力（地球の6分の1）を疑似体験でき、子どもから大人まで人気の展示物です。

DATA

- 向井千秋記念子ども科学館
- 群馬県館林市城町 2-2
  TEL 0276-75-1515
- 9:00～17:00（入館は 16:30 まで）
- 休：月曜日（祝日の場合は翌日）、祝日の翌日（土・日曜日を除く）、年末年始
- ¥：大人（高校生以上）：320 円・小中学生：無料
  ※プラネタリウムは別料金
- 駅：【東武伊勢崎線】館林駅より徒歩 20 分、またはバスで「子ども科学館前」下車すぐ
- なし　※館東側に市営尾曳駐車場あり（240 台）無料
- HP：http://www.city.tatebayashi.gunma.jp/kagakukan/

INFORMATION

実験を通して科学を学べる「サイエンスショー」、太陽の黒点などを観察する「公開天文台」、季節の星座などを観察する「夜間天体観望会」、科学の原理を用いた簡単な工作をおこなう「理科工作教室」、科学絵本の読み聞かせと科学遊びをおこなう「えほん de かがく」などのイベントを定期的に開催しています。

駅から近く、気軽に立ち寄れる
都会の星空オアシス

さいたま市宇宙劇場

新幹線も停車する大宮駅から近く、とても交通の便のよい所にあります。大宮駅西口にある愛称「JACK大宮」ビルの3階から5階が「さいたま市宇宙劇場」となっています。3階ロビーおよび5階ロビーには、

ホール内観

さいたま市出身の宇宙飛行士で、当館の名誉館長でもある若田光一氏の原寸大手形や実際に宇宙へ持って行った旗など、若田氏ゆかりの品々を展示してあります。また、直径23ｍのドームスクリーンを使って、満天の星空が楽しめるプラネタリウム投影をおこなったり、迫力ある映像が楽しめる超大型映画の上映をおこなったりしています（※プラネタリウム、超大型映画は有料）。

そのほか、生演奏と星空解説とを組み合わせたコンサート、アロマの香りの中で星空を楽しむ「アロマテラピー in プラネタリウム」などの特別投影や、天体望遠鏡で星空を眺める「天体観望会」など、様々なイベントを実施しています。

また、売店「スピカ」では、星座図鑑や星座早見盤などの天文グッズとともに、宇宙食なども販売しております。

２０１６年11月１日から２０１７年３月31日まで、プラネタリウム機器更新に伴うリニューアル工事のためホールは休館となります。

見所展示・体験コーナー

宇宙劇場３階のロビーでは、パソコンを使って、様々な天体の写真を検索したり、すごろく遊びが楽しめるようになっています。

また、職場体験で来館した地域の中学生が作成した手書きのポスターでは、それぞれのテーマに沿った内容が、簡潔にわかりやすく説明されています。

そのほか、偏光フィルムを使った手作りの展示物などもありますので、どうぞお気軽にお楽しみください。

さらに「天文・宇宙情報」コーナーでは最新の情報を掲示しています。

DATA

- ：さいたま市宇宙劇場
- ：埼玉県さいたま市大宮区錦町 682-2
  TEL 048-647-0011
- ：12:30〜18:00（平日）、9:30〜18:00（土・日・祝日）
- 休：水曜日、祝日の翌平日、年末年始
- ¥：無料（ロビー内）　※プラネタリウムは別料金
- 駅：【JR】「ニューシャトル」【東武アーバンパークライン】大宮駅より徒歩３分
- ：あり（JACK 大宮ビルとしての駐車場：110 台）有料　※要問い合わせ
- HP：http://www.ucyugekijo.jp/

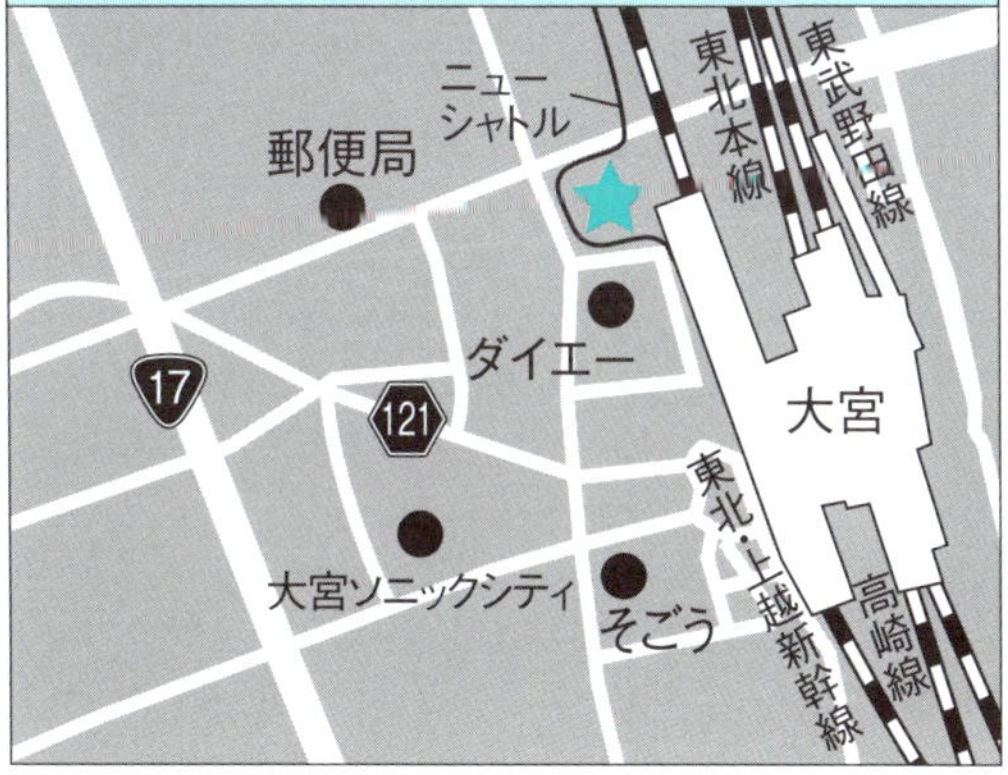

INFORMATION

休館日を除く毎日 18 時からのプラネタリウム投影は、「星空散歩」と題して、１時間生解説で投影をおこなっています。さらに、毎月（8 月を除く）１回「星空散歩レイトショー」を実施するほか、「星空と音楽の夕べ」や「プラネタリウム市民の時間・特別投影」などのイベントを 19 時 30 分からおこなっていますので、お仕事帰りにぜひお立ち寄りください。

若田宇宙飛行士が名誉館長。「若田光一宇宙飛行士コーナー」がおすすめ展示物！

さいたま市青少年宇宙科学館

1988年5月に「浦和市青少年宇宙科学館」として開館し、2001年5月、さいたま市誕生に伴い、「さいたま市青少年宇宙科学館」と名称が変更になりました。名誉館長はさいたま市出身の若田光一宇宙飛行士

ハイブリッド・プラネタリウム
©GOTO

際宇宙ステーションの模型とフーコーの振り子

です。

館内入り口を入ると、まずはフーコーの振り子がお出迎え。1階ふしぎ広場にはボールコースターや光のタワーなどの体験型の展示物、2階宇宙広場には太陽系や宇宙、若田宇宙飛行士に関する展示物が充実しており、科学や宇宙について楽しみながら学ぶことができます。

併設されているプラネタリウムは、約1000万個の星を投影できる光学式投影機「ケイロン」と全天周デジタル映像システムが融合したハイブリッド・プラネタリウムです。直径23ｍのドームに映し出される精微で美しい星空と迫力ある映像により、リアルでファンタジックな世界を体験できます。

土・日・祝日は、科学実験教室や天文・宇宙教室をはじめとする「各種教室」、「サイエンスショー」、「公開天文台」「公開電子顕微鏡」「若田光一宇宙飛行士コーナー体験ツアー」「ワークショップ」などイベントがいっぱいです。当館が生んだご当地ヒーロー「科学戦隊さいレンジャー」による特別サイエンスショーも年間4回実施し、大好評です。

見所展示・体験コーナー

2015年3月に新設した常設展示「若田光一宇宙飛行士コーナー」がおすすめです。若田宇宙飛行士ゆかりの品や、細部まで再現された国際宇宙ステーションのトイレと個室（実物大）、船外活動宇宙服（レプリカ）、ソユーズ帰還船搭乗体験装置などを展示しています。実物大のソユーズ帰還船搭乗体験装置は、全国で青少年宇宙科学館にしかありません。

日曜日、祝日には、約20分間の「若田光一宇宙飛行士コーナー体験ツアー」を実施しています。展示物の解説をはじめ、個室の寝袋に入ったり、トイレの便座に腰を掛けたりと、普段は見るだけの展示物を体験することができます。

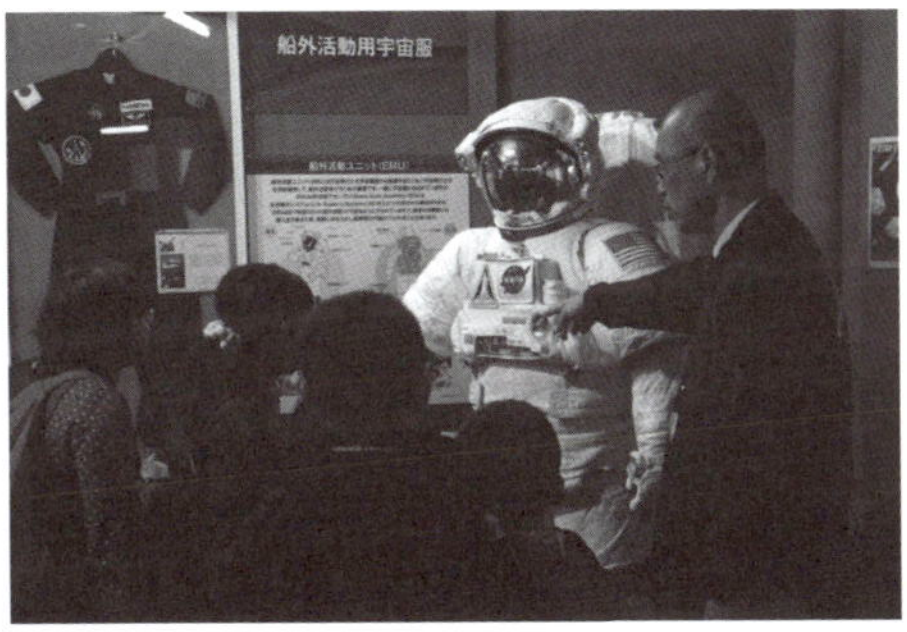

INFORMATION

2014年8月の若田宇宙飛行士によるミッション報告会をはじめ、毎年JAXAの教授や職員による、宇宙に関する講演会などを実施しています。夏休みには、約20日間、小学生対象の「ワクワクものづくり教室」を実施しています。じっくりとものづくりを体験することで、科学への興味・関心を高めることができます。

DATA

- ：さいたま市青少年宇宙科学館
- ：埼玉県さいたま市浦和区駒場 2-3-45
  TEL 048-881-1515
- ：9:00～17:00
- 休：月曜日（休日の場合は、翌平日）
- ¥：無料　※プラネタリウムは別料金
- 駅：【JR】浦和駅よりバスで「宇宙科学館入口」下車、徒歩3分
- ：あり（18台）無料

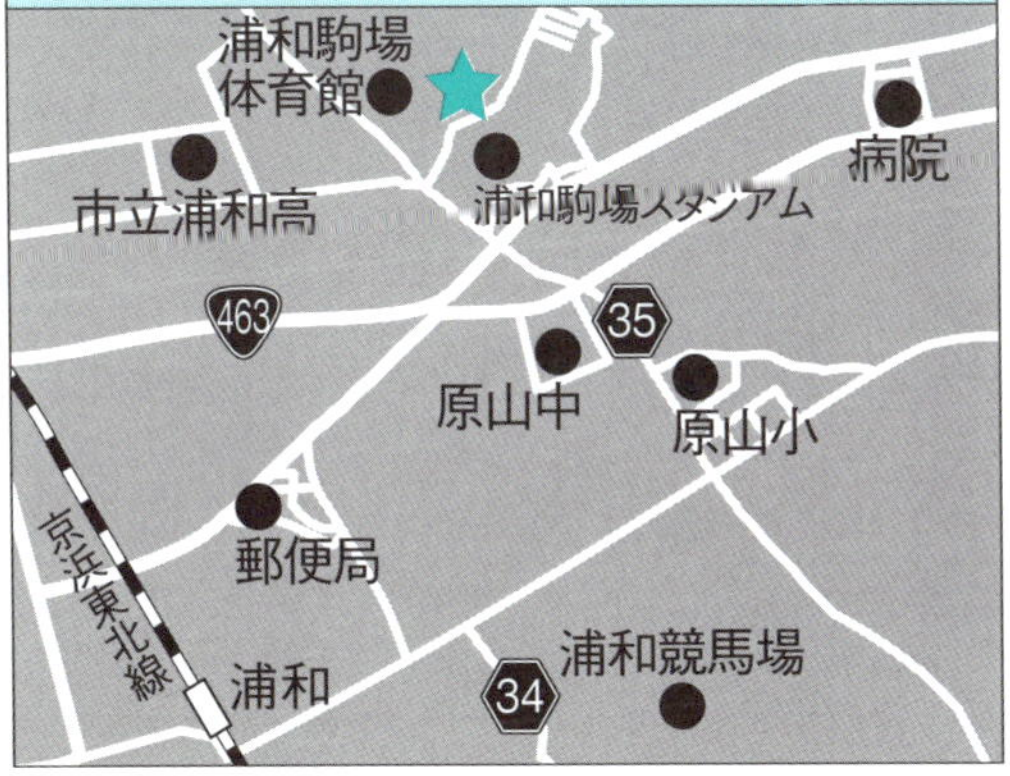

子どもも大人も身近な科学を楽しめる 参加体験型科学館

千葉市科学館

千葉市科学館は、日常の視点で科学を捉え、子どもから大人まで楽しめる参加体験型科学館で、複合施設きぼーるの7階から10階にあります。

7階エントランスフロアには恒星数1000万個を超えるプラネタリウムがあります。番組は、学校団体向け学習投影、幼児向け、一般向け投影や平日昼間の15分間のお昼寝プラネタリウムのほか、夏休みなどに登場するクイズ番組「チャレンジ！クイズアストロQ」、「クラ

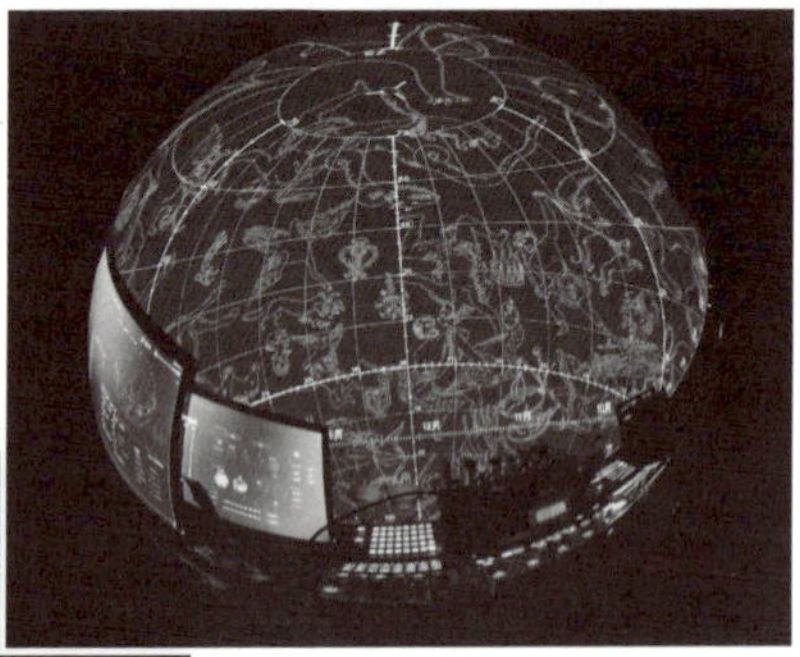

美しい星と迫力のデジタル映像が楽しめます。

本物のロケットエンジン(LE-5)にさわれます。

シックコンサート」や「アロマ」を組み合せた特別投影などを実施しており、子どもからシニア層まで幅広い世代に好評です。

8階から10階が千葉市科学館の常設展示フロアとなっており、合わせて約140の体験装置を展示しています。8階は、視覚・音・光・数のふしぎを科学的に楽しく探究する「ワンダータウン」。9階は、くらしを支える技術を通して、その原理をひも解く「テクノタウン」。私たちのくらしを支える高度な産業技術や科学技術を通して、科学の原理をわかりやすく解説しています。10階は、宇宙と地球、自然や生命のふしぎを体験する「ジオタウン」。わたしたちをとりまく身近な環境から、地球、自然、宇宙、また自分自身の中にある様々な科学の原理を、観察や体験を通してひも解きます。

常設展示のほか、年4回様々なテーマで企画展が開催されます。また、併設しているミュージアムショップでは、科学全般のグッズが充実しています。

INFORMATION

千葉市（西千葉）の東京大学生産技術研究所には、かつて、日本のロケット開発の父糸川英夫博士の研究室があり、ペンシルロケットの基礎研究が進められていました。ここ千葉でも国分寺に続き、発射実験がおこなわれました。千葉は宇宙への関心が高く、小中学生がローバー（探査車）を製作し、火星を模したコース上でサンプル採取に挑戦しながら、性能やデザインを競う「火星ローバーコンテスト in 千葉」を毎年開催しています。

見所展示・体験コーナー

『宇宙を探る』のコーナーでは、「自転と公転モデル」や「宇宙観の変遷」についての展示やガリレオの望遠鏡（レプリカ）、また本物のロケットエンジン（LE-5）や千葉で実験がおこなわれたペンシルロケット（ペンシル― 300・2段ペンシルロケット：レプリカ）などが見られます。また体験できるものとして、人工衛星の姿勢制御にも使われているジャイロ技術を体感できる手回しジャイロ（人工衛星の姿勢制御にもこのジャイロ技術が使われています）や地球の6分の1の月の重力の疑似体験ができるムーンウォーカー（大人の方も体験できます）などの宇宙に関する展示があります。

DATA

- ：千葉市科学館
- ：千葉県千葉市中央区中央 4-5-1　複合施設「Qiball きぼーる)」内 7 ～ 10F
  TEL 043-308-0511
- ：9:00～19:00
- 休：機器点検日（月 1 回）、12/29 ～ 1/1
- ¥：大人：510 円・高校生：300 円・小中学生：100 円
  ※プラネタリウム・特別展は別料金、セット券あり
- 駅：【JR 総武線】千葉駅より徒歩 15 分／【京成千葉線】千葉中央駅より徒歩 6 分
- ：なし（同建物内に民間有料駐車場あり：250 台）
- HP：http://www.kagakukanq.com/

産業や科学技術が体験型の展示や実験をとおして楽しく学べます。

千葉県立現代産業科学館（現代産業科学館）

千葉県立現代産業科学館は、子どもから大人まで、誰もが産業に応用された科学技術を体験的に学ぶことのできる場を提供することを目的として設置されまし

身近な科学を体験できる「創造の広場」

た。常設展示は、①現代の日本および千葉県の代表的な産業である電力・石油・鉄鋼産業について、その発展の歴史や現代の技術を紹介し、科学技術と人間との関わりについて考える「現代産業の歴史」、②様々な分野で応用されている先端技術、エレクトロニクスや新素材・バイオテクノロジーなどを中心に紹介する「先端技術への招待」、③参加・体験型の展示により身の回りにある工業製品や生活用品について科学の原理やしくみを発見しながら、身近な科学現象の不思議さや美しさを体験することができる「創造の広場」の3部門で構成しています。

サイエンスドームでは、直径23ｍのドームスクリーン（座席数約300席）で、期間限定の臨場感あふれるプラネタリウムを上映しています。

また、実験シアター、実験カウンター、サイエンスステージ、放電実験室では毎日演示実験をおこなっています。迫力ある放電実験や液体窒素を使った冷凍実験などは必見です。様々な実験や工作教室などのイベントが驚きと感動を与えてくれる毎日進化する科学館です。

見所展示・体験コーナー

宇宙情報コーナーでは、国際宇宙ステーション100分の1紙模型を展示しています。また、最新の宇宙情報やロケットの打ち上げ情報、小惑星探査機「はやぶさ」そして、「はやぶさ2」の情報を紹介しています。科学映像の上映コーナーでは、宇宙航空研究開発機構（JAXA）の活動を中心に紹介しています。

体験教室として、JAXA宇宙教育センターのコズミックカレッジ「アルコールロケットを飛ばそう」、「家族で協力して熱気球を飛ばそう」を実施しています。また、「天体望遠鏡で月や星を見よう」という初心者やファミリーを対象とした星空観望会も実施しています。

DATA

：千葉県立現代産業科学館
：千葉県市川市鬼高1-1-3
TEL 047-379-2000
：9:00～16:30（入館は16:00まで）
休：月曜日（祝日または振替休日の場合は翌日）、年末年始
¥：一般：300円・高大学生150円・中学生以下、65歳以上：無料　※企画展・特別展期間は別料金
駅：【JR総武線】本八幡駅より徒歩15分／【京成本線】鬼越駅より徒歩13分
：あり（80台）有料　※90分まで無料、以降30分ごとに100円
HP：http://www.chiba-muse.or.jp/SCIENCE/

INFORMATION

毎年夏休みには直径23mのドームスクリーンに映し出されるプラネタリウム上映会を開催しています。およそ100年前の車「T型フォード」に乗れる「T型フォード乗車会」などもおこなっています。

子どもから大人まで楽しめる自然史・科学技術史の総合博物館！

国立科学博物館

（科《か》博《はく》）

１８７７年創立。日本最大級の国立の総合科学博物館です。自然史・科学技術史研究に関する中核的研究機関であり、４００万点を超える貴重なコレクションを保管しています。

地球館２階　科学技術で地球を探る

東京・上野公園内にある展示施設は、日本館と地球館からなり、日本館の建物は重要文化財に指定されています。「日本列島の自然と私たち」をテーマとした日本館では、日本列島の自然、そこに暮らす生き物、日本人の形成過程や日本人と自然の関わりについて展示しています。また、「シアター36〇」はドームの内側すべてがスクリーンになっていて、その中のブリッジに立ち映像をご覧いただける全球型映像施設です。360度の音と映像に包まれ、独特の浮遊感が味わえるシアターで、月替わりでオリジナル映像2本が上映されています。「地球生命史と人類」をテーマとした地球館では、地球の多様な生き物が、お互いに深く関わり合って生きている姿、地球環境の変動の中で生命が誕生と絶滅を繰り返しながら進化してきた道のりを、恐竜などの古生物の化石標本や豊富な動植物の標本などによって紹介。また、江戸時代以降の日本の科学技術の歩みや、宇宙、生命などを構成する物質、法則などについて、体験的な装置を交えながら展示し、自然と人類が共存可能な未来を築くために私たちができることを、皆さまとともに考えていきます。

見所展示・体験コーナー

日本の宇宙開発の始まりとなった「ペンシルロケット」や国産初の実用ロケットエンジン「LE-5」、日本初で世界でも4番目の人工衛星となった「おおすみ（エンジアリングモデル）」と「L-4Sロケット＆打ち上げランチャー」（屋外）などが展示されています。

また日本は世界的にも多くの科学技術衛星を打ち上げてきましたが、日本独自に宇宙実験成果物を地球に帰還回収することをおこなってきました。展示では、若田光一宇宙飛行士がスペースシャトルで回収した「SFU」実機や自律帰還型「USERS/REV」実機、7年間宇宙を飛んで帰還した「はやぶさ」の実物大復元模型、そしてはやぶさが「イトカワ」から持ち帰った「微粒子」実物を顕微鏡で見ることができます。

DATA

- 名称：国立科学博物館
- 住所：東京都台東区上野公園 7-20
  TEL 03-5777-8600（ハローダイヤル）
- 時間：9:00〜17:00（通常）、9:00〜20:00（金曜日）
  ※入館は閉館 30 分前まで
- 休：月曜日（祝休日の場合は火曜日）、12/28〜1/1
- ¥：一般・大学生：620 円・高校生以下・65 歳以上：無料　※特別展は別料金
- 駅：【JR】上野駅公園口より徒歩 5 分
  【東京メトロ銀座線・日比谷線】上野駅より徒歩 10 分
- 駐車場：なし
- HP：http://www.kahaku.go.jp/

INFORMATION

2015 年 7 月に地球館の北側部分をリニューアルしました。宇宙の誕生から始まる 138 億年の歴史を一望する地球史ナビゲーター、観測技術の基礎である光や磁気などに関する物理分野を、多数の体験型展示を通して直感的に体感できるフロアなど、新たな展示をお楽しみいただけます。

先端の科学技術と人とをつなぐ
サイエンスミュージアムです。

日本科学未来館

日本科学未来館は、いま世界に起きていることを科学の視点から理解し、私たちがこれからどんな未来をつくっていくかをともに考え、語り合う場です。自分自身で触れて楽しむことのできる展示をはじめ、実験

ASIMO と地球ディスプレイ Geo-Cosmos

教室やトークイベントなど多彩なメニューを通し、日々の素朴な疑問から最新テクノロジー、地球環境、宇宙の探求、生命の不思議まで、様々なスケールで現在進行形の科学技術を体験いただけます。

館内に入ってまず目をひくのが、1000万画素を超える高解像度で、宇宙空間に輝く地球の姿をリアルに映し出すGeo-Cosmos（ジオ・コスモス）。有機ELパネルを使った世界初の「地球ディスプレイ」で、「宇宙から見た輝く地球の姿を多くの人と共有したい」という毛利館長の思いから生まれました。画面上を流れる雲の映像は、気象衛星が撮影したデータを毎日とりこんで反映させたもので、リアルな地球の姿を眺めることができます。

また、ヒューマノイドロボット「ASIMO（アシモ）」のデモンストレーションを間近で見ることもできます。ASIMOが、歩く、走る、踊るといった、様々な動作を披露しながら、ロボット技術を紹介していきます。そのほか、「未来をつくる」ゾーンではモノづくりや情報社会、「世界をさぐる」ゾーンでは宇宙や生命などについて、参加体験型の展示でお楽しみいただけます。

見所展示・体験コーナー

ドームシアターでは、物理学の究極の目標である「万物の理論」をテーマにした3Dドーム映像作品「9次元からきた男」を上映。素粒子のミクロ世界と、宇宙のマクロ世界をあらわす2つの理論は矛盾しており、理論物理学者たちはそれらを統一する「万物の理論」を見つけようとしています。その最も有力な仮説である「超弦理論」が提示する、驚きの世界とは。難解な数式で表現される理論物理学の最前線を、エンターテインメント性あふれる実写と精緻なCG・データビジュアライゼーションを融合させた、かつてない映像で体感していただけます。

DATA

- ：日本科学未来館
- ：東京都江東区青海2-3-6
  TEL 03-3570-9151
- ：10:00～17:00
- 休：火曜日、12/28～1/1
- ¥：大人：620円・18歳以下：210円（6歳以下の未就学児は無料）　※ドームシアターは別料金
- 駅：【新交通ゆりかもめ】船の科学館駅より徒歩5分／テレコムセンター駅より徒歩4分
  【東京臨海高速鉄道りんかい線】東京テレポート駅より徒歩15分
- ：あり（175台）有料　※要問い合わせ
- HP：http://www.miraikan.jst.go.jp/

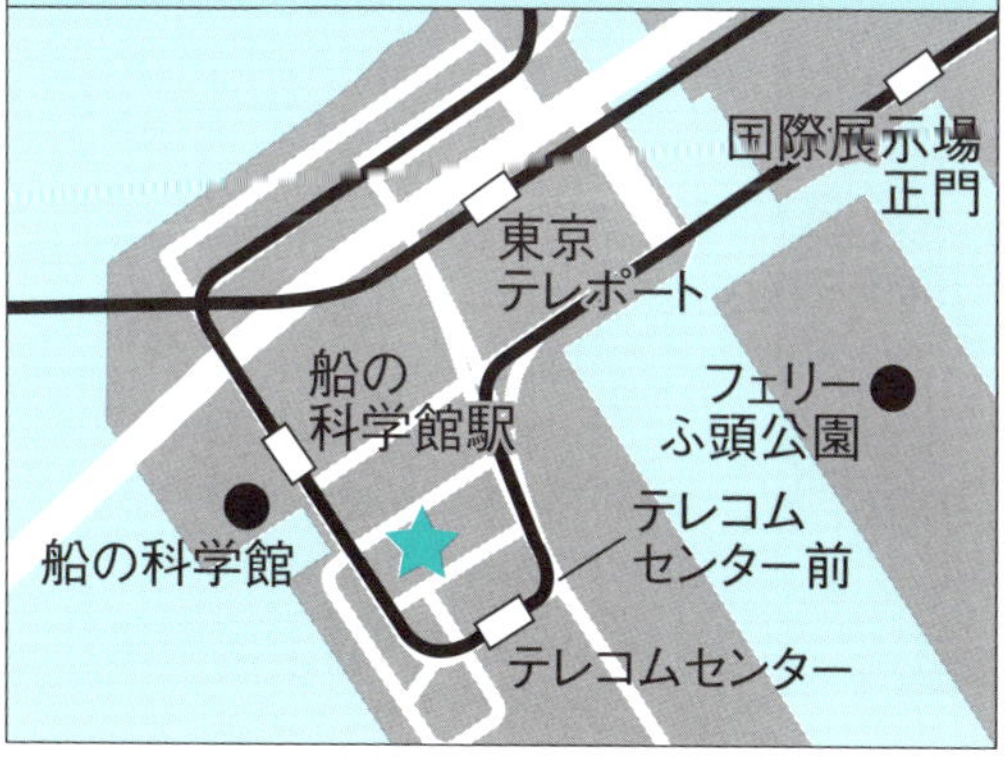

INFORMATION

日本科学未来館には多彩な科学コミュニケーターが在籍しています。展示場で科学を解説したり、研究の面白さを伝えたりするほか、来館者の方の疑問や期待を研究者に伝えることで、科学技術と社会の間に双方向のコミュニケーションを生みだしています。

世界一に認定された “最も先進的な” プラネタリウム！

多摩六都科学館

多摩六都科学館のプラネタリウムは〝最も先進的〟としてギネス世界記録に認定されました。世界最多クラスの1億4000万個もの星を投影します。世界第4位の大きさ（直径27・5ｍ）を誇るドームに、満天の星が広がり、高輝度LED光源で再現される星の輝きや天の川は息を呑む美しさ。都内ではめずらしい傾斜型のドームなので、足元から頭上まで、全身が星空に包まれるような感

プラネタリウム投影のようす

近な科学を体験できる「チャレンジの部屋」

覚を体験できます。特に人気なのが、専門スタッフによる生解説。その日の星空や天文に関する旬な話題を丁寧にご案内します。スタッフによって語り口やBGMも様々で、解説テーマも約2カ月おきに替わるので、何度来ても楽しめるプラネタリウムです。

また、ドームスクリーンならではの臨場感を体験できる「大型映像」もおすすめ。映像世界へ飛び込むようなライド感覚と、高精細4K画質で映し出す鮮明な映像美が堪能できます。

展示室は「チャレンジ」「からだ」「しくみ」「自然」「地球」のテーマからなる5つの部屋。各展示室内には「ラボ」と呼ばれるスペースが設けられ、観察や実験、工作など気軽に参加できるワークショップを毎日開催しています。スタッフと対面し、解説を聞きながら手を進めることで、より深い理解と発見が得られます。教わる、学べる、だけでなく実際に「科学すること」を大切にした体験型ミュージアムです。

カフェやショップ、食事の持ち込みもできる休憩ラウンジやキッズスペースも完備。家族みんなでじっくり科学に触れ合う1日を過ごしてみては。

見所展示・体験コーナー

宇宙や物理に関する科学を紹介するチャレンジの部屋。ここには行列ができる人気の展示物「ムーンウォーカー」があり、月の重力擬似体験ができます。月の重力は地球の重力の6分の1。ムーンウォーカーでは少しの脚力で高く飛び上がり、月面を歩行するような感覚が楽しめます。

※身長110cm以上、体重70kg未満の方対象

DATA

- ：多摩六都科学館
- ：東京都西東京市芝久保町5-10-64
  TEL 042-469-6100
- ：9:30〜17:00（入館は16:00まで）
- 休：月曜日（祝日の場合は翌日）、祝日の翌日、年末年始
- ￥：大人：500円、小人（4歳〜高校生）：200円
  ※プラネタリウムや大型映像の観覧は別料金
- 駅：【西武新宿線】花小金井駅、または田無駅よりバスで「多摩六都科学館」下車、すぐ
- ：あり（240台）有料　※要問い合わせ
- HP：http://www.tamarokuto.or.jp/

INFORMATION

中学生以上の方を対象に「ロクトサイエンスレクチャー」と題した講演会を定期的に開催。国立天文台や東京大学宇宙線研究所、高エネルギー加速器研究機構、カブリ数物連携宇宙研究機構などの研究機関から第一線で活躍されている研究者をお招きし、市民や学生に向けて先端科学の研究内容をわかりやすく紹介しています。

ＪＡＸＡ調布航空宇宙センター 展示室

コンパクトに航空宇宙テクノロジーを紹介。
これまでの研究実績や将来に向けた研究活動に触れられます。

実験機実物を身近に見られる航空ゾーン

ＪＡＸＡの事業所の中でも、航空技術の研究開発をおこなっている調布航空宇宙センターの敷地内にある展示室です。航空宇宙技術の歴史および将来像をコンパクトにまとめています。

日本初の高バイパス比ターボファンエンジン「ＦＪＲ７１０」や小型超音速実験機、航空機用電動推進システム（いずれも実物）、屋外には退役したＹＳ－11（国産中型旅客機）のコックピットなど、ＪＡＸＡ航空ならではの展示物が揃っています。

また、飛行機の翼に風を受けたときに働く力を実感することができる風洞や数値解析によるコンピュータシミュレーションの体験、宇宙ステーションや月への飛行を模擬体験できるスペース・ミッション・シミュレータなど体験型の展示物を楽しむこともできます。

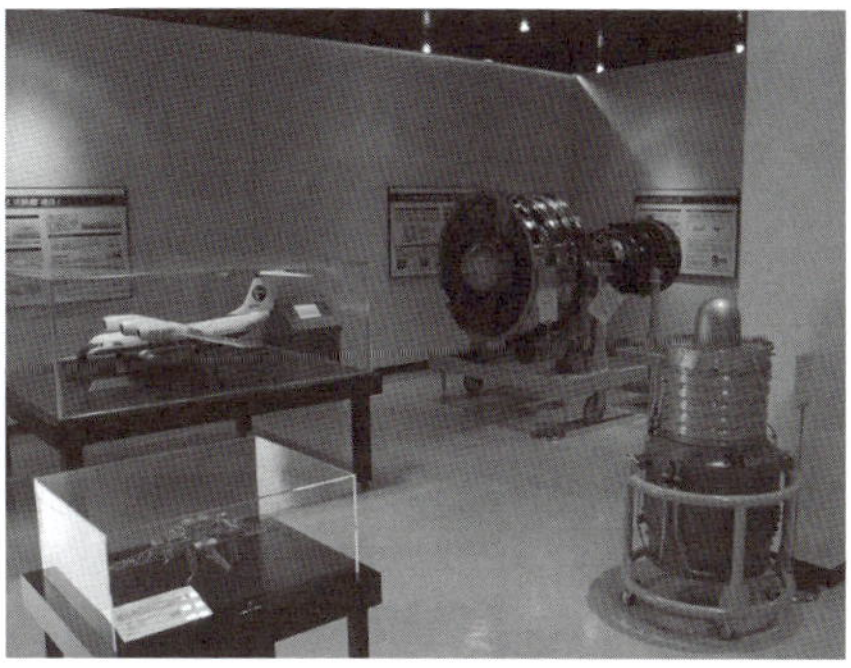
エンジンや実験機が並ぶ航空の歴史ゾーン

INFORMATION

４月の一般公開では展示室のみならず、普段は公開していない研究設備などが見学可能です。イベント情報はホームページでお知らせいたしますので、ご確認のうえ、ぜひお越しください。

見所展示・体験コーナー

屋外に展示されているYS-11は戦後初めて開発された国産中型旅客機です。実際に日本の空を飛んでいた旅客機のコックピットや機体内部のフレームなどの構造を見ることができます。

DATA

: JAXA 調布航空宇宙センター　展示室
: 東京都調布市深大寺東町 7-44-1
TEL 050-3362-2600
: 10:00〜17:00
休 : 土・日・祝日、年末年始
¥ : 無料
駅 : 【JR 中央本線】三鷹駅または吉祥寺駅よりバスで「三鷹市役所」下車、徒歩５分／【京王線】調布駅よりバスで「航研前」下車
: あり（8 台）無料
HP : http://fanfun.jaxa.jp/visit/chofu/

「試せるテクノロジー、学べる最先端」をテーマに日常生活では触れることの少ない最新の科学技術を、遊びながら学べる参加体験型のミュージアムです。

三菱みなとみらい技術館

三菱みなとみらい技術館は、探究心豊かな子どもたちが「科学技術」に触れ、興味を持つきっかけになることを願い、三菱重工業株式会社が1994年6月に設立しました。航空宇宙、海洋、交通・輸送、くらし

月面資源採掘船の設計ができるミッション・ラボ

の発見、環境・エネルギー、技術探検の6つのゾーンに分かれており、実物や大型模型などで最先端の技術を紹介しています。日常生活では触れる機会の少ない科学技術の現在そして未来に、体験型の展示で楽しみながら学ぶことができます。

海洋ゾーンには資源・エネルギー開発など、多くの可能性を秘めた深海を調査する「しんかい6500」の実物大、分解展示などがあります。

ほかにも環境・エネルギーゾーンでは地球の資源を利用した、様々な発電方法の特徴やそこに活かされる最新技術、また世界のエネルギー事情について紹介しています。「エネルギーの多様性」を探り、理想的なエネルギーバランスについて考えてみましょう。

また、オリジナルの体験型展示を備えた「スペース・プロジェクト」は、未来の月面を舞台に、月面資源採掘船の開発に挑戦するプログラムです。ぜひ、ものづくりの技術を体験してみてください。

見所展示・体験コーナー

めざましい進歩をとげる航空宇宙開発。航空宇宙ゾーンでは、日本が誇る最先端技術を体感できます。

航空コーナーでは、国産初のリージョナルジェット機「MRJ」の機首部分の実物大模型操縦シミュレーションを展示しています。

宇宙コーナーでは、日本の主力ロケット「H-ⅡA」・「H-ⅡB」のメインエンジン「LE-7」と「LE-7A」の実物を展示しています。実物の圧倒的な迫力を間近で感じてください。

DATA

- 三菱みなとみらい技術館
- 神奈川県横浜市西区みなとみらい3-3-1
  三菱重工横浜ビル
  TEL 045-200-7351
- 10:00〜17:00（入館は16:30まで）
- 休：火曜日（祝日の場合は翌日）
- ¥：大人：500円、中高生：300円、小学生：200円
- 駅：【みなとみらい線】みなとみらい駅5番けやき通り口より徒歩3分
  【JR根岸線】【横浜市営地下鉄】桜木町駅より徒歩8分
- あり（463台）有料　※要問い合わせ
- HP：http://www.mhi.co.jp/museum/

INFORMATION

「エンジニアによるロケットや人工衛星の講演会」、「ロケット打上げパブリックビューイング」や「コズミックカレッジ」などを開催しております。イベントの予定や詳細につきましては、Webのスケジュールページ、またはメールマガジンをご覧ください（イベントごとに、申し込み方法や対象年齢が異なります）。

科学や宇宙に楽しく親しめる参加体験型の科学館です。

横浜こども科学館（はまぎん こども宇宙科学館）

5階から地下2階まである館全体は、宇宙船をモチーフにしています。

各フロアは、それぞれにコンセプトがあり、宇宙の広がりをさぐる「宇宙船長室」、カミナリやオーロラ

3F 宇宙トレーニング室
宇宙飛行士の訓練のようすを
疑似体験できる

宙劇場（プラネタリウム）神奈川県内最大級のプラネタリウム

見所展示・体験コーナー

“月面ジャンプ”や“空間移動ユニット”など、体験型展示が豊富で、子どもから大人まで、自分で体感して、楽しく遊びながら宇宙や科学のふしぎにふれることができます。

はまぎん こども宇宙科学館は、2014年5月5日に開館30周年を迎え、これを記念し、新規展示「スペース・シミュレータ」を5F宇宙船長室に設置しました。

2015年11月1日には4F宇宙発見室をリニューアルし、ビー玉の動きを通して運動の法則を体感できる新規展示「ビーコロ®」を設置しました。

2016年3月には2F宇宙研究室のリニューアル工事を行い、最大60,000倍の倍率で観察できる卓上電子顕微鏡Miniscope®TM3030も常設展示しています。

のふしぎにふれる「宇宙研究室」、〝月面ジャンプ〟や〝空間移動ユニット〟が人気の「宇宙トレーニング室」など、体験型展示が豊富です。子どもから大人まで、自分でふれて体感して、楽しく遊びながら宇宙や科学のふしぎにふれることができます。

5Fキャプテンシアターでは、身近なものを使って科学に親しむことができる「サイエンス・ショウ」を土・日・祝に開催。

宇宙劇場では、直径23mのドーム全体に広がる迫力の映像と、リアルで美しい星がつくりだす、臨場感あふれる宇宙を体験できます。小さなお子さまから大人まで楽しめるプログラムをご用意しています。全ての番組で約15分間、スタッフによる星空の解説をおこないます。

そのほか、月に1~2回程度、星空観察会を開催。実際の星空のもと、星の解説をおこなったり、天体望遠鏡を使った観察をします。

DATA

：横浜こども科学館（はまぎん こども宇宙科学館）
：神奈川県横浜市磯子区洋光台5-2-1
TEL 045-832-1166
：9:30~17:00（入館は閉館1時間前まで）
休：第1・3月曜日（祝日の場合は翌日）、年末年始、臨時休館
¥：大人（高校生以上）400円・小人（小中学生）200円
※宇宙劇場（プラネタリウム）は別料金
駅：【JR京浜東北・根岸線】「洋光台駅」より徒歩3分
：あり（70台）有料
HP：http://www.yokohama-kagakukan.jp

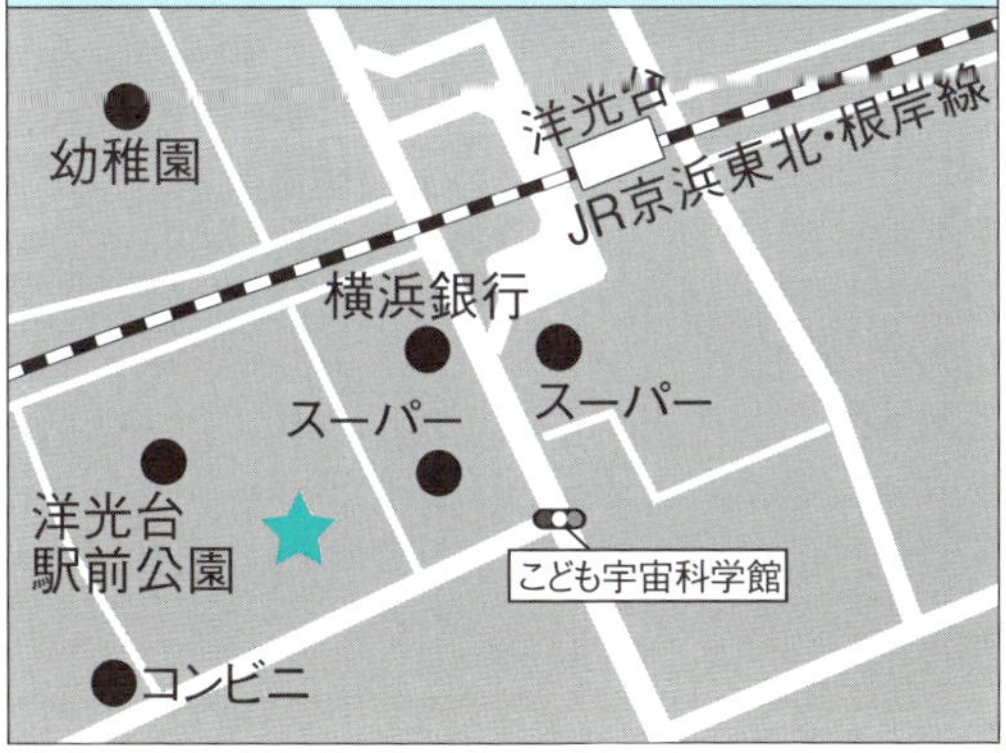

INFORMATION

2013年からは自由研究をサポートする夏休み特別企画を開催。科学・環境・宇宙のテーマで各種教室を展開、工作キットも販売し、夏休みの自由研究をサポート、2015年にはパシフィコ横浜との初めての共同企画として「みなとみらいで星空観察」を開催、パシフィコ横浜にてステンドグラスの鑑賞と、天体望遠鏡を使った星空観察をおこないました。

相模原の自然や歴史と宇宙を感じる、森の中の博物館

相模原市立博物館

当館は、１９９５年11月20日に開館して以来、相模原の歴史や自然を扱う総合博物館として親しまれ、２０１５年には入館者数が２５０万人を超えました。館内には、「川と台地と人々のくらし」をテーマにした自然・歴史展示室、「宇宙とつながる」をテーマにした天文展示室があるほか、様々なテーマで展示をお

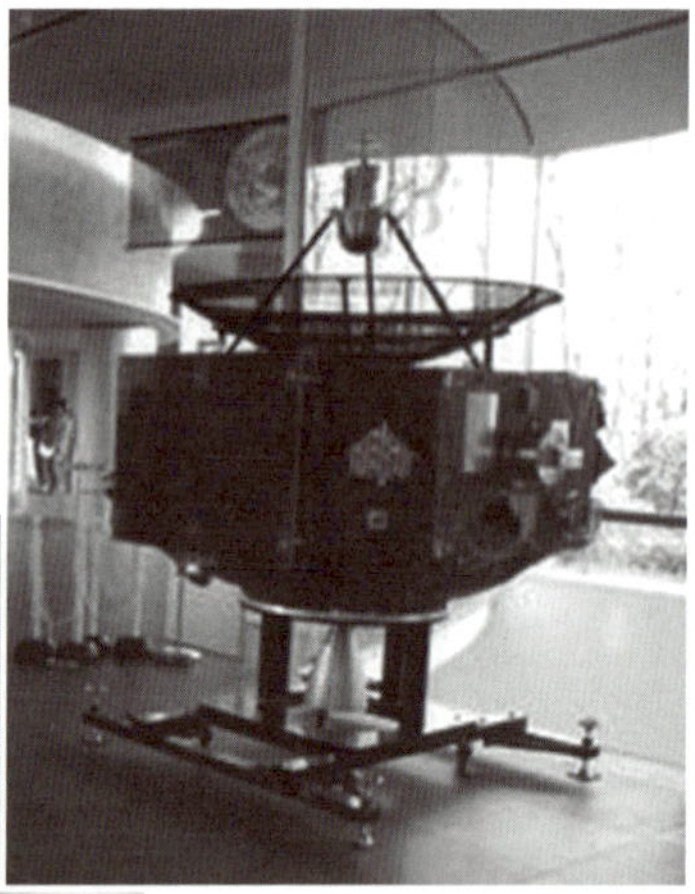

「のぞみ」模型（エントランス）

文展示室

こなっている特別展示室があります。県内最大級の直径23ｍのプラネタリウムでは、プラネタリム番組や全天周映画を上映するとともに、プラネタリウム解説員による星空の生解説もおこなっています。

「市民研究室」および「天文研究室」では、歴史、民俗、考古、生物、地質、天文分野の学習相談を実施しているほか、専門書などの関係図書の閲覧もできます。

そのほか、「実習実験室」では各種講座・観察会などを、「大会議室」では各種講座・講演会などを、「天体観測室」では口径40㎝の反射望遠鏡を使用した「夜空の星を見上げてみよう」（星空観望会）を開催しています。

また、当館は向かいにＪＡＸＡ相模原キャンパスがあるという恵まれた立地条件であるため、企画展などでの展示物の借受け、ＪＡＸＡ相模原キャンパスでの特別公開時に共催イベントの実施、プラネタリウム番組の制作などを、ＪＡＸＡと連携しておこなっています。

見所展示・体験コーナー

宇宙に関するものの一押しは、「プラネタリウム」です。県内最大級の直径 23 ｍのドームを利用した「プラネタリウム番組」の投影や「全天周映画作品」の上映をおこなっているほか、月２回程度実施している「夜空の星を見上げてみよう」（星空観望会）では、屋外で天体観望をする前段階で、プラネタリウムを利用した「星空案内」を、今晩観える星空を投影しながら、プラネタリウム解説員による生解説でおこなっています。そのほか、プラネタリウムの投影などをおこなっていない平日の午前中を中心に、市内の小中学校、特別支援学校（高等部を除く）、幼稚園および保育園を対象とした「学習投影」をおこなうことにより、学習活動にも寄与するなど、多くのお客様に親しんで頂いています。

DATA

- ：相模原市立博物館
- ：神奈川県相模原市中央区高根 3-1-15
  TEL 042-750-8030
- ：9:30～17:00
- 休：月曜日（休日に当たるときは開館）、休日の翌日（休日・土・日曜日に当たるときは開館）、12/28～1/3、その他臨時休館日
- ¥：無料　※プラネタリウムは別料金
- 駅：【JR 横浜線】淵野辺駅より徒歩 20 分、または淵野辺駅よりバスで「市立博物館前」下車すぐ
- ：あり（95 台）無料
- HP：http://sagamiharacitymuseum.jp/

INFORMATION

2010 年度に小惑星探査機「はやぶさ」帰還カプセルを世界初公開、2013 年度にイトカワの微粒子を顕微鏡による直接観覧で世界初公開、天文に関する企画展、プラネタリウム番組への出演や監修など、JAXA との連携が盛んなのが当館の特徴です。小惑星探査機「はやぶさ 2」などを応援する事業も好評。

実物大ロケットや人工衛星の模型を展示中！

JAXA相模原キャンパス

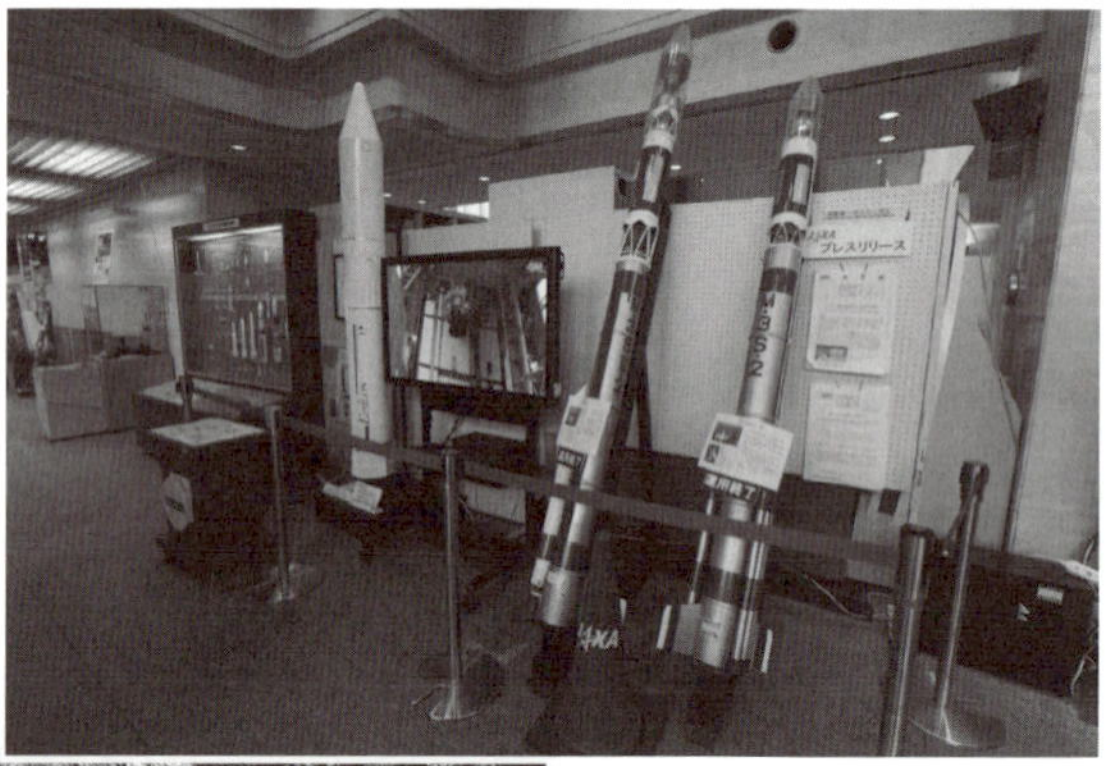

日本のロケット開発の流れがわかる

ケットの大きさを実感できる屋外展示

見所展示・体験コーナー

「はやぶさ」の実物大模型や「ペンシルロケット」の実機はもちろん、現在活躍中の「はやぶさ２」「あかつき」など探査機のコーナーでは、日めくりカレンダーや応援ノートなど、展示室に来てくれた皆さんに作っていただくコンテンツや、最新の資料などを用意しています。展示室は日々進化していますので、ぜひ何度も足を運んで、展示室ツウになってほしいです！

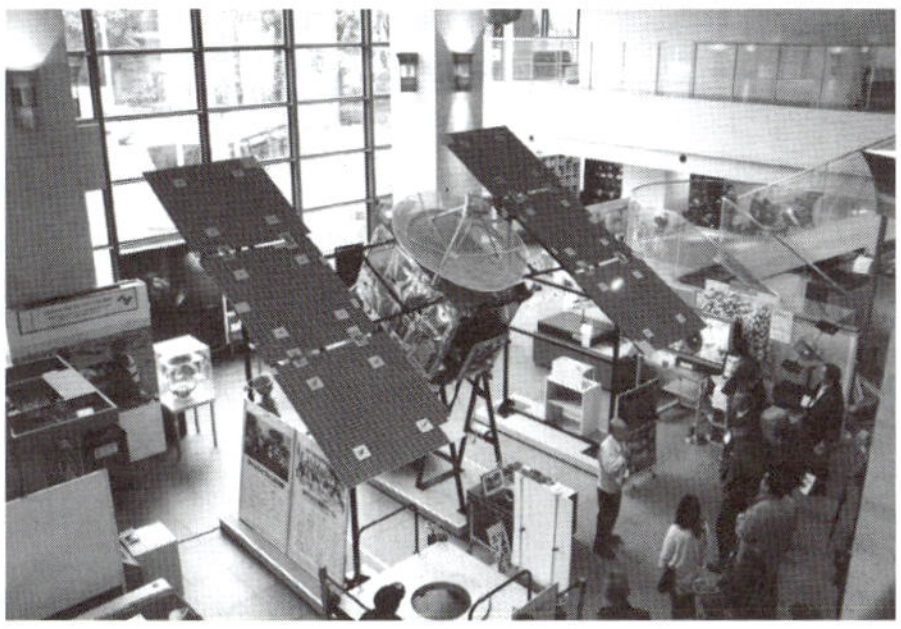

JAXA相模原キャンパスでは、ここを本拠地としている宇宙科学研究所の歴史や成果を伝える様々な展示物を見学することができます。

第二次世界大戦後、ゼロに近い状態から再スタートした日本の航空科学を牽引した「ペンシルロケット」の実機や模型、日本初の人工衛星「おおすみ」（L－4S－5）と同型6号機の燃焼試験の痕が残る実物、小惑星探査機「はやぶさ」の姿を再現した実物大模型を見学していただくことができます。人工衛星や探査機、ロケットの模型のほかにも、映像作品が自由に楽しめるコーナーなどもあります。また、宇宙関連の一般向け書籍をJAXAさがみはら文庫として展示室内に設置しており、自由にお読みいただくこともできます。

平日限定ですが、限定メニューが人気の食堂や、宇宙グッズを取り揃える売店も利用できるので、実際に宇宙科学に携わる研究者や学生が行き交う場所で、宇宙科学の最前線を感じることができる施設です。

DATA

：JAXA 相模原キャンパス
：神奈川県相模原市中央区由野台 3-1-1
TEL 042-759-8008（受付時間：平日 9:30～17:45）
：9:45～17:30
休：無休　※臨時休館あり
￥：無料
駅：【JR 横浜線】淵野辺駅より徒歩 20 分、またはバスで「市立博物館前」下車、徒歩２分
【小田急線】相模大野駅よりバスで「宇宙科学研究本部」下車、徒歩５分
【東名高速道路】横浜町田 IC より約 13km
：あり（若干）無料
HP：http://www.isas.jaxa.jp/j/inspection/

INFORMATION

夏休み期間中の２日間、相模原キャンパスの特別公開をおこなっています。代表的なイベントは、ロケット・衛星模型の展示、各研究プロジェクトの紹介、子どもミニミニ宇宙学校、映画上映、水ロケット教室などです。毎年大勢の人が訪れ、展示説明や実験・実演・工作といったスタッフとの交流を通じて、普段見ることのできない宇宙科学研究所の活動に触れる機会となっています。

JAXA地球観測センター 展示室

地球観測の仕組みを体験しながら宇宙から見た地球のようすをご紹介！

埼玉県の比企丘陵に囲まれた自然の中にある地球観測センターでは、大きなパラボラアンテナを使って、地球観測衛星からデータを受信しています。自由に見学ができる展示室には、衛星模型や、宇宙から見た地球の画像が見られるほか、クイズや体験型装置で私たちが暮らす地球について学べます。また、平日は無料の見学ツアーを実施していて、パラボラアンテナや施設の説明を聞くことができます。見学ツアーは、事前の予約が必要です。

INFORMATION

毎年、施設一般公開を実施しています。衛星からデータを受信する設備の説明を聞いたり、講演会、キッズコーナーなどのイベントに参加しながら、地球観測について学べます。詳しくはホームページをご覧ください。

見所展示・体験コーナー

展示室は、地球観測の意味や仕組みを体験しながら学ぶことができます。地球の歴史や地球環境の今のようす、地球観測の原理や方法を、映像装置や模型などでわかりやすく説明しています。

大きな地球儀が特徴の「地球観測体験」は、地球観測衛星になったつもりで、指定されたポイントを観測すると、その地域のようすを衛星画像で見ることができます。また、タイミングが合えば、グラウンドの大きなパラボラアンテナが、衛星データの受信のために動くようすが見られます。

DATA

- ：JAXA 地球観測センター　展示室
- ：埼玉県比企郡鳩山町大字大橋字沼ノ上 1401
  TEL 049-298-1200
- ：10:00〜16:30
- 休：年末年始、保守点検日
- ¥：無料
- 駅：【関越自動車道】鶴ヶ島 IC より約 25 分／坂戸西スマート IC より約 15 分
  【東武東上線】高坂駅より車で 15 分、または、バスで「山村学園短期大学前」下車、遊歩道徒歩 25 分
- ：あり（約 30 台）無料
- HP：http://fanfun.jaxa.jp/visit/hatoyama/

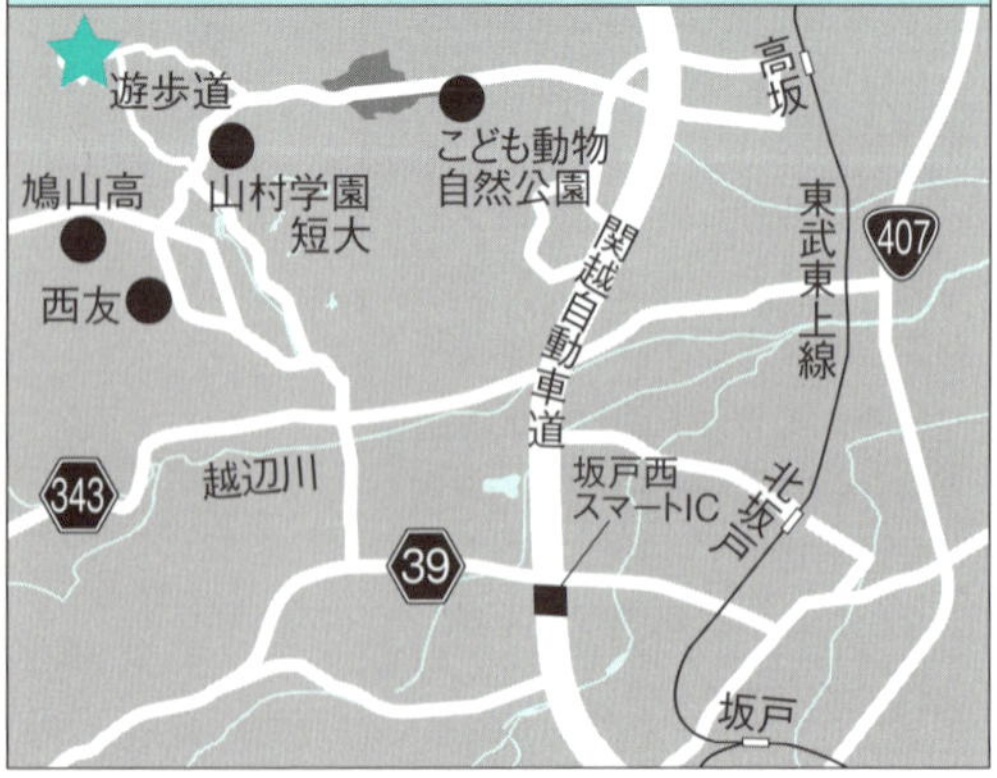

JAXA勝浦宇宙通信所 展示室

直径 20m の大型パラボラアンテナは、様々な衛星との通信に活躍中。

勝浦宇宙通信所は、人工衛星の追跡管制をおこなう施設です。1968年2月、科学技術庁宇宙開発推進本部の「勝浦電波追跡所」として千葉県勝浦市に発足、旧宇宙開発事業団を経て、JAXAの設立とともにその一施設となりました。人工衛星の軌道や姿勢、積んでいる装置のデータを受信し、状況に応じて人工衛星に対してコマンド（指令電波）の送信をおこなっています。直径20m、13m、11m、10mのパラボラアンテナがあり、衛星を維持管理する役割を果たしています。

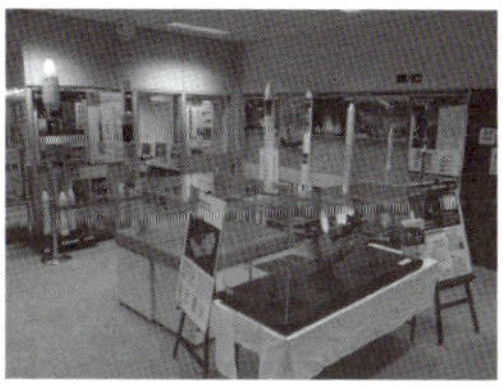

見所展示・体験コーナー

見どころは、直径 20m の大型パラボラアンテナです。１つのアンテナで、S 帯（送受信）、X 帯（受信）の２つの周波数帯域を扱うことができ、地球観測ミッション、宇宙科学ミッションのいずれにも対応可能で、様々な衛星との通信に幅広く活躍しています。このアンテナは、展示室のある追跡管制棟前（駐車場）から見えるので、タイミングが合えば、駆動中のようすを見るチャンスもあります。

展示室には人工衛星および歴代ロケットの縮尺模型や、「はやぶさ」の追跡管制シミュレーションによって学習できる体験型展示物があります。宇宙ゲームやクイズに挑戦できるパソコンコーナー、人工衛星やロケットの打ち上げ、国際宇宙ステーションでの実験映像などの宇宙開発にかかわる映像が鑑賞できるので、ここに来れば宇宙博士になれるかも!?

DATA

- ：JAXA 勝浦宇宙通信所　展示室
- ：千葉県勝浦市芳賀花立山 1-14　TEL 0470-77-1601
- ：10:00～17:00
- 休：無休　※臨時休館あり
- ¥：無料
- 駅：【JR 外房線】勝浦駅より車で約 15 分　【圏央道】市原鶴舞 IC より車で約 45 分
- ：あり（普通車約 10 台、大型バス１台）無料
- HP：http://fanfun.jaxa.jp/visit/katsuura/

INFORMATION

毎年、春に施設一般公開を実施しています。普段は近くで見ることのできないパラボラアンテナの特別公開や鍋で作ったアンテナで電波を受信する体験などを通じて、アンテナの仕組みや通信所の役割について紹介します。また、小さなお子様でも楽しんでもらえるような宇宙服の試着体験や工作などもあり、宇宙を身近に感じることができるイベントになっています。

コニカミノルタサイエンスドーム（八王子市こども科学館）

見る。触れる。作る。の３つの体験

プラネタリウムと参加体験型の科学展示物がある科学館。

「見る」はプラネタリウム。前半は今夜の星空の生解説、後半は大型映像番組を投影。小さなお子さんから大人向けまで、様々な番組を投影しています。ほかに天文講座、星空観望会時の事前学習、星空コンサートなどを開催。

「触れる」は科学展示物。一番人気はボールがあちこちのコースに転がる「ボールコースター」。２階には、ご家族の顔が万華鏡模様になる「万華鏡の世界」、「惑星と遊ぼう」など、原理がわからないお子さんもお楽しみいただけます。

「作る」は工作教室。土・日曜、祝日、夏休みなどには毎日、科学工作教室、科学実験ショーなどを開催。

INFORMATION

プラネタリウムの美しい星空の下で生演奏をお楽しみいただく星空コンサートは大好評です。なお、2016年10月から2017年7月までリニューアル工事のため休館いたします。

見所展示・体験コーナー

「回る広場」地球の自転による「コリオリの力」の実験です。回る地球の上で振り子を振ったり、ボールを転がしたりするとどうなるでしょうか。円盤（地球）に乗っている人から見るとボールは曲がっていってしまいますが、回る円盤の外（宇宙）から見るとボールはまっすぐに進んでいます。

「クルクルコプター」作用と反作用の実験。台に乗ってハンドルを回して、上のプロペラを回そうとすると、自分が反対向きに回ってしまいます。

DATA

- ：コニカミノルタサイエンスドーム（八王子市こども科学館）
- ：東京都八王子市大横町9-13 TEL 042-624-3311
- ：土・日・祝・学校長期休業日 10：00〜17：00、平日 12：00〜17：00（午前中は団体専用）
- 休：月曜日、祝日の翌日（月曜日が祝日の場合は、火曜・水曜日が休館日）、年末年始
- ¥：大人：200円・4歳〜中学生：100円・3歳以下：無料　※プラネタリウムは別料金
- 駅：【JR、京王線】八王子駅よりバスで「サイエンスドーム」下車。徒歩2分
- ：あり（90台）無料
- HP：http://www.city.hachioji.tokyo.jp/kyoiku/gakushu/sciencedome/index.html

中部

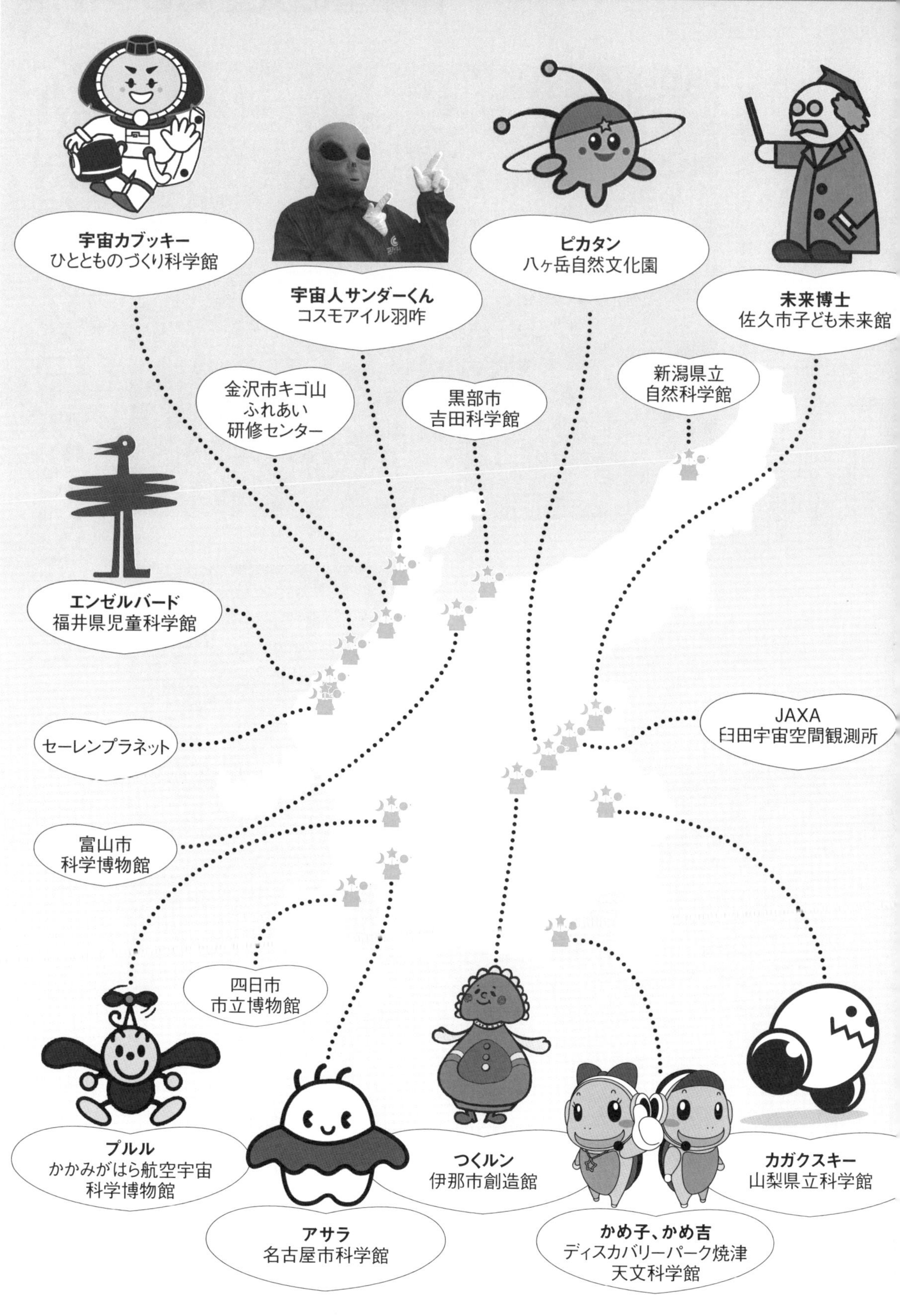
宇宙カブッキー
ひとともものづくり科学館
宇宙人サンダーくん
コスモアイル羽咋
ピカタン
八ヶ岳自然文化園
未来博士
佐久市子ども未来館
金沢市キゴ山
ふれあい
研修センター
黒部市
吉田科学館
新潟県立
自然科学館
エンゼルバード
福井県児童科学館
セーレンプラネット
JAXA
臼田宇宙空間観測所
富山市
科学博物館
四日市
市立博物館
プルル
かかみがはら航空宇宙
科学博物館
アサラ
名古屋市科学館
つくルン
伊那市創造館
かめ子、かめ吉
ディスカバリーパーク焼津
天文科学館
カガクスキー
山梨県立科学館

「見て、触れて、操作して」遊んで学べる
体験型の大型総合科学館

新潟県立自然科学館

新潟県立自然科学館は、自然科学から最新の科学技術まで科学全般を「見て」「触れて」「操作して」遊びながら体験できる参加・体験型の総合科学館です。館内の展示は「自然の科学」「生活の科学」「不思議な広

レッドストーンロケット
（実物大：高さ 21m）

ラネタリウムの星座絵投映

場」「新潟県の移り変わり」の４つの分野に分けられています。

本物の化石や隕石、剥製に触れるコーナーや大型恐竜が動くマイアサウラ劇場、立体映像が体験できるバーチャル・リアリティシアターなど体験型展示が充実。新エネルギーの実演や不思議な広場の実演などを毎日実施しているほか、楽しい工作や科学教室などのイベントも随時開催しています。また、屋外展示場には蒸気機関車やロケットなどの大型展示や自然観察ができる花木園もあり、子どもから大人まで１日中楽しむことができます。おすすめは、直径18ｍのドームと200席のリクライニングシートを備えたプラネタリウム。最新鋭の投映機と全天周デジタル映像システムにより高精細な星空と迫力ある映像を楽しむことができます。星好きな人には天文解説員がその日に見える新潟の星空をご案内する生解説番組「星空さんぽ」が特におすすめです。春から秋にかけては、口径60㎝反射望遠鏡を使って天体観望会もおこないます。

見所展示・体験コーナー

自然の科学にある「宇宙・天文」のコーナーでは、宇宙に関する様々な情報に触れることができます。まず入り口にある直径2.4mの地球儀が来館者を宇宙空間へと誘います。頭上には約5,000万分の１縮尺の太陽系惑星の模型が並び、それぞれの大きさを比較することができます！

太陽系誕生の謎を解く上で重要な天文資料である隕石には直接手で触れてみましょう。そのほかにも、月の裏側やクレーターのようすがわかる月球儀や、宇宙から降り注ぐ宇宙線を観察することができる霧箱もあります。今なお謎に満ちた宇宙の世界を覗きに来てはいかがですか？

DATA

- 🏛：新潟県立自然科学館
- ★：新潟県新潟市中央区女池南3-1-1
  TEL 025-283-3331
- 🕘：9:30～16:30（平日）、9:30～17:00（土・日・祝および夏期）
- 休：月曜日（祝日の場合は翌日）、年末年始
- ¥：大人：570円・小中学生：100円　プラネタリウムは別料金
- 駅：【JR】新潟駅よりバスで「野球場・科学館前」下車、徒歩３分
- 🚗：あり（250台）無料
- HP：www.sciencemuseum.jp/niigata/

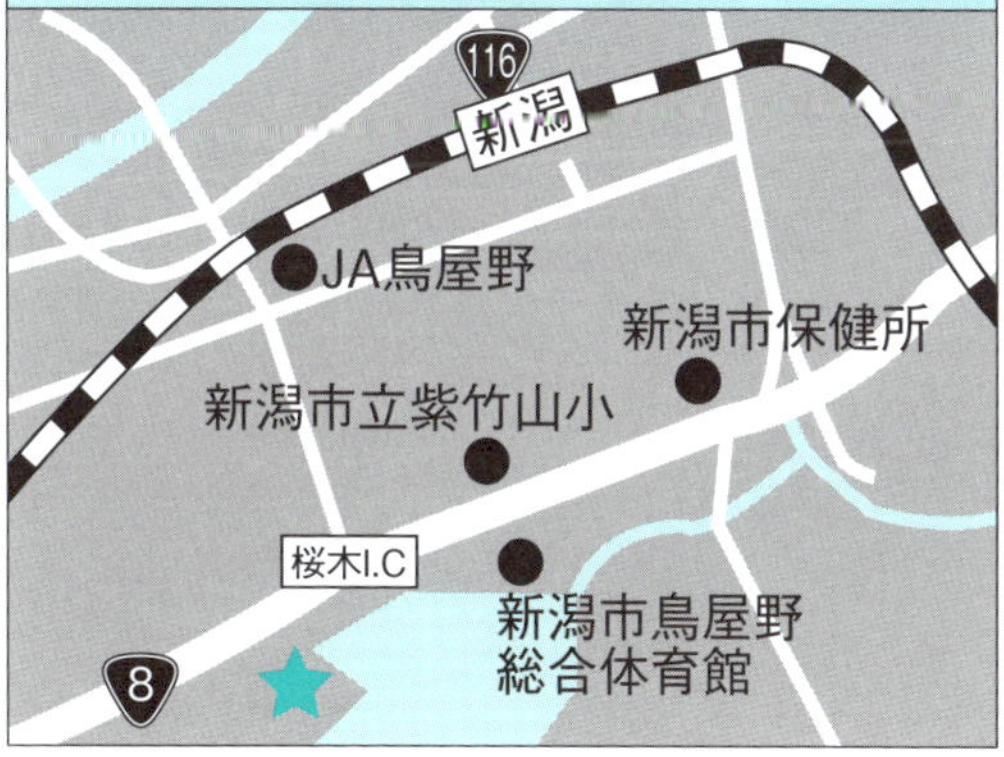

INFORMATION

新潟県立自然科学館では、楽しみながら科学を体験できる展示がいっぱい！「なるほど！」とわかった瞬間、科学がぐっと身近に感じられるはず。展示のほかにも科学教室や実演ショーなど、毎月様々なイベントを開催しています。最新の情報はホームページをご覧ください。

展示とプラネタリウムで宇宙を学び、天文台で宇宙を体験しよう

富山市科学博物館

富山市科学博物館は、立山連峰から富山湾までの変化に富んだ富山の自然、そして宇宙を紹介した、自然と科学の博物館です。

人工衛星も追尾できる富山市天文台の大型天体望遠鏡

美しい天体の写真や体験コーナーのある天文展示室

天文展示室には、宇宙開発や惑星探査の最新情報を紹介したコーナーのほか、太陽系の天体をクイズでたどっていく「宇宙旅行へ出かけよう!」、本物の隕石に触って地上の石との違いを比べる「隕石を調べよう!」、宇宙と天文のクイズのコーナーなどがあり、楽しみながら宇宙や宇宙探査の成果を学べます。また、プラネタリウムでは、季節の星空に合わせた星座の紹介や、宇宙開発の成果を紹介した番組などを、迫力たっぷりのデジタル映像で投影しています。

附属の富山市天文台には、口径1mの主鏡を持つ天体望遠鏡があり、土星・木星などの惑星から、遠くの星や星雲まで、様々な天体を見ることができます。この望遠鏡は、国内でも数少ない人工衛星を追いかける機能を持ったもので、暗くて目では見えない人工衛星も、この望遠鏡を通して自分の目で見ることができます。また、国際宇宙ステーションの撮影もおこなっており、大きな太陽電池パドルを広げた全体の姿や、日本の実験モジュール「きぼう」、アメリカやロシアの補給船なども見ることができました。ぜひこちらにも足を運んで下さい。

見所展示・体験コーナー

「宇宙旅行へ出かけよう!」は、自分でコントローラーを使って太陽系の中を動き、天体を訪ねていくゲーム感覚の展示です。それぞれの天体ではクイズが出題され、正解するとポイントが得られます。3天体を回って、どれだけのポイントをためることができるか、チャレンジしてみましょう。また、より詳しく知りたい人のための「データラウンジ」では、太陽系の各天体の紹介や、CGによる日食の原理の説明、太陽系惑星の形成の解説など、より理解を深めることができます。地上からの観測や惑星探査で分かってきた各天体の姿を見てみましょう。

DATA

: 富山市科学博物館
: 富山県富山市西中野町1-8-31
TEL 076-491-2125
: 9:00～17:00(入館は16:30まで)
休: 年末年始
¥: 大人: 520円・小中学生: 210円・幼児: 無料
駅:【JR】富山駅よりバスで「西中野口」下車、徒歩1分/【市内電車】西中野下車、西方向へ徒歩7分
: あり(100台) 無料
HP: http://www.tsm.toyama.toyama.jp/

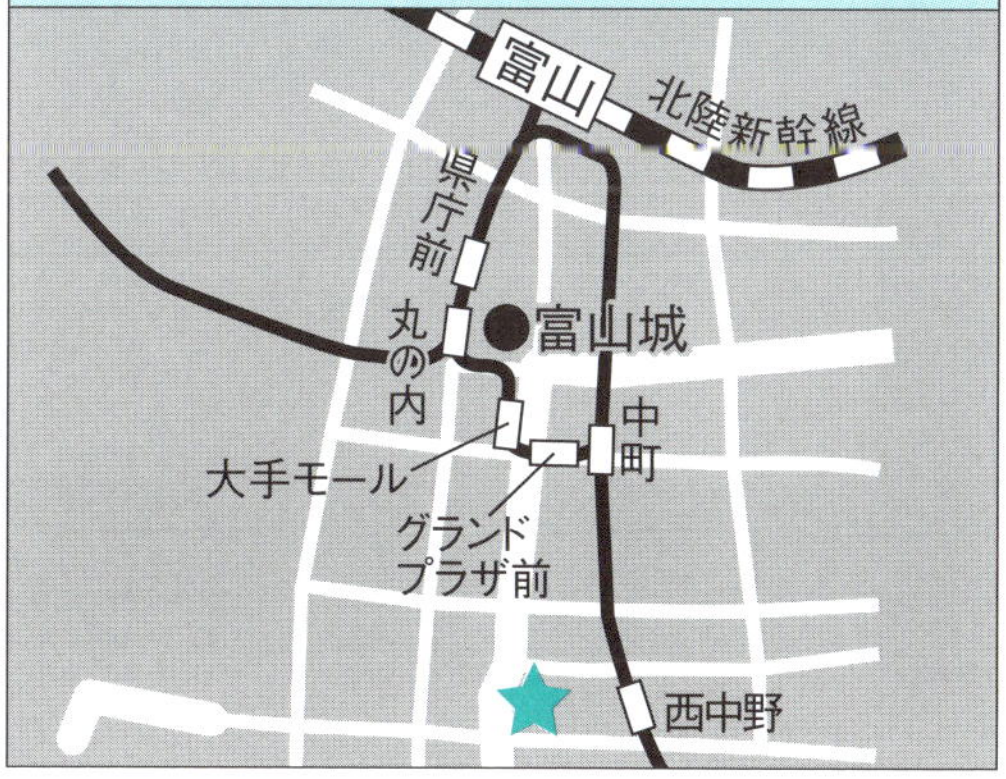

INFORMATION

附属の富山市天文台は、富山市中心部から車で30分ほどの自然豊かな森の中にあります。大型天体望遠鏡での天体観察のほか、ミニプラネタリウム「星空の部屋」で星座紹介を聞いたり、周囲に来る野鳥を観察したりと、たくさんの楽しい体験ができますよ。夜の観測会は、毎週水～土曜日の21時30分までです。

本物の宇宙船は迫力が違う！
宇宙開発の歴史を感じてください！

宇宙科学博物館コスモアイル羽咋

（コスモアイル羽咋）

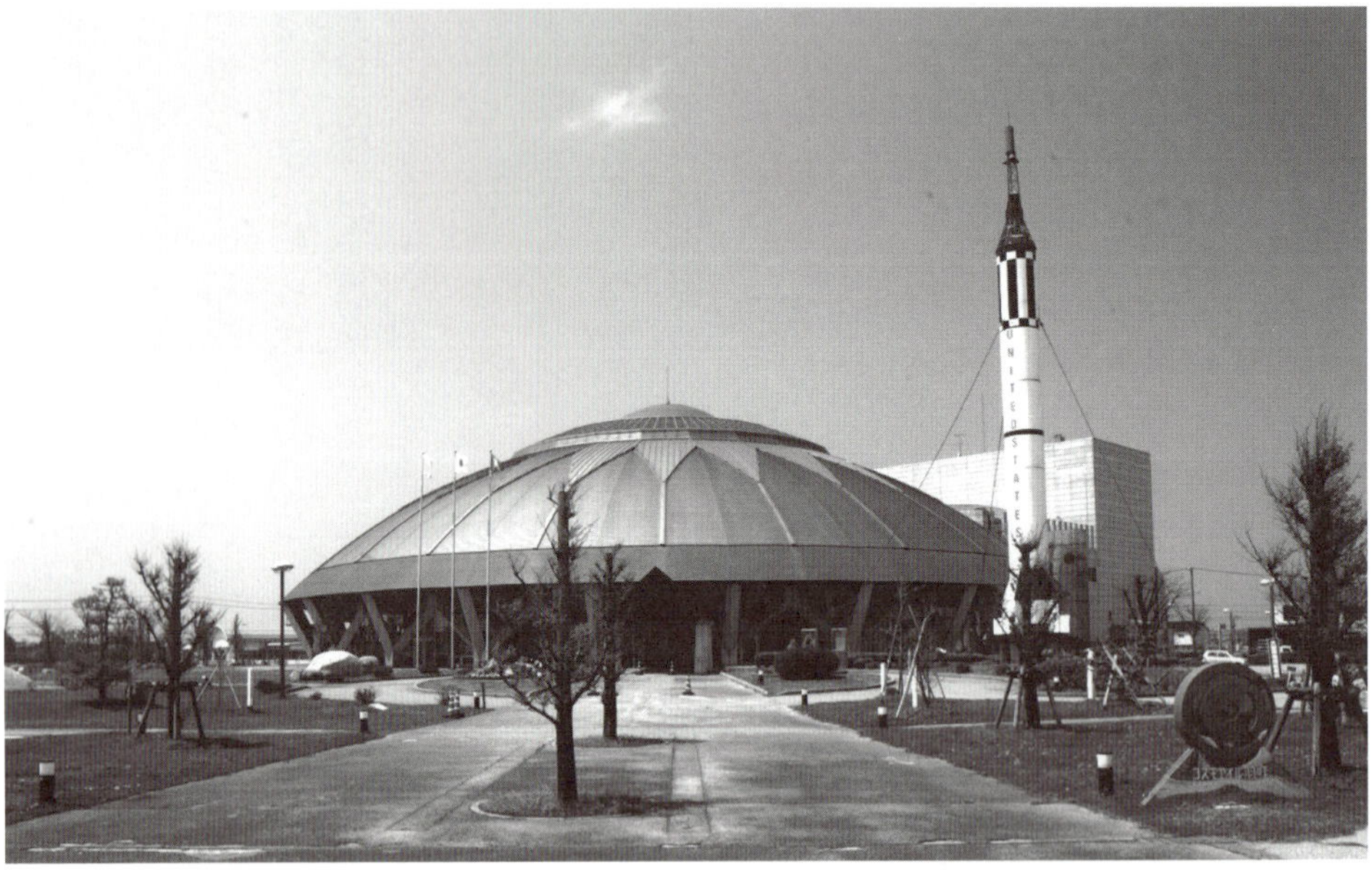

船外活動用宇宙服と
宇宙人サンダーくん

ポロ月着陸船の実物大模型

コスモアイル羽咋は、アメリカや旧ソ連の〝本物の宇宙機〟が展示されている本格的な博物館です。実際に宇宙から帰ってきた旧ソ連の宇宙船をはじめ、アメリカ製の本物のロケットや、アポロ計画で活躍した宇宙船など、見所満載の展示内容です。

石川県羽咋（はくい）市は古来空飛ぶ円盤が目撃されている地域であり、〝ＵＦＯのまち〟とも呼ばれています。コスモアイル羽咋では、ＵＦＯ写真やＵＦＯの科学的研究の内容を公開しており、年間１００件以上寄せられるＵＦＯ目撃情報も閲覧できます。また、館内で謎の宇宙人と遭遇することもあるかもしれません。

プラネタリウム「コスモシアター」では航空宇宙に関する番組を毎日上映しています。投影システム「ＨＡＫＯＮＩＷＡ２」が生み出す迫力の映像を楽しむことができます。

小さな町の博物館とは思えないような充実した内容で、正真正銘の〝穴場〟と呼べる施設です。

見所展示・体験コーナー

実際に宇宙から帰ってきた「ヴォストーク宇宙船」は、見所のひとつです。大気圏再突入時に焼け焦げた跡や、着陸の際の大きな傷跡がはっきり残っています。本物でしか味わえない迫力を間近で体感してください。

DATA

- 宇宙科学博物館コスモアイル羽咋
- 石川県羽咋市鶴多町免田 25
  TEL 0767-22-9888
- 8:30～17:00（入館は 16:30 まで）
- 休：火曜日（7/20～8/31 は無休）
- ¥：大人：400 円・小人：200 円　※プラネタリウムは別料金
- 駅：【JR 七尾線】羽咋駅より徒歩 10 分
- あり（200 台）無料
- HP：http://www.hakui.ne.jp/ufo/

INFORMATION

コスモアイル羽咋では、宇宙から来たアルバイト「宇宙人サンダーくん」が働いています。地球観光の最中に宇宙船が故障してしまい、母星に帰れなくなった不運な宇宙人です。修理代を稼ぐため、コスモアイル羽咋でアルバイトをしながら生活しています。見た目は怖いですが、心優しい宇宙人です。

好奇心を全開にして思いのまま科学を遊んでください。

ひとものづくり科学館（サイエンスヒルズこまつ）

☆科学を遊ぶ丘「サイエンスヒルズこまつ」

ＪＲ小松駅東口から徒歩３分。

未来の創造力を育む「科学と交流」の拠点として、

全天周の立体映像がみられる 3D スタジオ

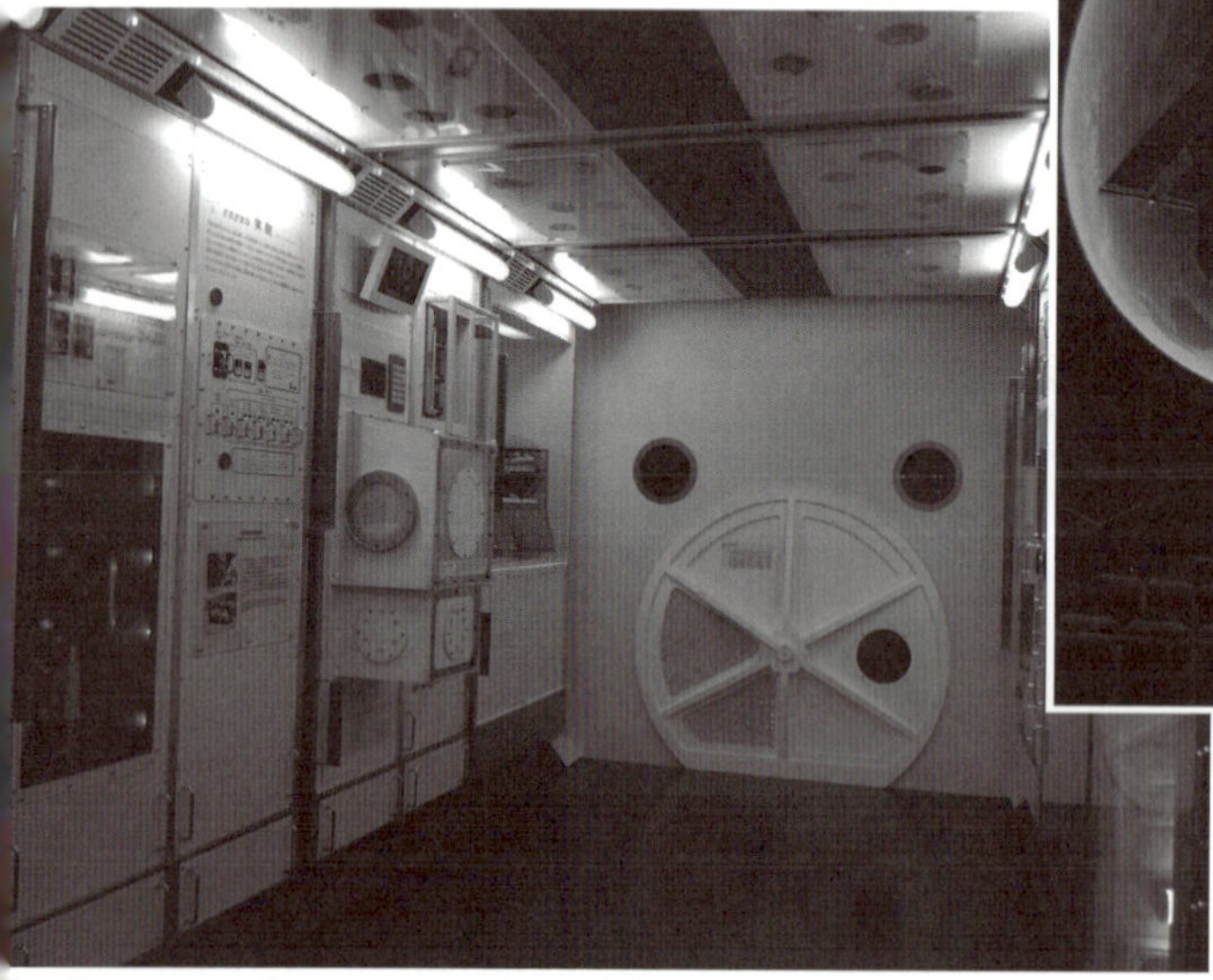

宙ステーションこまつ　KAGAYAKI ∞ の内部

科学の楽しさや魅力にあふれる「ひとともものづくり科学館」があり、丘と建築物が融合した近未来的な外観は多くの注目を集めています。

屋上緑化を図った散策路では、霊峰白山が眺望でき、丘に散りばめられたLEDイルミネーションは、風の向きや強さに合わせて灯ります。さらに、館内外には様々な科学のしかけがあり、訪れる全ての人に感動と驚きを提供します。

☆宇宙ステーションこまつ　KAGAYAKI∞

国際宇宙ステーションにおける、日本の宇宙実験棟「きぼう」の船内実験室をモデルにした展示です。「きぼう」での様々な実験内容の説明のほか、寝室やトイレなどが配置され、宇宙飛行士の生活のようすなどを知ることができます。

☆3Dスタジオ

立体視映像システムを導入した日本最大級のドームシアターです。高輝度・高精細の4Kプロジェクター4台を搭載し、魅力ある3D投影は勿論のこと、プラネタリウムの投影やドームスクリーンならではの迫力ある映像によって、知的探究心から宇宙への夢を育みます。

見所展示・体験コーナー

☆新しい体験型展示「ワンダーランド」

ものづくりの現場と科学の原理を融合させた新しい演出の体験型展示。中央には科学の原理の体験、周辺には乗り物、エネルギー、電気・情報通信、新素材をテーマに、地元に根ざした企業による展示物が配置され、１つの空間の中で、子どもたちの知的好奇心を育みます。

私たちの暮らしに理科・科学の勉強が何の役に立ち、どう結びついているのか、見るだけでなく触って実感できる体験スペースとなっています。

INFORMATION

サイエンスヒルズこまつに隣接する「こまつの杜」や、様々な研究機関、学術機関、世界的企業と協力し、小松駅周辺がグローバルな人・モノの交流ゾーンとして進化を遂げ、子どもたちが夢を抱き、そして未来を創る「ひとと技術」が育つ拠点となるよう挑戦し続けます。

DATA

：ひとともものづくり科学館
：石川県小松市こまつの杜２
TEL 0761-22-8610
：9:30～18:00（有料観覧受付は17:00まで　3Dスタジオは当日の最終上映開始時間まで）
休：月曜日（祝日の場合は翌平日）、年末年始
¥：大人800円・高校生500円・幼児（3歳以上）、小中学生：300円　※セット券料金
駅：【JR北陸本線】小松駅より徒歩3分／【北陸自動車道】小松ICより車で約８分
：あり（89台）有料　※要問い合わせ
HP：http://science-hills-komatsu.jp/

見て！聞いて！触って！宇宙の神秘や科学の不思議を体験しよう！

福井県児童科学館（エンゼルランドふくい）

ムーンウォーカー

面宇宙基地

福井県児童科学館は、福井県北部に位置し、「児童館」「科学館」「文化館」と複合的な機能を併せ持つ県立の大型児童館です。

名誉館長は、日本人初の宇宙飛行士である毛利衛さんです。

年間を通して多くのイベントが開催されており、県内外から年間約60万人以上が訪れる福井県内でも人気のスポットです。全天候型施設で、週末には家族連れでの来館が多く、平日には小・中学校の校外学習や幼稚園・保育園の遠足でも多く利用されています。

屋外の芝生広場には、大型アスレチックや噴水ひろばが設置されており、のびのびと体を動かして遊ぶことができます。また、曲線的なフォルムが印象的な建物に入ると、赤くて大きな恐竜型遊具「プレイザウルス」が出迎えてくれます。館内には科学について楽しく学ぶことができる展示エリアやプラネタリウム、サイエンスショー、クラフトルームなどがあり、個人や団体向けにたくさんのプログラムを提供しています。

見所展示・体験コーナー

展示エリア　月面宇宙基地

☆ムーンウォーカー　月面での重力は地球の６分の１。少しのジャンプで高く飛ぶことができます。それを体感できるのが、「ムーンウォーカー」。簡単に月面歩行の気分が味わえます。

☆スペースシップ　映像と振動で宇宙旅行の疑似体験ができるのが「スペースシップ」。

４人乗りの宇宙船に乗り込んだら、宇宙へ発進！

スペースシアター（プラネタリウム）

人気キャラクターが登場するプラネタリウム番組を中心に上映しています。番組終了後には、その日の夜の星空について生解説をおこなっています。

DATA

：福井県児童科学館
★：福井県坂井市春江町東太郎丸 3-1
TEL 0776-51-8000
：9:30～17:00（7/1～8/31 は 18:00 まで）
休：月曜日（休日を除く）、12/28～1/3
¥：無料　※スペースシアター、展示エリアは別料金
駅：【JR 北陸本線】春江駅より徒歩約 20 分／【えちぜん鉄道三国芦原線】太郎丸駅より徒歩約 15 分
：あり（普通車 360 台、大型車 10 台）無料
HP：http://www.angellamd.or.jp/

INFORMATION

エンゼルランドふくいは、整備された環境で小さいお子様から大人の方まで安心して楽しめる施設です。みんなの「楽しい」を科学の学びにつなげていく、そんな事業をたくさん開催しています。また、2016 年秋に展示エリアのリニューアルオープンを予定しており、科学について楽しく学ぶことができる体験型の展示物も多数更新されます。

日本一きれいなリアル 8K ドームシアターで宇宙の魅力を楽しく学ぼう！

セーレンプラネット（福井市自然史博物館分館）

展示室のようす

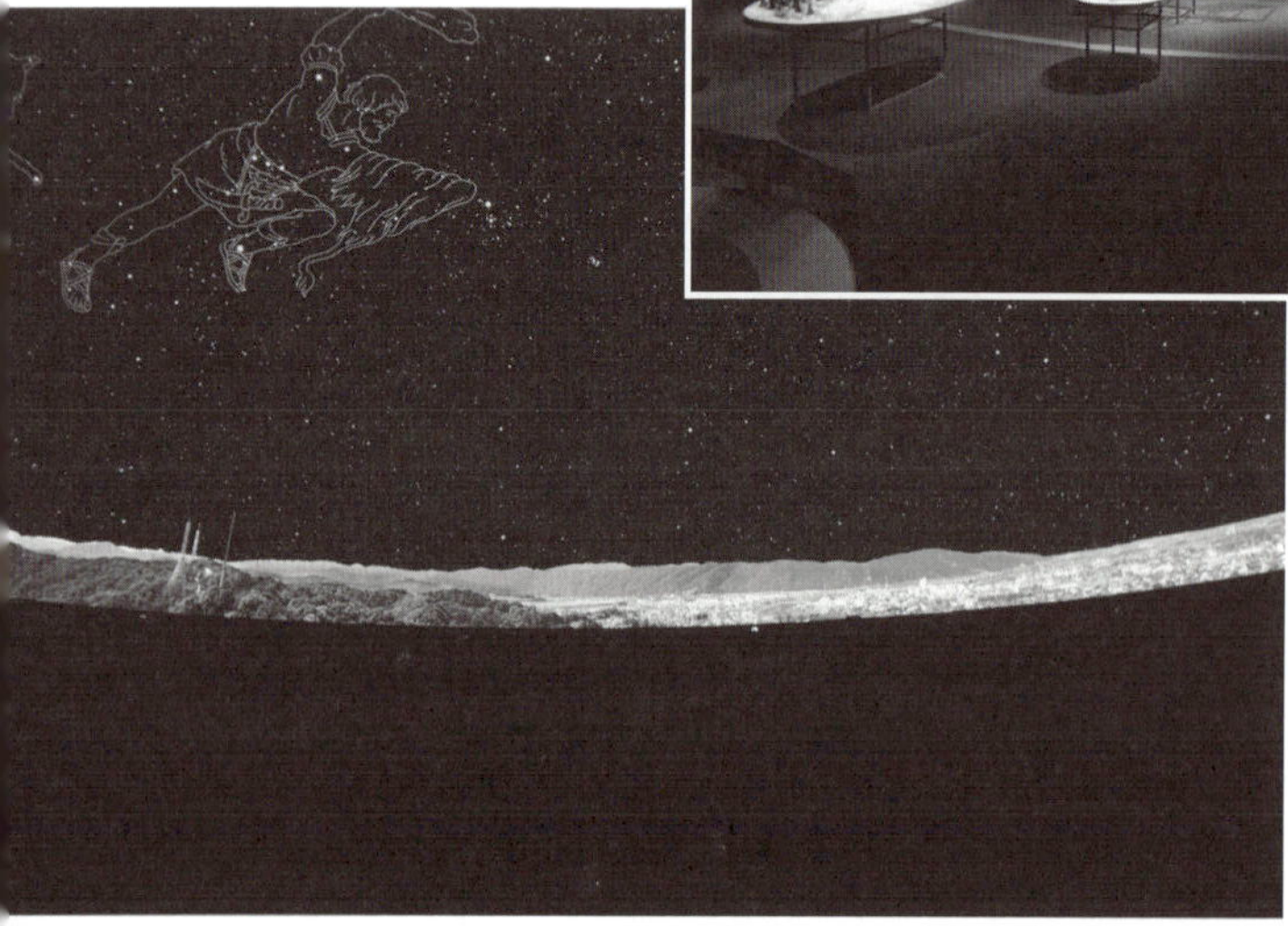

空が映し出されたドームシアター

セーレンプラネット（福井市自然史博物館分館）は「自然科学教育の推進」と「中心市街地のにぎわい創出」を目的に、２０１６年４月28日にオープンした宇宙・天文の博物館です。ＪＲ福井駅から徒歩１分、福井で一番高いビル「ハピリン」の５階にあります。ビル内には商業施設や子ども一時預かり所などがあります。

当館には日本で一番きれいなリアル８Ｋデジタルドームシアターがあり、内径17ｍのドームに、ゆったりとくつろげる１６０席を用意しています。

展示室は、福井、地球、太陽系、宇宙、文化の５ゾーンに、13の展示コーナーを設置。福井からはるか遠くの銀河まで、とことん宇宙を探検できます。また、福井ならではの宇宙展示にこだわり、福井県坂井市の瀧谷寺に残された「天之図」と呼ばれる現存する日本最古の星図や旧福井藩主別邸、名勝 養浩館庭園の「御月見ノ間」をモチーフにした展示があります。

さらに、当館の特徴として、ドーム映像を見るだけではなく、市民が中心となってドーム映像を製作することができるシアター工房（ドームシアターと同じ映像システムと３ｍの小型ドーム、撮影機材、映像編集システム）があり、市民と協働でドーム映像制作に取り組みます。

INFORMATION

市民とともにシアター工房で製作したドーム映像作品を多くの方へご覧いただけるイベントを開催予定です。

見所展示・体験コーナー

一押し展示は、「ふくいシティー＆ユニバース」です。この展示は、床面の直径 5m の丸い映像と壁面の縦 4m、横 5m の四角い映像を連動させることで、迫力満点の映像を演出します。このシステムを活かしたコンテンツとして、太陽系の軌道や惑星の大きさ、月の満ち欠け、小惑星探査機「はやぶさ」についてなどがあります。

特に惑星の軌道と大きさについてはおすすめです。ふくいシティー＆ユニバースの丸い床面には、セーレンプラネット周辺の白い立体模型があり、そこへセーレンプラネットのドームを太陽と見立てたときの惑星軌道の映像を重ねることで、太陽系と福井の街の大きさを比べられるようにし、その広がりを直感的に知ることができます。

DATA

- ：セーレンプラネット（福井市自然史博物館分館）
- ：福井県福井市中央 1-2-1　ハピリン５階
  TEL　0776-43-1622
- ：10:00～18:30（月・水・木・日・祝）、10:00～21:00（金・土・祝日の前日）
- 休：火曜日（祝日の場合は開館）、祝日の翌日（平日に限る）、毎月第２水曜日（祝日の場合は開館）、12/29～1/3　※ 8/10～8/20 は開館
- ¥：一般：400 円・高校生学生：300 円・３歳～中学生、70 歳以上無料　※ドームシアターは別料金、セット券あり
- 駅：【JR 北陸本線】福井駅より徒歩１分
- ：あり（100 台）　ハピリン共有の駐車場
- HP：http://www.fukkui-planet.com/

なぜだろう？　どうしてだろう？　科学の不思議は体験しないとわからない！
ハンズオン型の展示室で科学の不思議や楽しさを体験しよう！

山梨県立科学館（サイエンス・シップ）

山梨県立科学館が立地するのは、豊かな自然の残る里山「愛宕山《あたごやま》」のてっぺんです。お椀をかぶせたような形のプラネタリウムドームが、甲府駅北口から一際目立っています。

常設展示室は6つのテーマ（宇宙・地球・科学技術・生命・自然・サイエンスプレイ）で展開され、実際に触ったり、身体を動かしたりしながら、科学の不思議や面白さを学ぶことができます。

国内初のプレアデスシステムを導入したスペースシアター

サイエンスショー

国内初のプレアデスシステムを導入したスペースシアター

見所展示・体験コーナー

６分の１の重力体験ができる「月面歩行」、スペースシャトルの打ち上げから帰還までを再現した「スペースシャトルシミュレーション」、マイナス19℃の世界を体験できる「ひえひえワールド」などが人気を集めています。また、2015年には、球体を手で触れて動かしながら地球温暖化や気象変化などをリアルタイムで閲覧できる次世代デジタルコンテンツ「触れる地球」が宇宙のコーナーに新規導入されました。

※運営時間や体重制限は事前にお問合せください。

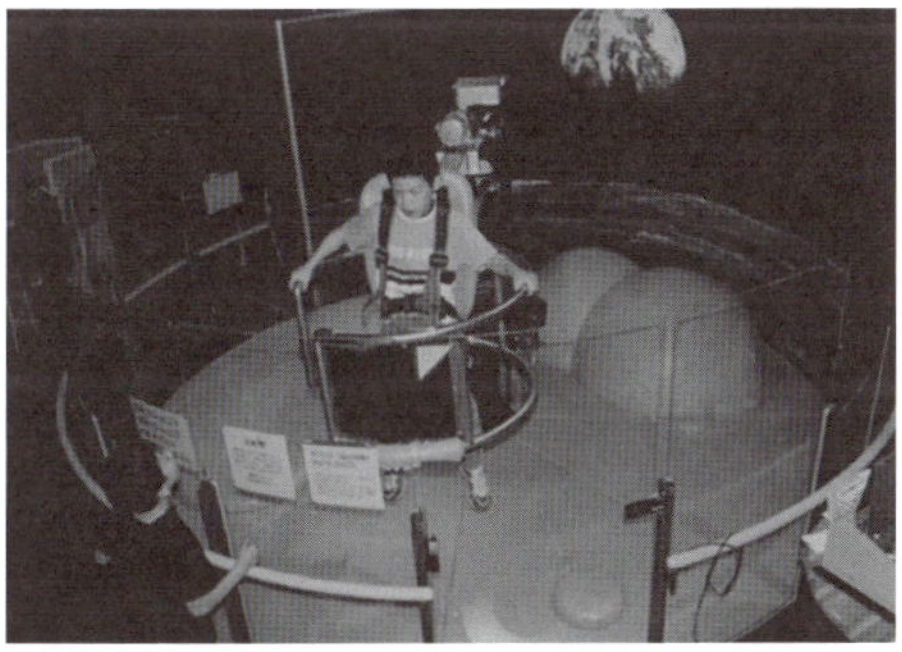

では、クリアな星空を表現する光学式投影機「メガスターⅡA」と、迫力の宇宙映像を全天周のデジタル映像で表現する宇宙シミュレータ「Uniview」、様々な夜空を正確に映し出す「ステラドームプロ」を採用。２台の４Ｋプロジェクターを使用し、表現力豊かなデジタル映像が光学式投影機と連動し、地上から見た星空から最新の宇宙の姿まで20ｍのドームに映し出します。また、オリジナル番組の製作にも力を注いでいます。毎日現場で解説をしている職員が企画・脚本を担当することにより、従来にはないアトラクション型やミュージカルを取り入れるなど、お客様のニーズに応えるとともに、新しいことにもチャレンジし続けています。

平日も含めて毎日実施しているサイエンスショーや実験工作、幼児向けクラフトでは、お子様同伴の家族連れはもちろん、向学心や好奇心旺盛な大人の方にもおすすめのメニューが満載です！

職員一同、皆さまのご来館をお待ちしております！

DATA

- ：山梨県立科学館
- ：山梨県甲府市愛宕町358-1　TEL 055-254-8151
- ：9:30～17:00（入館は16:30まで）※夏季休業中は18時まで開館（入館は17:30まで）
- 休：月曜日、祝日翌日（長期休暇中は無休開館）
- ¥：一般、大学生：510円・小中高生：210円・幼児：無料　※プラネタリウムは別料金
- 駅：【JR】甲府駅より徒歩30分
- ：あり（200台程度）無料
- HP：http://www.kagakukan.pref.yamanashi.jp/

INFORMATION

2016年度夏期特別企画展「サイエンス・クエスト　クリスタル城の秘密　～めざせ！鉱物ハンター」（2016年7月16日～8月28日まで開催）【鉱物展コラボ企画のご紹介】・ドームシネマ「恐竜トリケラトプス」・あそびの部屋こどもクラフト「光る☆クリスタルブレスレット」・実験「土の中から宝石を探そう！」・工作「宝石万華鏡」など

「見て、触れて、楽しんで」思いっきり
科学を体験できる施設です。

佐久市子ども未来館

基本テーマは「未来への創造」～進化する宇宙・地球・生命～で宇宙の誕生、太陽系の誕生、そして太陽と地球の絶妙なバランスによる生命の誕生と進化という悠久の流れをひとつに濃縮した科学館的要素を持っ

各フロアでテーマに沿った展示や
体験装置を設置

ども達に大人気！　ブラックホールチューブ

見所展示・体験コーナー

☆宇宙船地球号　地球ができて、生物が誕生して、人類が誕生するまでを地球おじさんがスクリーンに映し出される映像とともに説明してくれます。☆地震体験装置　実際に地震の揺れを体験しながら地震が発生する仕組みを映像で学ぶことができます。☆子どものブラキオサウルス　植物を食べる恐竜の中では一番大きな仲間のひとつです。かなり大きくてびっくりするかもしれません。☆ブラックホールチューブ　チューブに中を勢いよくすべって宇宙の中をかけぬける気分を味わってみよう。☆ムーンウォーカー　いすに座りジャンプすると、地球にいながら月の上を歩く気分を体験できます。

た施設です。館内には、1階から3階までのフロアに7つのテーマによる科学展示コーナーがあり、構成する展示は「見て」「触れて」「楽しんで」そして「科学を体験する」をモットーに事象と事象を結ぶルートを自由に巡りながら展示をチェックしていくことができます。

また、プラネタリウムはドーム径が16mで長野県内では最大規模のプラネタリウムであり地球上のどこでも、いつの星でも映し出すことができます。一般番組や学習番組、特別番組としてマタニティプラネタリウムやライブコンサートなどもおこなっております。科学体験工房では科学実験教室を土、日、祝日および夏休みなどの学校が長期休業の時に1日3回開催しており、子どもたちが実際に実験したり工作などをしたり参加し体験することにより身近にある科学的現象の原理を理解しながら「科学の楽しさ」や「面白さ」を感じていただけます。

DATA

- ：佐久市子ども未来館
- ：長野県佐久市岩村田 1931-1
  TEL 0267-67-2001
- ：9:30〜17:00（5/3〜5/5、7/1〜8/31 は 18:00 まで）
- 休：毎週木曜日（祝日および 8 月の木曜日は開館）、12/29〜1/1
- ¥：大人 500 円・4 歳以上中学生：250 円、4 歳未満：無料　※プラネタリウムは別料金、セット券あり
- 駅：【JR 北陸新幹線】佐久平駅より徒歩 15 分、または車で 5 分／【JR 小海線】岩村田駅より徒歩 5 分／【上信越自動車道】佐久 IC から車で約 5 分
- ：あり（普通車 100 台、大型バス 3 台）無料
- HP：http://kodomomiraikan.jp/

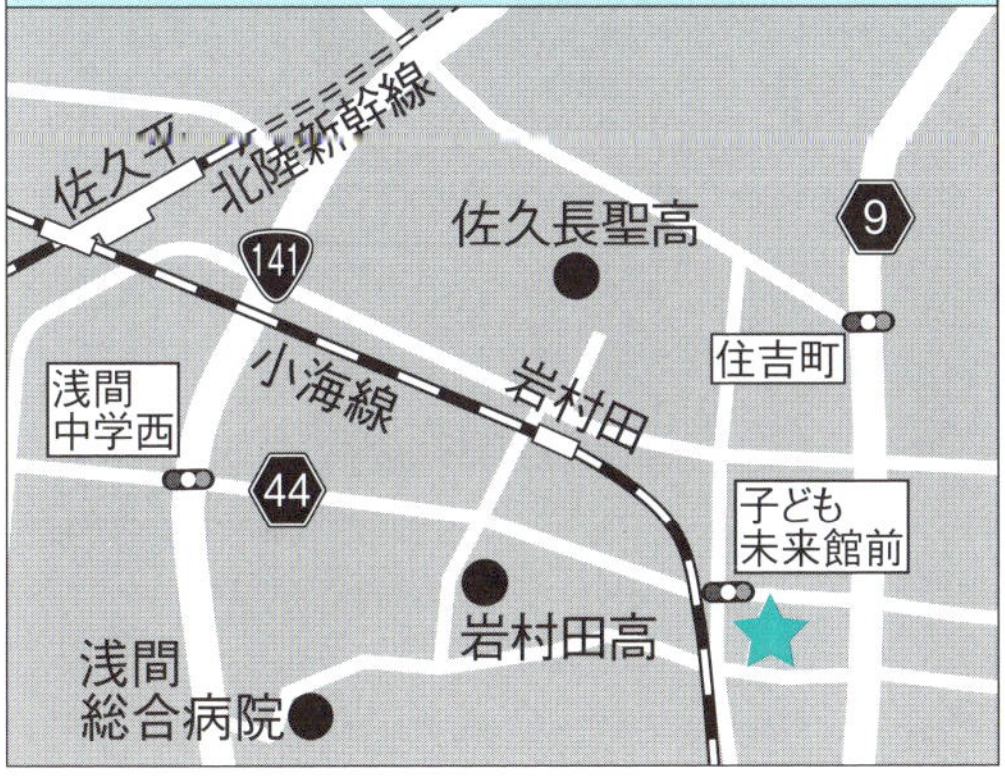

INFORMATION

特別企画展として年３回程度開催しております。また、科学体験工房では土・日・祝日および夏休みなどの長期休業の時に１日３回開催しております。プラネタリウムでは、その時期に見ることができる星座の生解説もおこなっております。また、川上村出身の油井亀美也宇宙飛行士の国際宇宙ステーションでの長期滞在ミッションにおける出発と帰還の際にパブリックビューイングを開催、また、ARISS スクールコンタクト（アマチュア無線交信）などのイベントをおこないました。

NASAで実際に宇宙飛行士が訓練に使用した「アポロ宇宙船」訓練実機を常設展示しています。

八ヶ岳自然文化園　自然観察科学館

標高1300m、八ヶ岳中央高原に位置する当園は、八ヶ岳の自然とふれあいをテーマに造られた多目的レ

宇宙飛行士の顔出しパネルもあり

ジャー施設です。白樺の茂る広大な敷地には、パターゴルフ場・マレットゴルフ場・グレステンサマースキー場・ドッグランなどのアウトドア施設や、プラネタリウムを有する自然観察科学館、大・小会議室を有するセミナーハウスなどがあります。

園内からは雄大な八ヶ岳～蓼科山～車山、遠くは北アルプスの山並みを望めるとともに、春のカタクリからレンゲツツジ・ベニバナイチヤクソウ・エンビセンノウなど四季折々の植物と、新緑や紅葉した木々がおりなす目にも美しい景色に出会える自然豊かな場所です。

また、空気が澄んで街明かりなど光害の少ない八ヶ岳では、夜になると今にも降ってきそうな満天の星空が広がり、「星降る里」と呼ばれる星空観測の拠点となっています。そのため星空観望会や星まつりといった星に関するイベントも数多く開催しております。

爽やかな風吹く高原で思い切り深呼吸！きっと身も心もほぐれますよ。

見所展示・体験コーナー

NASAで宇宙飛行士が訓練に使用した「アポロ宇宙船」訓練実機を常設展示しており、船内に乗り込んで当時のままの計器類を見学したりスイッチに触わることもできますので、アポロ計画時代の宇宙飛行士気分が味わえる人気の展示物になっています。宇宙服の試着体験（有料）もあり、宇宙服に身を包んでアポロ宇宙船での記念撮影はご家族連れに好評です。

また当園のプラネタリウムは、実際の東西南北に合わせて設置していますのでプラネタリウムを出て同じ方向に星を眺められ違和感なく実際の夜空で星に親しめます。プラネタリウムの星と、八ヶ岳・原村の天然の星空を見比べてみてください。

DATA

- 八ヶ岳自然文化園　自然観察科学館
- 長野県諏訪郡原村17217-1613
  TEL 0266-74-2681
- 9:00～17:00（夏季は9:00～18:00）
- 休：火曜日、祝日の翌日、年末年始（夏季無休）
- ¥：大人：800円・小中学生：500円
- 駅：【JR中央本線】茅野駅よりバスで「八ケ岳農業実践大学校」下車後、徒歩20分。または、茅野駅よりタクシーで20分
- あり（180台）無料
- HP：http://yatsugatake-ncp.com/

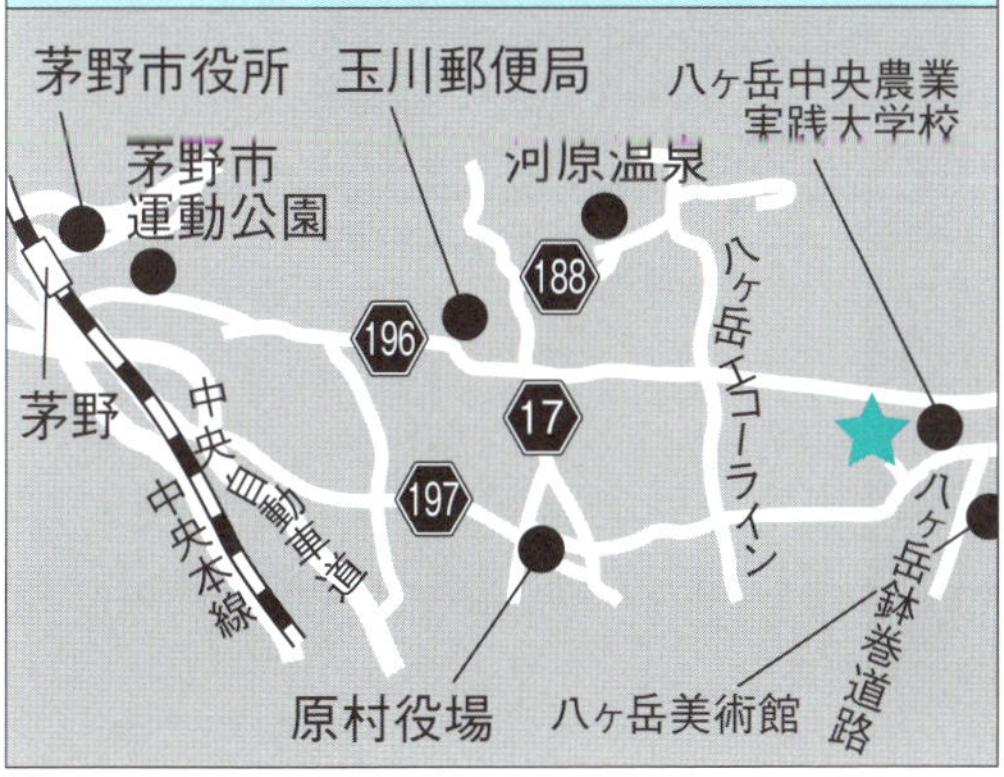

INFORMATION

☆「星空観望会」毎年4月～12月（月に1回開催）☆「星空の映画祭」毎年8月の約3週間開催　☆「原村星まつり」毎年8月上旬の3日間開催：全国から天体観測機器やグッズメーカーがブース出展し、「手作り望遠鏡講座」「化石発掘講座」や、その年の天文情報満載の各種「講演会」や「星空コンサート」、夜は大型望遠鏡なども使用して原村の星空を満喫する「大観望会」など、ご家族で楽しめるおまつりです。

1930年創建の旧上伊那図書館をリニューアルした、伊那市の生涯学習の拠点施設です。

伊那市創造館

伊那市創造館は、1930年に創建され長く市民に親しまれてきた「上伊那図書館」を、文化財として保存し市民の生涯学習の場として活用するとともに、教育・学術および文化の発展に寄与することを目的とし

企画展「日本人工衛星博覧会」より

画展「日本人工衛星博覧会」展示風景

見所展示・体験コーナー

小学1～4年生を対象とした「宇宙の学校」、小学4～中学生を対象とした「小惑星探査教室」、小学生と保護者を対象にした「天体観測会」、一般を対象とした「ロケット打ち上げパブリックビューイング」なども定期的に開催しています。

中でも「小惑星探査教室」は、伊那市郊外にあるJAXAの入笠山光学観測所から得られるデータを用いて未発見の小惑星を探す体験教室で、元JAXA・信州大学の中嶋厚教授の指導のもと、おこなわれている独自の事業です。

て、2010年に開館しました。「縄文から宇宙まで」をキャッチフレーズに、「自然科学」「考古」「芸術」「歴史・民俗」「環境」「宇宙」を6つの柱として、様々な企画展・講演会・体験教室などを開催します。

常設展示室では、国の重要文化財に指定されている、神子柴遺跡から出土した石器群、富県御殿場遺跡から出土した「顔面付釣手形土器」などの縄文時代の出土遺物を展示しています。

現在宇宙に関する常設展示はありませんが、2010年の開館以来、宇宙に関する企画展を、ほぼ1年に1回のペースで開催しています。「小惑星探査機はやぶさ君の冒険」（2010年秋）「アポロは本当に月へ行ったのか」（2011年秋）「糸川英夫生誕100年記念展」（2012年秋～冬）「日本人工衛星博覧会」（2014年冬～春）「最新宇宙情報2015」（2015年夏～秋）と、いずれも自主企画展としておこないました。

DATA

：伊那市創造館
：長野県伊那市荒井3520
TEL 0265-72-6220
：10:00～17:00（展示）・学習室は20:00まで
休：火曜日、祝日の翌日
¥：無料　※企画展は別料金
駅：【JR飯田線】伊那市駅より徒歩4分
【中央自動車道路】伊那ICより15分
：なし　※市営駐車場あり、駐車券持参で無料
HP：http://www.inacity.jp/shisetsu/library_museum/inashisozokan/

INFORMATION

KU-MA（子ども・宇宙・未来の会）との連携事業「宇宙の学校」の開催も5年目となりました。長野県内で唯一の「宇宙の学校」開催地です。JAXAや信州大学・会津大学などの宇宙関係研究者、在野の宇宙関係ジャーナリスト、アマチュアの宇宙ファンなどとのつながりを生かして、企画展に連動したユニークな講演会・トークショーを企画してきました。なぜ伊那で宇宙を？と聞かれることも多いのですが、「信州は海はないけれど、宇宙とは無限に繋がっている場所であるから」と答えるのが常となっています。

見て触って本物のコックピットに座って
パイロット気分になれますよ！

かかみがはら航空宇宙科学博物館

1996年3月23日、航空機産業と飛行実験の街各務原市にふさわしい博物館として「かかみがはら航空宇宙博物館（現かかみがはら航空宇宙科学博物館）」

H-Ⅱロケット
フェアリング

機展示場

がオープンしました。現存する日本最古の飛行場を有し、その歴史の中で幾多の飛行実験の舞台ともなった各務原。

「わが国の航空宇宙技術者が、各務原の空で何にチャレンジし、何を残してきたか」を、後世に伝えるべく、国や民間各社がおこなった航空機開発の成果、日本の航空宇宙技術開発の流れがわかるような展示をおこない、市外・県外からも多くの来館者をお迎えしています。オープンした１９９６年には約47万人の入館者があり、２０１３年６月には入館者数が３００万人を達成しました。

屋外・屋内展示場には、30機を越す豊富な実機展示がしてあります。実験機はほとんどが世界で１機しかない貴重な機体です。実験機「飛鳥」をはじめ、機内見学できる機体や、コックピットに搭乗できる機体もあります。

実際に航空機開発や生産に関係する多くのボランティアの方々に支えられた施設であり、土・日には飛行機の開発などの生きた話も聞くことができます。

見所展示・体験コーナー

屋内展示場の１階には、宇宙コーナーがあり、H-Ⅱロケットを中心に世界の宇宙開発史の概要と、現代の宇宙開発の姿や技術開発の流れに沿って紹介してあります。H-Ⅱロケットを中心にして、宇宙空間への輸送手段であるロケットの基礎的な原理、構造、仕組みを紹介するとともに、宇宙利用を目指す日本の宇宙開発の将来を紹介してあります。

宇宙コーナーの一角には、大きくそびえていますH-Ⅱロケットのフェアリング部分が展示してあります。それ以外にも火星探査車（複製）と火星のようすをグラフィックでも紹介しております。

DATA

：かかみがはら航空宇宙科学博物館
：岐阜県各務原市下切町 5-1
TEL 058-386-8500
：9:30～16:30（入館は 16:00 まで） ※閉館時間は季節により 30 分の延長・短縮あり
休：火曜日（祝日および振替休日はその翌日）
9/26（月）からリニューアル工事のため一時閉館
¥：一般：800 円・60 歳以上、高校生：500 円・小中学生：300 円
駅：【名鉄各務原線】で各務原市役所前駅下車、ふれあいバスで約 30 分
：あり（700 台） 無料
HP：http://www.city.kakamigahara.lg.jp/museum

INFORMATION

土・日・祝日、夏休みなどには、様々なものづくり教室や体験コーナー・体験教室を開催しております。今後の予定では、2016 年秋頃よりリニューアルに伴う工事が着工されて、一時閉館時期が発生します。なお、リニューアルオープンは 2018 年３月頃の予定です。詳しくは、ホームページをご覧ください。

世界最大のプラネタリウム「Brother Earth」ほか、約 220 の展示を楽しめます。

名古屋市科学館

１９６２年に開館した天文館、理工館、生命館からなる総合科学館です。理工館と天文館は２０１１年３月にリニューアルオープンし、年間約１４０万人の入

プラネタリウムの投影テーマは毎月更新

館者を迎えています。

ギネス認定の世界最大のプラネタリウム「Brother Earth」ほか、約220の展示を通して「みて、ふれて、たしかめて」楽しみながら科学を学ぶことができます。

高さ9mの巨大な竜巻を観察できる「竜巻ラボ」、120万ボルトの放電によりダイナミックな電気エネルギーを体感できる「放電ラボ」、マイナス30℃の展示室で極地を疑似体験できる「極寒ラボ」など迫力のある大型展示や、楽しい実験と解説をおこなう科学の実演ショー（サイエンスステージ）、身近なものを使った生命科学の実験や顕微鏡観察など（生命ラボ）も毎日開催しており、子どもから大人までお楽しみいただけます。

土・日・祝日・春・夏・冬休みには、ご家族連れと初めてプラネタリウムをご覧になる方におすすめのファミリーアワーを開催。

週末には、身の回りの簡単な材料や自然素材を用いて製作する工房なども開催しています。

INFORMATION

年間通して、次のように広範囲で多彩な事業を展開しています。年数回の特別展、企画展／プラネタリウムの夜間の特別投影／大望遠鏡を利用した市民観望会／青少年のための科学の祭典／周辺施設や地域の商店街などと連携した「芸術と科学の杜」事業。また展示室ボランティア、ものづくりボランティア、天文指導者、B6整備ボランティアなど、様々なボランティアが活躍しています。

見所展示・体験コーナー

プラネタリウム「Brother Earth」は、限りなく本物に近い星空の再現を目指し、ドーム内径35mという世界一の大きさと映像クオリティを実現しました。星空をじっくりご覧いただきながら、学芸員が生解説をおこなうというスタイルで、毎月テーマを変えて、季節の星や様々な天文学の話題を取り上げています。

また、宇宙のすがたや天文学の歩み、そしてプラネタリウムの歴史を展示した天文展示室、H-ⅡBロケットや国際宇宙ステーションの日本実験棟「きぼう」の試験機の展示など、宇宙科学関係の展示も充実しています。

DATA

- ：名古屋市科学館
- ：愛知県名古屋市中区栄2-17-1（芸術と科学の杜・白川公園内）
  TEL 052-201-4486
- ：9:30〜17:00（入館は16:30まで）
- 休：月曜日（祝日の場合は直後の平日）、毎月第3金曜日（祝日の場合は第4金曜日）、年末年始
- ¥：一般：800円・高校大学生：500円・中学生以下：無料（展示室とプラネタリウム）
- 駅：【地下鉄東山線・鶴舞線】伏見駅4・5番出口より徒歩5分
- ：なし
- HP：http://www.ncsm.city.nagoya.jp/

まるで宇宙船内！あらゆる角度から宇宙を体感できる空間です。

四日市市立博物館（そらんぽ四日市）

四日市市立博物館は1993年11月に、プラネタリウムを併設する総合博物館として開館しました。

コズミックギャラリー

ラネタリウム（コズミッククルーザー）

GINGA PORT 401

２０１５年３月２１日に「四日市公害と環境未来館」が併設され、博物館常設展・プラネタリウムがリニューアルしてオープン。博物館５階フロアを宇宙の港「ＧＩＮＧＡ ＰＯＲＴ ４０１（ギンガポートよんまるいち）」とし、あらゆる角度から宇宙を体感することができる空間として生まれ変わりました。プラネタリウムでは、世界最新の光学式投映機によって臨場感のある美しい星空を再現し、さらに、鮮明な映像で宇宙を表現する全天周８Ｋデジタル投映機や、動画で景色を映し出す高輝度デジタルパノラマ投映システムも導入されています。また、60台のスピーカーを設置し、大迫力の音響を楽しめるほか、プラネタリウム用に新たに開発された座席で、ゆったりと快適に星空観賞や宇宙旅行を楽しむことができます。

博物館の常設展「時空街道」では、原始・古代から江戸時代までの四日市のあゆみを原寸大再現で展示。併設する「四日市公害と環境未来館」の展示と合わせて、プラネタリウムを含む博物館全体で、過去の歴史や今の私たちのくらしを見つめ直し、未来を考えることができる施設となっています。

見所展示・体験コーナー

GINGA PORT 401のエントランスにある「JAXAコーナー」では特別仕様の宇宙服（レプリカ）が展示され、窓からは人工衛星の観測で得た様々な地球の姿を見ることができます。また、プラネタリウム（コズミッククルーザー）の搭乗口へと続く「コズミックギャラリー」では、太陽系の天体について未来予想図を交えたパネル展示があり、モニター画面を操作しながら各天体について学ぶことができます。プラネタリウムでは約1億4000万個もの星々を映し出し、約9500個の星は色彩までも正確に再現。天文・宇宙に関する多彩なテーマで生解説番組を投映しています。「コズミックラウンジ」では、科学工作教室など、体験型プログラムを定期的に実施しています。

DATA

- ：四日市市立博物館（そらんぽ四日市）
- ：三重県四日市市安島 1-3-16
  TEL 059-355-2700
- ：9:30～17:00
- 休：月曜日（祝日の場合は翌平日）、年末年始
- ¥：無料　※プラネタリウム、特別展・企画展は別料金
- 駅：【近鉄】四日市駅より徒歩 3 分／【JR 関西本線】四日市駅より徒歩 20 分
- ：なし　※ JA パーキングをご利用の方には 2 時間までの無料駐車券を配布
- HP：http://www.city.yokkaichi.mie.jp/museum/

INFORMATION

プラネタリウムでは、子どもから大人まで楽しめる、生解説を入れた3種類の番組を投映。また、大学やJAXAなどから専門家を講師に招き、宇宙に関する最新情報をお届けする「宇宙塾」や、コンサートなどをおこなっています。そのほか、大型望遠鏡をのせた移動天文車「きらら号」による観望会を毎月、博物館前の市民公園で実施しています。

黒部市吉田科学館

黒部に広がる小宇宙をお楽しみあれ！

直径20mのプラネタリウムドームでは、約400、000個の星が映し出され、リアルな星空をみることができます。また、全天周映像と国立天文台「Mitaka」の全天周立体視も体験できます。年に1回、当館オリジナル番組を投映しており、地元を題材にした物語を制作しています。そのほか、大人向けプラネタリウムや、キッズプラネタリウムなども投映しています。館内では、「Mitaka」を体験できるパソコンや、実際にさわって遊べる科学工作コーナー、カプラの積み木などの常設展のほか、特別展や写真展など年間を通して開催しており、小さい子どもから大人まで楽しむことができます。

INFORMATION

年に1度、「科学館まつり」と題して、プラネタリウムや宇宙の魅力を多くの方に知っていただくイベントを開催しています。

見所展示・体験コーナー

「Mitaka」を実際にさわって操作できるコーナーがあります。

「Mitaka」は、国立天文台で開発している、天文学の様々な観測データや理論的モデルを見るためのソフトウェア。地球から宇宙の大規模構造までを自由に移動して、宇宙の様々な構造や天体の位置を見ることができます。

DATA

- 名：黒部市吉田科学館
- ★：富山県黒部市吉田 574-1 TEL 0765-57-0610
- 時：9:00～17:00
- 休：月曜日、祝日の翌平日、年末年始
- ¥：無料　※プラネタリウムは別料金
- 駅：【あいの風とやま鉄道】生地駅より徒歩 10 分／【北陸新幹線】黒部宇奈月温泉駅より車で 15 分
- 車：あり（100 台）無料
- HP：http://kysm.or.jp/

金沢市キゴ山ふれあい研修センター　天文学習棟

宇宙や科学について学ぶことができる体験型展示施設です！

コンセプトは、自然と宇宙

金沢の中心部から車で30分。様々な種の樹木、広がる草原、鳥や虫たちの声…。

見上げれば南の方角には、名峰「白山」とそれに連なる1500m級の山々の姿が…。

あふれる自然があなたをお出迎えすることでしょう。

夜には澄み切った空気の中で、無数の星たちがきらめきます。たとえ天候に恵まれなくとも、当館のプラネタリウムから満天の星空をお届けします。

INFORMATION

星見の日（5月～10月の毎週金曜日19:00～21:00）は、どなたでも参加していただける天体観望会です。またキゴ山宇宙塾は、年長児～大人の方まで、幅広く宇宙、天体に関してのことを学んでいただける事業です（要申し込み）。

見所展示・体験コーナー

☆プラネタリウム　今日の星空解説とプラネタリウム番組で、宇宙や星座を堪能していただけます。

☆宇宙展示コーナー　宇宙の様々な事象について学んでいただけます。

☆パラボラアンテナ、光糸電話など、体験型展示物　宇宙に関しての実験を楽しむことができます。

☆キゴ山きっずステーション、びゅうステーション　大人も子どもも白山連峰などの素晴らしい眺望楽しみながら、休憩していただけます。

DATA

- ：金沢市キゴ山ふれあい研修センター　天文学習棟
- ：石川県金沢市平等本町カ 13-1
  TEL 076-229-1141
- ：9:00～17:00
- 休：月曜日（祝日の場合は翌日）、年末年始
- ¥：無料　※プラネタリウムは別料金
- 駅：【JR】金沢駅よりバスで「キゴ山ふれあいの里」下車、徒歩 15 分
- ：あり（50 台）無料
- HP：http://www4.city.kanazawa.lg.jp/39059/index.html

JAXA臼田宇宙空間観測所　展示棟

圧巻！　日本最大の直径64mの大型パラボラアンテナ！

臼田宇宙空間観測所は宇宙科学研究所のスペースセンターとして1984年10月、長野県南佐久郡臼田町（現・長野県佐久市）に設立されました。惑星、彗星や月などの衛星に接近して観測をおこなう宇宙探査機に向けてコマンド（指令電波）を送信したり、探査機からの観測データを受信しています。

主鏡面が直径64ｍの反射鏡の大型パラボラアンテナがあり、その総重量は約2000ｔです。このような宇宙探査機の追跡管制を目的とした大型アンテナは、JAXA、NASA、ESAなど世界の数機関が保有しています。

INFORMATION

最新情報はHPなどをご覧ください。

見所展示・体験コーナー

臼田宇宙空間観測所には、日本の宇宙開発を支えてきた、日本最大の直径64mの反射鏡を持つ大型のパラボラアンテナがあります。

展示棟にはアンテナの仕組みを解説したパネル、ロケット、探査機衛星などの模型をそろえています。観測所の入口から桜並木沿いには、100億分の1に縮小した太陽系の模型を配置してあり、歩きながら宇宙空間の旅が楽しめます。この縮尺では、東京ー博多間が約0.1mm。この縮尺を考えながら歩いて、太陽系の大きさを感じてください。

DATA

- ：JAXA臼田宇宙空間観測所　展示棟
- ：長野県佐久市上小田切大曲1831-6
  TEL 0267-81-1230
- ：10:00〜16:00
- 休：無休　※臨時休館あり
- ¥：無料
- 駅：【JR小海線】臼田駅より車で30分
- ：あり（普通車12台、大型2台）無料
- HP：http://fanfun.jaxa.jp/visit/usuda/

ディスカバリーパーク焼津天文科学館

大型望遠鏡とプラネタリウムで大迫力の宇宙体験。

当館は、子どもから大人まで、神秘的な宇宙の世界をより身近に感じてもらえるような科学館です。多くの人に、「不思議」「好奇心」「発見」のきっかけとなるような活動をおこなっています。館内は、おもに、プラネタリウム、天文台、展示・体験室の3つの施設からなります。プラネタリウムでは、美しい星空と迫力ある宇宙映像をお楽しみいただけます。天文台には静岡県で一番大きな天体望遠鏡があります。星の光を集める鏡の直径は80㎝あり、その力は人間の目の1万倍以上です。この望遠鏡を製作したのは、焼津市出身で世界的な望遠鏡製作者である法月惣次郎さんです。展示・体験室では、期間ごとに変わるテーマにそった特別展が人気です。

見所展示・体験コーナー

天文台では、毎週土曜・日曜日の夜間に星空観望会を開催し、本物の宇宙体験をすることができます。目の前に広がる大迫力の月面や、大きな環を持った土星、オリオン大星雲の中で誕生したばかりの星の姿など、大型望遠鏡でなければ得られない“生”の宇宙を感じることができます。

また、展示・体験室では、ゲームをしながら宇宙を楽しむことができます。隕石探しコーナーは、6個の石の中から本物の隕石を3個探します。太陽系大紀行では、3Dの太陽系宇宙空間を思いのままに飛行できます。重力場ゲームは、重力場を使った惑星探査機のスイングバイ航法に見立てたボールゲームが楽しめます。

DATA

：ディスカバリーパーク焼津天文科学館
：静岡県焼津市田尻2968-1　TEL 054-625-0800
：9:00～17:00(平日)、10:00～19:00(土・日・祝)
展示・体験室：～16:30(平日)、～17:30(土・日・祝)
休：月曜日(祝休日の場合は開館し翌日休館)、年末年始
¥：展示・体験室　大人(16歳以上)：300円・子ども(4～15歳)：100円　※プラネタリウムは別料金
駅：【JR東海道本線】焼津駅よりバスで約25分、「横須賀ディスカバリーパーク」下車、徒歩1分
：あり(280台)無料
HP：http://www.discoverypark.jp/

INFORMATION

屋上展望スペースからは、世界文化遺産の富士山や駿河湾、伊豆半島を一望することができます。また、北から西にかけて志太平野を、さらに遠くには南アルプスを望むことができます。特に、四季折々の富士山の眺めは抜群で、有数の富士山絶景ポイントです。

ロケット打ち上げを見に行こう!

SF作家　笹本祐一

はじめてロケットの打ち上げを目の前で見たのはH-Ⅱロケット初号機だった。

それまでに、さまざまなロケットの打ち上げをテレビで見たことがあった。しかし、目の前で打ち上げられたロケットを見て、自分は本当のロケットの打ち上げを見ていなかった、聞いていなかったことを知った。

頑張れば行けないこともないから、作家として経験のために見ておこうか程度の気分で東京からはるばる出掛けていった種子島に、その後何度も通うことになるとは思っていなかった。最終的にH-Ⅱロケットはメインエンジン点火後に打ち上げ中止になった2号機を除く全機、MVロケットは全基の打ち上げを見ることになる。

いったいなにがそうさせたのか。

まず**音**。ロケットは巨大な可燃物というより爆発物なので、もし爆発事故が起きても人的被害が出ないように半径数キロを立入り禁止にして発射する。種子島の報道センター、竹崎観望台は射点からの直線距離3・5キロ、規模の小さな内之浦でもMVロケット運用開始当時の記者席はロケットから2・2キロ離れた場所に設置されていた。

渋谷から新宿の超高層ビルを見るほど離れているのに、発射台を離れたロケットから音速の分だけ遅れて十秒後に降ってくる轟音は隣の人が怒鳴っていても聞こえなくなるほどの腹に響く重低音である。

そして**光**。特に夜間打ち上げで顕著なのだがロケットの炎はまるで太陽がその場に出現したように、なんとか直視は出来るけど眩しい。

最初の打ち上げの時は同行者がカメラやビデオを山のように持ち込んでいたので、笹本はてぶらで感覚をすべて打ち上げに集中させていた。のちに貴重な打ち上げ記録をカメラで廻すようになって、なぜ自分が見たような、聞いたような打ち上げ写真や動画がないのか考えることになる。

ロケットの噴射炎は固体ロケットでマッハ6、液酸液水でマッハ12という極超音速に達する。ロケットの轟音は超音速による衝撃波、音速を越える噴射とエネルギーにより大気が崩れ落ちる、自然界では雷に近い現象で、その発生原理からスピーカーではそっくり同じには再生出来ない。

固体ロケットが発する光は、火薬由来の爆発のような燃焼である。本体重量を遙かに越える推力を発生させる激しい爆燃反応は爆発的な光を伴う。夜間打ち上げでは、それまで闇に閉ざされていた射場周辺がその瞬間だけまるで昼間のように照らし出される。充分な安全距離をとっていた監視船の乗組員が、打ち上がるロケットの光で波の静かな夜の澄んだ海中のみならず海の底まで見えたという証言も聞いたこと

（ささもと・ゆういち）
1963年、東京生れ。
1984年、『妖精作戦』で作家デビュー。1994年、種子島でHⅡロケット初号機打ち上げを取材。2006年、なつのロケット団でロケット開発開始。2012年、『ミニスカ宇宙海賊』が『モーレツ宇宙海賊』としてアニメ化される。2016年、インターステラテクノロジズにて大樹町より高度100キロを目指してロケット打ち上げ予定。『星のパイロット２　彗星狩り』、『宇宙へのパスポート』シリーズ（１～３巻）で星雲賞受賞。

がある。

これだけの激しい光を、その周辺のものの形までそのままに写し撮れるカメラを人類はまだ持っていない。強すぎる光に対しては、光量調整のためにレンズを絞らなければ光はダマになってしまうし、絞れば画面全体が暗くなって炎の形しか撮れない。

ところが、人間の目には夜間打ち上げで飛び上がる固体ロケットの眩しいオレンジ色の炎とそれに照らし出される本体、排気煙や写真に写りにくいコアステージの液酸液水ロケットの青白い炎まですべて見えるのである。

人間の目も、強すぎる光に対してはレンズを絞るのと同様に瞳孔が収縮して入ってくる光を制限する仕組みはカメラと同じである。ではなぜ噴射炎だけに眩まずに周囲のものが見分けられるのか。カメラはフィルムやＣＣＤに写った光をそのまま記録するが、人間は網膜に映った像を脳内で処理して画像として認識する。ここから先は推測だが、眩しすぎるロケットの光だけにフィルターをかけ、残りの視界はそれほど暗くしないという最新のカメラでも不可能な処理を人の脳が行っている。そう思わなければ、カメラに映らないものをなぜ人の眼が見ることが出来るのか説明出来ない。

つまり、ロケットの打ち上げで見て、聞こえるものは、記録出来ないし再生出来ない。

笹本はメガネを常用している近眼で最近は老眼も来てるが、それでも自分で見たのと同じ記録画像は見たことがない。少しくらい眼や耳が悪くても、ロケットの光や音は強烈なので心配はいらない。

もしあなたがロケットの打ち上げを見に行ったら、そこで見るもの、聞く音はそこでしか見て聞くことが出来ない。どうせ見たままの撮影なんか出来ないのだから、そっちはプロの報道や記録班に任せ、自分の目で見て、自分の耳で聞くことを薦める。

あなたが体験するロケットの打ち上げは現代の技術では記録不能、再生不能なイベントである。しっかり眼ン玉開いて、耳かっぽじって記憶しよう。あなたは今まで見たことがない光を見て、聞いたことがない音を聞くだろう。

あなたの目の前で打ち上がったロケットは宇宙まで行く。あなたはその目撃者になれるのだ。

種子島、吉信射点で打ち上げ準備作業中のH-ⅡＢ１号機

宇宙を駆けめぐったヒーローたち（SFの世界）

大阪教育大学　教授
福江　純

お題をもらって、〝宇宙〟も〝ヒーロー〟もSFの世界にはゴロゴロあるわい、と漠然と思っていたが、いざ書き始めてみると〝宇宙＋ヒーロー〟って、案外と少ないようで、思ったよりも難易度が高いお題だった（笑）。

実際、有名どころの宇宙SF映画だと、スタートレックもスターウォーズも主役はそれぞれに居るが、ヒーローってイメージじゃあない。宇宙が舞台の超有名SFアニメ、機動戦士ガンダムも、どっちかというと群像劇だ（敵役のシャアはヒーローっぽいけど実はマザコンのロリコンだし、主役のアムロは、最初はヘタレだ）。一方、スーパーマンやウルトラマンら代表的なヒーローの方々は、おおむね、活動の主舞台は地球である。ということで、個人主観で少しチョイスしてみた。

アトム

宇宙を駆けめぐったヒーローのトップバッターは、やはり鉄腕アトムだ。それぞれの世代で、〈ガンダム〉なり〈エヴァ〉なり、原点となるアニメがあるだろうけど、ぼくの場合は〈アトム〉なのである。小学校低学年のときにリアルタイムで観た『鉄腕アトム』には、輝ける未来と、宇宙の不思議さが詰まっていた。アトムが宇宙に出る場合、太陽系内ぐらいまでだったが、当時の最先端知識で裏打ちされた宇宙の描写、月や火星や宇宙空間の情景にドキドキしたものである。ヒーローとして大活躍するアトムだが、一方で、ロボットへの差別に苦しみ悩むことも多い。リメイクすれば、メインストーリーはいまでも十分に通用する内容だと思う。

ロック

またヒーローという観点からは、ぼく的には、超人ロックははずせない。宇宙へ進出した人類の銀河文明と関わり合いながら、何千年も生きる不老不死のエスパー、ロックは、まさしくヒーローに相応しいプレイヤーだろう。しかし、とてつもない能力をもつ超人であると同時に、ロックはあくまでも人間であり、己の未熟さに人として悩み苦しむのだ。アトムもそうだが、ヒーローもなかなか大変なのである。『超人ロック』は超大河コミックで、宇宙のシーンも頻繁に出てくるが、恒星のすぐそばの軌道ステーションなど、印象的なシーンも多い。また嬉しいことに、ブラックホールもちゃんと出てくる（ブラックホールは有名だが、扱いが難しいのか、案外とアニメでは出てこない）。

トップ

そうそう、ブラックホールといえば、ブラックホールや相対論的な時間の遅れなどが縦横無尽に使われたのが、SFアニメ『トップをねらえ！』である。

（ふくえ・じゅん）

1956年、山口県出身。京都大学大学院理学研究科博士課程修了。博士（理学）。大阪教育大学助手、助教授を経て、2004年より現職。専門はブラックホール天文学や宇宙ジェットおよび天文教育。主な著書に、『ブラックホールは怖くない？』（恒星社厚生閣）、『完全独習　現代の宇宙論』（講談社）、『ＳＦアニメを科楽する』（日本評論社）など。マンガやアニメやＳＦやゲームが大好き。執筆も趣味に近い気がする。還暦を迎えたのを期にギターも再始動した。人生楽しくが現在のモットー。

地球に攻めてくる宇宙怪獣を、ヒロインのタカヤノリコがガンバスターという巨大ロボットに搭乗して撃退し、最後は宇宙怪獣を殲滅するため、ブラックホール爆弾という物騒な代物をかかえて、宇宙怪獣の巣がある天の川銀河系の中心まで殴り込みをかけるという、超弩級ＳＦアニメなのだ。

鉄腕アトム　　© 手塚プロダクション・虫プロダクション

ヒロイン、コーチ、お姉様にはじまる学園スポ根アニメ風スタートから、宇宙怪獣との接触・交戦があり、亜空間突入と離脱と星虹そして相対論的時差といったハードＳＦ的イベントへ続く。太陽系に宇宙怪獣群が迫ってきて、ついに最終兵器ガンバスターが登場して、巨大ロボットアニメ風になるが、一方で、シリアス度はどんどん深まり、後は、最終決戦まで一直線である。

　ここまでパワフルな全力投球アニメはそんなに多くはないし、何度観ても飽きが来ない、ほんとに元気になる作品なのだ。

　ちなみに、『トップをねらえ２！』もあって、正統な続編というか、最高のアンサーソングになっている。全編、『トップ１』へのオマージュに満ちていて、きちんと〝努力と根性〟の物語をしている。『トップ１』以上に破天荒な設定も、『トップ１』の１２０００年後だということを考えれば、いわゆる「クラークの第三法則：十分に発達した科学技術は、魔法と見分けがつかない」にしたがったものに過ぎない。ダイバスターの戦闘シーンから最後まで目が離せず、ラストは非常に感動モンだった。

　少し熱くなったので、最後は最近の宇宙ＳＦ映画『インターステラー』でクールダウンしておこう。これは、（相対論の大御所キップ・Ｓ・ソーンらが科学考証した）ブラックホールの描写がリアルだというので話題になった２０１４年の映画である。ブラックホール周辺の描写は、案の定というか、絵的なインパクトを重視したために、いろいろ突っ込み処は満載だったが、映像上は仕方ないだろうなぁ。一方、ストーリーの方は予想外によくて、後半は釘付けでラストは滂沱状態（笑）。この作品で、環境破壊で滅亡に瀕した地球を救うため、インターステラー（星間空間）へと旅立ち、宇宙を駆けめぐった主人公は、地球を救ったがためにヒーローなのではない。必ず戻ると約束して、地球に残した愛娘にとってこそ、最後までのヒーローだったのだ。

これからの宇宙旅行産業 ――もうすぐだよ！

日本宇宙旅行協会　会長
パトリック・コリンズ

皆さん、自分が宇宙へ旅することができると思いますか？

なぜそう思いませんか？

宇宙飛行士ではないから？

大丈夫！　これから宇宙旅行は航空産業のように発展し、誰でも気軽に宇宙ホテルへ泊まりに行けますよ！

２０１４年７月、イギリス政府の航空局ＣＡＡは、宇宙旅行ビジネスは２０３０年ごろに毎年２兆円まで成長するだろうと発表しました。そしてイギリス初の宇宙空港（スペースポート）を設計しています。とりあえず、サブオービタル型宇宙旅行サービスだけは準備されていますが、２０３０年までには軌道までのサービスが開発されると思われています。

政府の航空局は宇宙局とは違います。昔から航空局は航空会社がうまく行くために支援する義務がありました。しかし宇宙局は最初から政府のプロジェクトを実現する義務がありましたので、宇宙旅行の実現を狙っていません。したがって、これから航空局が宇宙旅行の実現を担当することになっています。

これは知っていますか？

軌道から地上まで落ちないために、宇宙船は秒速８キロで飛ぶ必要です！　そんなに速いのでたくさんの推進剤を使います。しかし、高度１００キロまで数分で行って帰るためには、秒速１キロで足ります。したがって、中小企業でも実現できます。２００４年に、米国の会社の「スペースシップワン」という小型スペースプレーンが成功したので、今数社の企業が旅客機の開発に頑張っています。

最初のサービスを供給するのは「バージンギャラクティク社」かも知れませんが、「ＸＣｏｒ社」または欧州の中小企業でも２０２０年代にはたくさんの乗客を運ぶことになるでしょう。今待っている乗客は約２千万円払っていますが、航空産業と同じように大量運用になれば、一人当りの値段は数十万円まで安くなると言われています。イラストはブリストルスペースプレーンズ社の「アセンダー」というサブオービタル用旅客機です。

宇宙ホテルでの無重力の生活は朝から晩まで興味深いです！　浮かびながら、どの活動も変わります。一つの楽しみは水との遊びです。次の○頁のイラストを御覧下さい！　軌道上での建設が進むに従って、ホテルが大きくなって、無重力のスポーツセンターも造られるでしょう。そこでは無重力のスポーツが人気になるでしょう。初めての「無重力オリンピックス」はいつ行なわれるでしょうか？　２０３０年代ではないでしょうか？　楽しみ！

宇宙旅行産業への就職準備

宇宙旅行の新しい産業に勤める人達の多くは「スペコン」という資格を持つことになるでしょう。現在の「ツアー

（パトリック・コリンズ）

1952 年にイギリスの田舎に生まれ、1980 年代にロンドン大学で経済学を教えながら、宇宙旅行の可能性を研究し始めた。1990 年に来日し、宇宙科学研究所や東大先端研や宇宙開発事業団などの研究所に勤めた。現在、世界的な課題となっている「新産業不足不況」の対策として、宇宙旅行産業は航空産業と同じように、この何十年かのうちには大規模な産業に成長すると思っている。そうすれば、何千万人に楽しい仕事を生み出すので、経済政策としてできるだけ推薦している。

アセンダーの開発が完成したら、それに基づいて軌道まで飛べる小型「スペースキャブ」と大型「スペースバス」を開発するつもりです。そうすれば、宇宙ホテル時代が開きます。これは冗談ではありません。米企業のビゲローエアロスペース社は既に軌道用ホテルを開発していますが、輸送機はまだありません。できたら、宇宙旅行ブームは到来すると期待されています。

コンダクター」に代わり、「スペースコンダクター」になります。例えば、無重力で上手に動くことができなくてはなりません（121頁のイラストをご覧下さい）。

宇宙旅行産業の仕事はまだ始まっていませんが、将来に参加するために、次の仕事の経験は宇宙旅行産業の就職に役に立つ準備でしょう。

航空会社　「安全第一」という考え方は宇宙旅行にも最適、資格、乗客のサービス、国内規制、国際ルールなどは重要でしょう。

空港　同じように、スペースポートは空港に似ています。各県の小型空港でも、大型空港でも安全第一です。この上、空港が会社なので、お客さんをできるだけ多くして、店、交通、貨物、お土産、ホテルなどなどの活動と協力します。

ホテル　ホテルではお客さんを中心にできるだけたくさんのサービスを供給しますが、ビジネスとしてあるホテルは大手企業で、宇宙ホテルも経営することになるでしょう。

クルーズ船　ホテルに似ていますが、ホテルとは違って、乗務員は乗客と一緒に船に泊まります。この点が宇宙ホテルと同じなので役に立つ経験でしょう。

旅行会社　観光産業の基礎的な活動なので、宇宙旅行にもパックツアーやガイドさんなどの仕事はあるでしょう。

ビルディング経営　現在の「インテリ

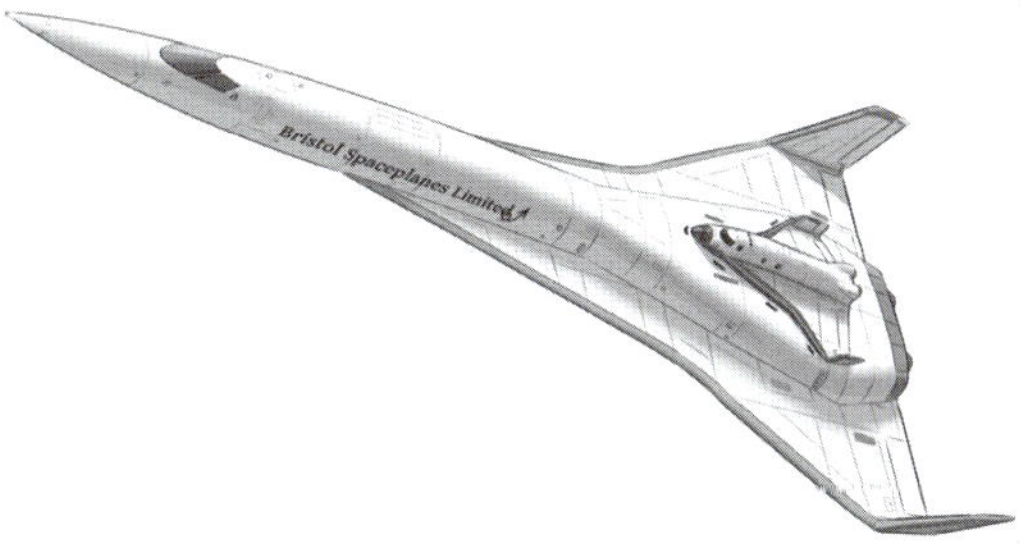

軌道まで 6 人を運ぶ「スペースキャブ」

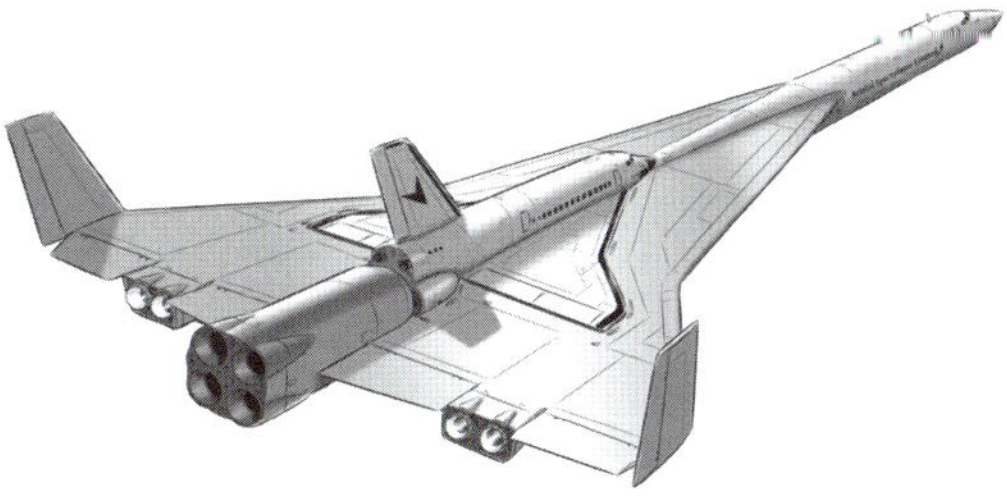

軌道まで 50 人を運ぶ「スペースバス」

ジェントビル」は宇宙ステーションに似ています。高層ビルの費用は千億円以上なので、その経営、いわゆる全ての活動と技術が計画通り動く仕事は宇宙ホテルに似ています。

イベント経営　現在の大きいコンサートなどには数万人が参加します。これからの宇宙旅行のイベントもあるので、計画、宣伝、輸送、会計、保証などの仕事の経験は役に立つでしょう。

スポーツ産業　コーチ、各スポーツの専門知識：生理学、心理学、経営、プロジェクト計画、会計、資金調達、イベント、選手の経営、施設、マーケティ

無重力水遊び1

無重力水遊び2

無重力水遊び3

無重力の動き方の訓練（1）

無重力の動き方の訓練（2）

ング、投資など。またスポーツのメディアもあります：雑誌、テレビ、インタビュー。そして研究もあります、特にスポーツ科学、勝つ戦略、そして新しい宇宙専用スポーツも生まれます、違いありません！

メーカ　もちろん、輸送機やホテルなどのメーカに技術者、特に精密工業の仕事たくさんあります。その中でたくさんの航空宇宙部品の製造と開発も重要な仕事でしょう。

上記の仕事の全ては「スペースコンダクター」になるための訓練、準備です。

宇宙旅行の可能性についてもっと知りたいなら、日本宇宙旅行協会のＨＰ御覧下さい：
http://spacetravel-japan.org

宇宙ホテルの舞台の漫画を見たいなら、「リエントリー」という漫画を読んでその中のクイズを解いて見て下さい：
http://s.ɹpekonmode.com/comic/reentry001.htm

宇宙エレベーター協会　会員

秋山文野

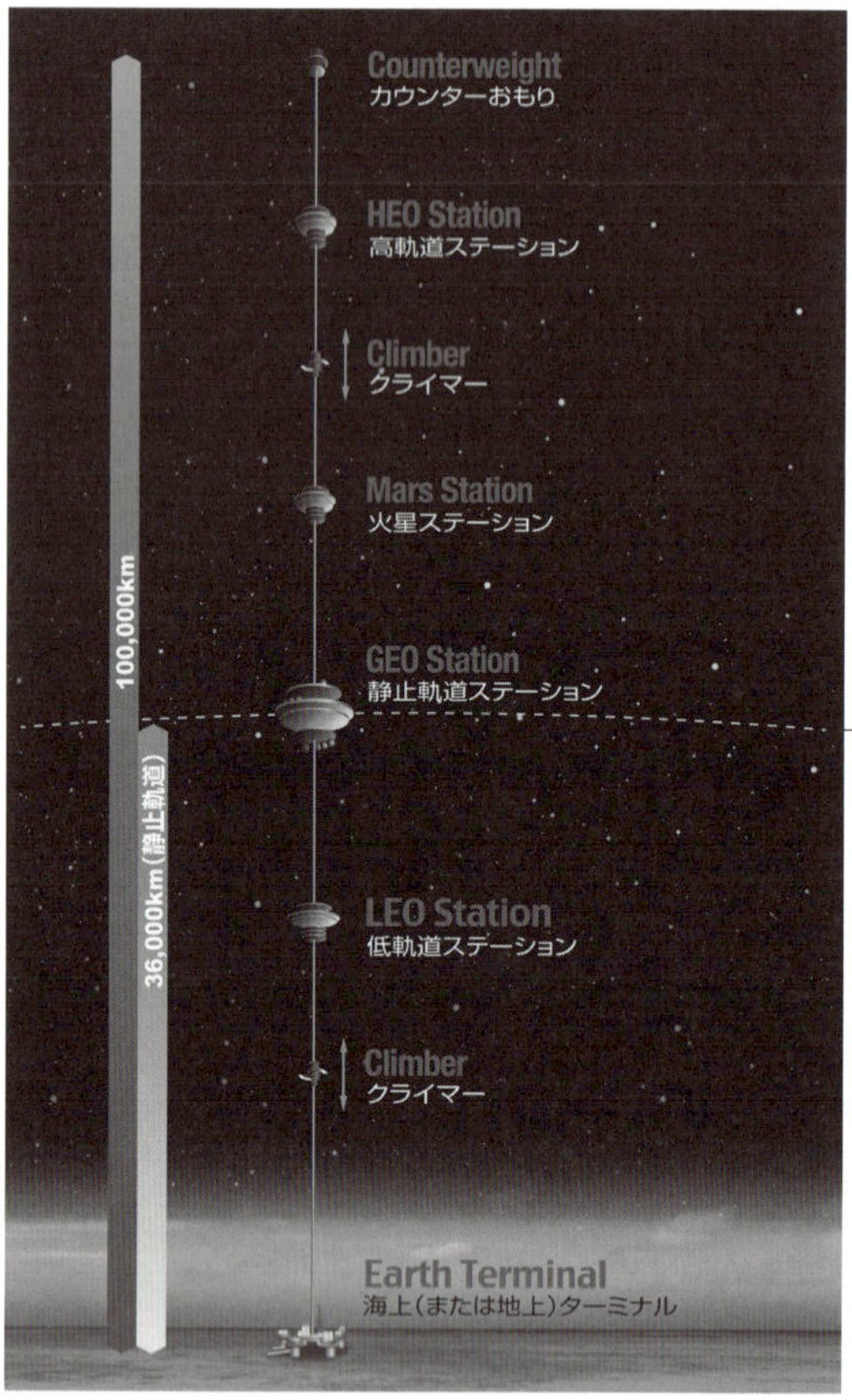

宇宙エレベーター概念図　提供：JSEA

宇宙エレベーターとは

宇宙エレベーターは、日本では軌道エレベーターとも呼ばれています。どちらも同じ地上から静止軌道までケーブルを昇降機が移動することで人や貨物を輸送する、宇宙の輸送機関です。構想の元は1895年にロシアのコンスタンチン・ツィオルコフスキーによる『軌道塔』のアイディアとされ、1960年代に同じくロシアのユーリ・アルツターノフによる『宇宙列車（宇宙索道）』によりほぼ構想はかたまりました。

アメリカのジェローム・ピアソンは、必要なケーブル強度を満たす素材が当時では存在しないことを指摘し、長らく構想は実現の目途が得られませんでした。宇宙エレベーターが実現する可能性は1991年、NEC基礎研究所（当時）に在籍した飯島澄男博士が強度を満たす素材、多層カーボンナノチューブを発見するまでおあずけとなったのです。

現在、宇宙エレベーターを建造する構想の元は、2000〜2003年に米国立ロスアラモス研究所に在籍し、NASAからの委託により宇宙エレベーターの実現性検討を行ったブラッドリー・エドワーズ博士の研究によります。

エドワーズ博士のプランでは、幅1mのリボン状カーボンナノチューブを用いたケーブル（テザー）は全長10万kmとなっています。地球周回軌道上にテザーのスプールを打ち上げ、地上に向けてテザーを伸ばしながら高度10万kmまで進んでいきます。地上側のテザー端は、海上のプラットフォームに固定し、宇宙側のテザー端には、テザー運搬に使用した宇宙機を固定し、カウンターウェイトとします。こうして建造された宇宙エレベーターを、クライマー、リフト、ケージなどと呼ばれる昇降機が移動して輸送を行うのです。クライマー質量は乗員と貨物のない状態で20トンとされ、最大で時速300kmでテザー上を移動し、地上から静止軌道まで一週間ほどかけて到着することとなっています。

このエドワーズ基礎プランを受け、

宇宙エレベーターの実現へ

２０１２年に日本の大林組は、実際に宇宙エレベーターを建造する際の建設構想を発表しました。テザー長は、エドワーズプランからやや短い９万６０００kmで、この長さであれば月や太陽の重力の影響で共振することがないといわれています。

大林組構想では、静止軌道を含めて６カ所に宇宙エレベーターを利用するためのステーションを設けます。地表から３９００km上空は『火星重力センター』、８９００km上空は『月重力センター』となり、それぞれ火星と月の重力と同等のため、惑星探査のために重力を模した実験環境として利用することができます。また上空２万３７５０kmの軌道は『低軌道衛星投入ゲート』と呼ばれ、このステーションから人工衛星を放出すると、高度３００kmの地球低軌道（ＬＥＯ）に周回させることができます。現在は化学推進ロケットが担っている人工衛星の軌道投入を宇宙エレベーターも担うことで、商業需要を見込むことができます。

３万６０００kmの静止軌道に位置する、宇宙エレベーターの中心的なステーション『静止軌道ステーション』は最も大型の施設を構築することができ、研究者から宇宙旅行者まで多様な人の滞在が可能になると考えられています。インフレータブル構造の六角柱型のユニットを組み合わせ、テザーを取り囲むように組み合わせて50人が滞在可能というのがその設計です。静止軌道上には、24時間発電可能な太陽発電衛星群が存在し、地表にエネルギーを供給します。宇宙エレベーターでその資材の運搬やメンテナンスを行うことが考えられており、滞在者の中にはそのためのエンジニアも含まれています。そしてもっとも外側、９万６０００kmのテザー端は、カウンターウェイトであると共に『太陽系資源採掘ゲート』と呼ばれ、ここから宇宙探査に向けて、探査機を送り出すことでより少ないエネルギー（推進剤）で火星や小惑星帯の小惑星へ到達できると計画されています。小惑星帯に資源採掘用の宇宙機を送り出すことができれば、宇宙の多様な資源を地球で利用する端緒ともなり得るでしょう。

宇宙エレベーターの課題

こうした宇宙エレベーターの計画と利点について、課題と批判は常にあります。その点について、以下に検討します。

主な批判は、1．利用コストの問題、2．実現時期の問題の2点です。

まずは利用コストの問題。宇宙エレベーターは、現在の化学推進ロケットに比べ宇宙へのアクセスコストを１００分の１、つまり１００万円／１kgから１万円／１kgにする可能性があるといわれています。とはいえ、欧米だけでなく中国、インドなど宇宙新興国の宇宙への意欲と技術の進展により、ロケットの打ち上げコストは下がっており、反対に輸送重量は増えてきています。史上最大の輸送能力を持つ化学推進ロケットはアメリカのアポロ計画で宇宙船を月まで送り届けたサターンVで、この記録は未だ破られていないものの、米スペース・エクスプロレーション・テクノロジーズ（スペースX）をはじめとする宇宙企業は間もなくこの記録を超える見込みです。ロケット輸送コストがさらに下がるのであれば、宇宙エレベーターが2兆円とも試算される建造コスト込みで採算がとれる時期は遠ざかるのではないかとの懸念があります。

この点について、まず宇宙エレベーターとロケットとは、完全に競合し、一方がもう一方を退ける関係ではないと思います。飛行機輸送と鉄道が競合しつつも完全な排他関係にはなっていないのと同じです。宇宙エレベーターの建造の初期段階でロケットによる機材の運送は欠かせない点からも、ロケットなしで宇宙エレベーターはなりたちません。また、地表から静止軌道まで1週間かかる宇宙エレベーターに対し、月まで往路3日で移動できたロケットのスピードは、ことに放射線などの安全対策を必要とする人員の輸送にとって大きなメリットです。他面、貨物であれば、時間がかかっても大量に安定的に輸送できることは宇宙エレベーターにとって十分なメリットになります。

さらに、「降ろす」際の安全性の問題もあります。２０１１年に退役した米スペースシャトルに代わり、宇宙機関、民間を問わず再使用型宇宙船や再突入カプセルの開発を進めており、宇宙から人員が帰還する、または実験資材を持ち帰るなど宇宙から地球へ帰る用途は今後ますます広がると考えられます。とはいえ、現在の方式では宇宙から地球へ物を降ろすには、短くいえば投げ下ろすことになります。大きな位置エネルギーを持つ物資を短い時間で投げ下ろすことはリスクを伴い、宇宙へのアクセスが容易になったとしてもすべてその方式で賄えるものだろうか？　との疑問が浮かびます。

米プラネタリー・リソーシズなどの民間企業や、日本で小惑星探査機「はやぶさ」に関わった研究者らは小惑星などの宇宙の資源を利用する研究開発を進めていますが、宇宙機開発に費やした資源をおぎなって採算がとれるほど大量の資源を宇宙から持ち帰るには、より安全で安定的な輸送方法が不可欠だとの意見があります。小惑星から秒速30㎞で地球に飛来する資源を地球の大気圏にそのまま突っ込ませることは、地球が繰り返し小惑星衝突にさらされるに等しいのではないでしょうか。この点、宇宙エレベーターであれば、テザーに沿って低速で貨物を降ろせます。また、現在のクライマー開発の構想では、軌道上のクライマーが持つ位置エネルギーを電力に変換する回生機構を搭載する前提で開発が進められており、安全性を確保しつつ、エネルギーのおまけもつく宇宙エレベーターは、降り手段として十分に採算がとれるメリットを持つと考えられています。

いつ頃実現できるか

実現時期ですが、カーボンナノチューブの長繊維化が最大の課題となります。とはいえ、カーボンナノチューブはすでに繊維の開発段階に入っており、短い繊維を撚って長繊維にする開発も行われています。

カーボンナノチューブの発見前と後のような大きな技術的チャレンジを必要とするわけではないものの、㎞単位の繊維を開発するコストが宇宙エレベーター用として採算がとれるかどうかが問われているといえます。クライマー開発にしても、世界で最大規模となっている宇宙エレベーター協会によるクライマー開発実証イベント『ＳＰＥＣ』がすでに連続7回を記録し、毎

（あきやま・あやの）
パソコン雑誌編集・ライターを経て、宇宙開発分野の取材記事執筆を開始。著書に『「はやぶさ」7年60億kmのミッション完全解説』（2012年KADOKAWA / アスキー・メディアワークス）、『宇宙エレベーターの本』（2014年アスペクト・共著）、『完全図解 人工衛星のしくみ事典』（マイナビ・共著）など。宇宙エレベーター協会会員。

クライマー開発実証イベント「SPEC」　提供：JSEA

年続いているとはいえ、現在でも地上１０００ｍ付近での実証にとどまっていて、対流圏越えや宇宙には到達していません。クライマーは最終的に宇宙空間での動作の方が長くなるため、宇宙機としての性能が求められます。宇宙での１００度を超える温度差、放射線やスペースデブリによる損害に耐えるといった宇宙機ならではの設計に踏み込むところまでは至っていません。

こうした意味では開発は端緒に着いたばかりでゴールが見えないとはいえますが、宇宙の世界では同様に長い時間をかけて実用化された例がすでに存在します。最近、人工衛星の推進機関として商用衛星にも搭載が始まった電気推進がそれです。日本では、１９９５年から開発が始まり、２００３年に打ち上げられた小惑星探査機「はやぶさ」の推進機関として、ＮＡＳＡでは１９９８年打ち上げの「ディープ・スペース１」のエンジンとして搭載されています。２０１５年には商用通信衛星ボーイング７０２では衛星の全運用期間を通してイオンエンジンが活用されることとなり、実用化を果たした電気推進ですが、理論による構想は１９５５年からありました。１９６０年代には、米ヒューズ（現・ボーイング）が電気推進エンジンの開発を開始し、ほとんど化学推進ロケットエンジンと同じくらいの歴史を持っています。電気推進エンジンが、実用化に時間を要した一つの理由は、半導体技術の進歩を待たねばならなかったことにあります。とはいえ、１９８０年代以降ムーアの法則に見られる半導体技術の飛躍的進歩が、宇宙を電気のエネルギーで航行する技術にも道筋をつけました。１９５５年、米研究者Ernst Stuhlingerによる“Possibilities of Electrical Space Ship Propulsion.”の発表からディープ・スペース１打ち上げまで43年、ボーイング７０２衛星打ち上げまで60年となります。これを宇宙エレベーター開発に当てはめて考えるならば、１９９１年のカーボンナノチューブ発見を起点にすればディープ・スペース１に当たる研究開発機が２０３４年、７０２衛星打ち上げに当たる商用化が２０５１年となります。大林組構想では、宇宙エレベーター完成時期を２０５０年代としていますが、宇宙の技術的発展の前例を基にして考えれば、意外に同じような道程をたどることもあり得るのでは、と期待しています。

近畿

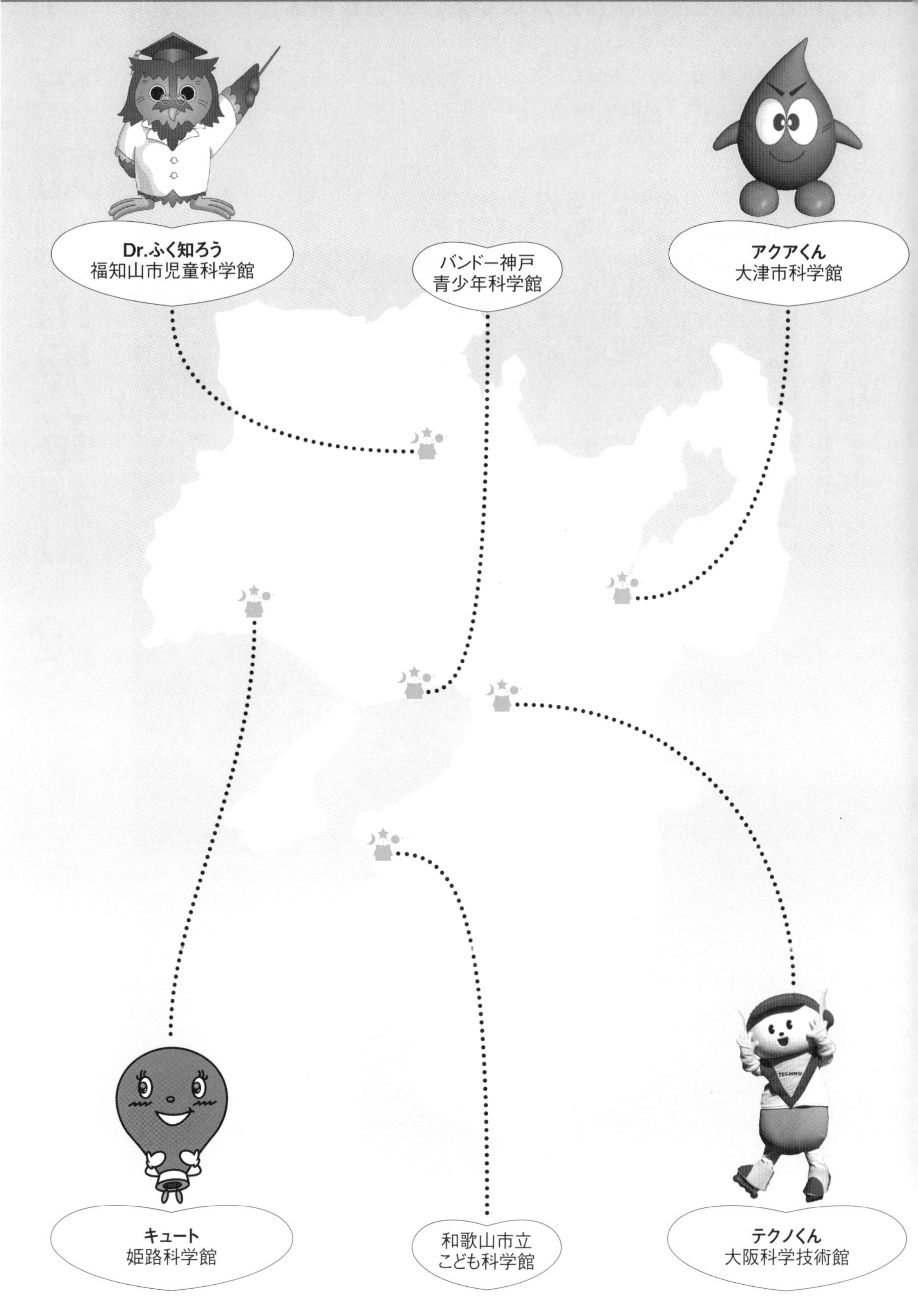
Dr.ふく知ろう
福知山市児童科学館
バンドー神戸
青少年科学館
アクアくん
大津市科学館
キュート
姫路科学館
和歌山市立
こども科学館
テクノくん
大阪科学技術館

体験しながら学べる展示施設を備えています。併設のプラネタリウムは観覧料が無料で幼児から大人まで楽しめる番組などをそろえています。

福知山市児童科学館（児童科学館）

福知山市児童科学館は、21世紀を担うこどもたちが、科学を通じて想像力や情操を養い、「楽しみながら学

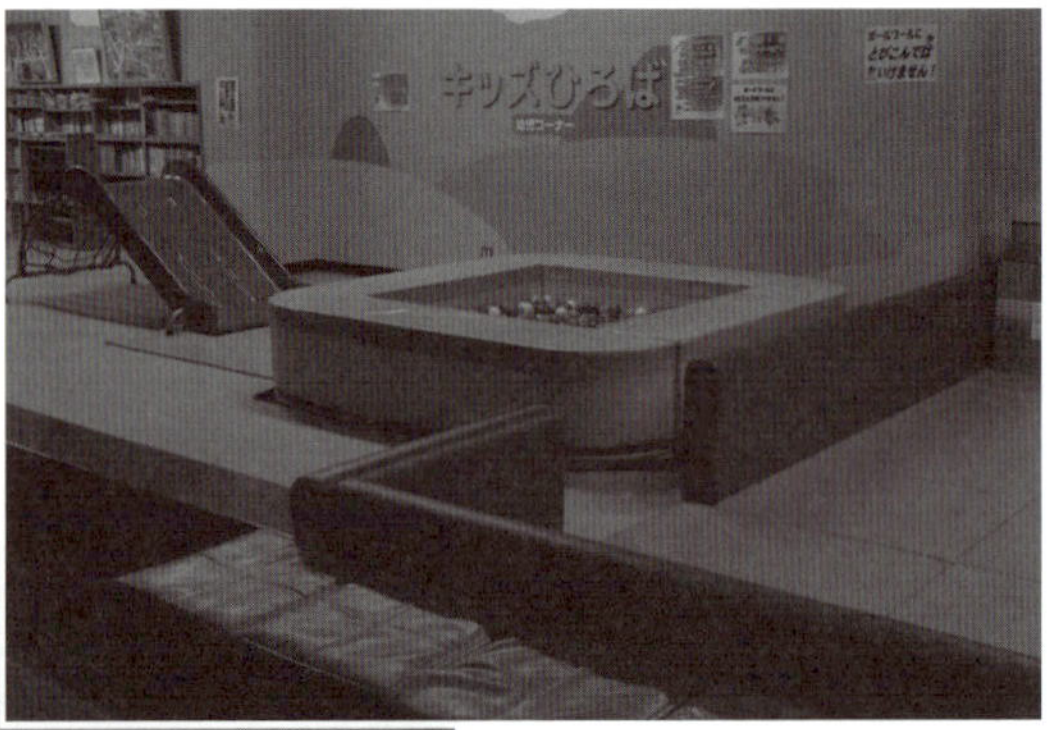

キッズ広場　幼児対象コーナー

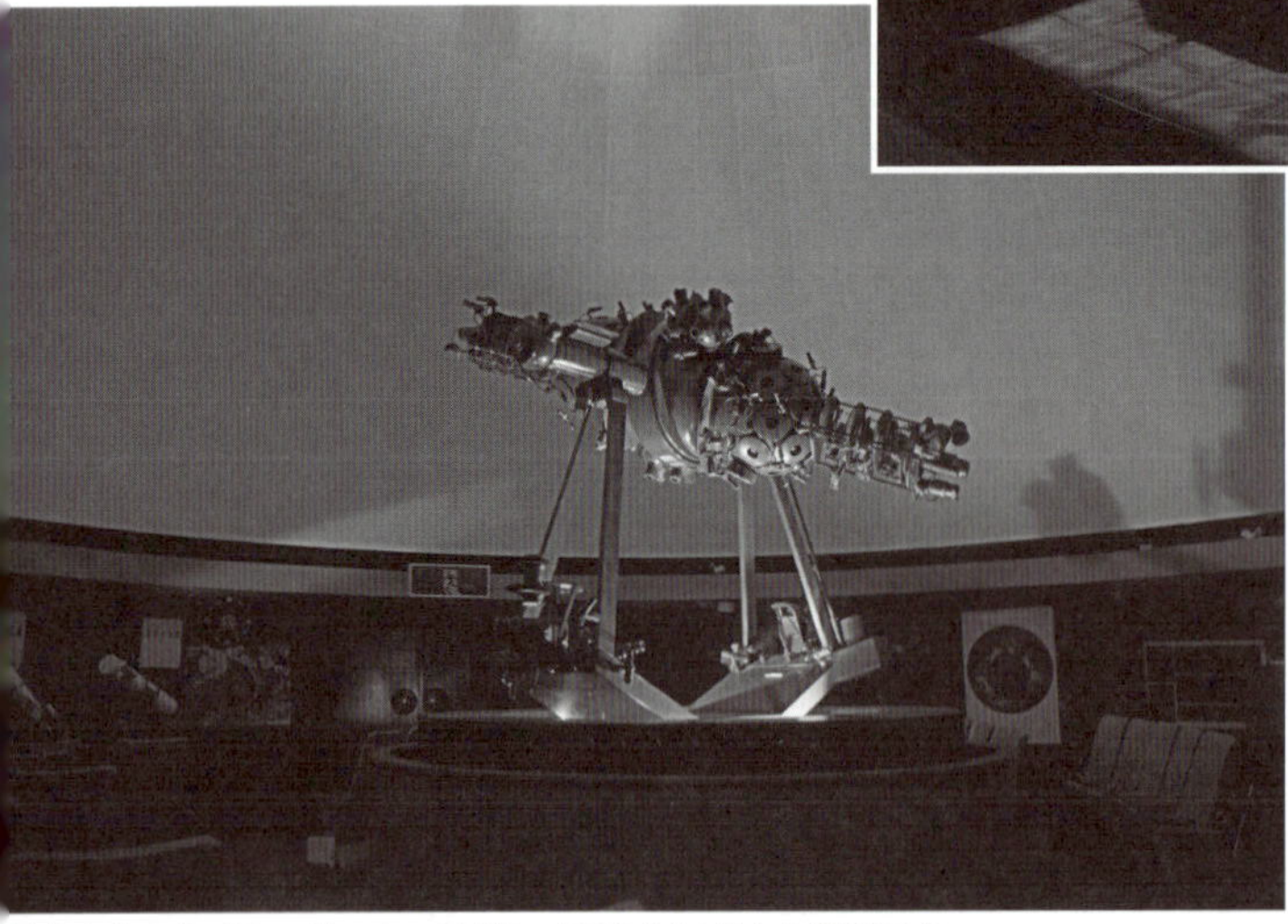

ラネタリウム 10m ドーム、85 席。1985 年 7 月から現役です。

び体験できる科学館」として1985年に開設されました。JR福知山駅より北へおよそ5㎞離れた丘陵地にある三段池公園内に立地しています。

当館では、自然科学展示施設、ボーリング大のボールを動かし運動力学を学ぶ大型遊具の通称「ボールコースター」とともに、プラネタリウムも併設しており、ボールプールやブロックなどで小さいお子さんも安心して遊べる「キッズ広場」などもあり、こどもから大人まで楽しめる施設です。

公園には、広大な無料駐車場も完備し、公園内の大きな池（三段池）を巡る散策路があり、総合体育館や武道館、動物園、植物園をはじめ公園には大型遊具を備えた「わんぱく広場」などの娯楽施設も併設されています。

休日はもとより、平日にも京都府、近隣各県の保育園や幼稚園、小学校から校外学習などの利用者があります。

隣接の三段池総合体育館入り口から入り、連絡通路を通って当館受け付けにつながっております。

見所展示・体験コーナー

宇宙に関する展示は、「宇宙と地球の広場」で月や地球の構造を見ることができる海深地球儀や月球戯の展示している。また、「日本の宇宙開発とロケット」のコーナーでは、JAXA から提供されたH-ⅡAロケットの20分の1の大きさのモデルの展示や、NASDA 提供のスペースシャトルの写真やグッズ、また、小惑星探査機「ハヤブサ」の写真などの展示をしている。

INFORMATION

児童科学館のある三段池公園は、江戸時代に灌漑用の池として築かれたもので、満水時には 4.8ha もの広さになり、池の周辺には約 3000 本の松があり、池周囲の 1.3km の散策道を、春はお花見、夏は水辺の野鳥ウォッチング、秋は紅葉狩り、冬は雪見と四季折々に見所のある公園です。児童科学館に隣接する緑化植物園を中心として、10 月中旬から下旬にかけて毎年「緑化まつり」が開催され大勢の人出で賑わいます。

DATA

- ：福知山市児童科学館
- ：京都府福知山市字猪崎 377-1 TEL 0773-23-6292
- ：9:00～17:00（入館は 16:30 まで）
- 休：水曜日（祝日の場合は翌木曜日）、12/28～1/1
- ¥：大人（高校生以上）：310 円・こども（4 歳～中学生）：150 円
- 駅：【JR】福知山駅より車で 6 分
- ：あり（約 1000 台）無料
- HP：http://www.sandanike-kouen.or.jp/

宇宙飛行士のお話し会などの宇宙関連イベントが満載！

大阪科学技術館（てくてくテクノ館）

大阪科学技術館は、産業界、研究機関などの出展により私たちのくらし中で活かされている、様々な分野における最新の科学技術を体験型のクイズやゲームで楽しく学べる施設として、１９６３年に大阪商工会議所初代会頭五代友厚公邸跡地に開館しました。施設内にある約30のブースはそれぞれ「マテリアル」、「ニューライフ」、「アース」、「インフォメーション」、「エネルギー」の5つのテーマに分かれています。また、展示内容は2年に1回リニューアルをおこなっており、常に最新の科学技術を学ぶことができます。

当館は御堂筋と並んで大阪都市部の要衝を担う四ツ橋筋に面しており、非常にアクセスがよく、また大阪市内でも有数の面積を誇る靱公園にも面しており、入館料も無料のため、科学に深い興味を持つ方だけでな

JAXA ブース

見所展示・体験コーナー

国立研究開発法人宇宙航空研究開発機構(JAXA)のブースでは、世界トップレベルの水準を誇る日本の宇宙開発技術や国際宇宙ステーションについて、模型やゲーム、パネルなどで楽しく学ぶことができます。

ブース中央には日本の主力大型ロケットであるH-ⅡBロケット25分の1模型が展示されており、その両側にはロケットの仕組みを解説する映像が流れています。「きぼう」日本実験棟を模したコーナーには、ロボットアームのシミュレーションゲームや国際宇宙ステーションの紹介パネルがあるほか、壁に付けられた2つの窓をのぞくと、日本の月周回衛星「かぐや」が撮影した月や地球などの映像を見ることができます。

開館50周年記念　古川宇宙飛行士お話し会

く、公園と合わせて来館される方も少なくありません。

宇宙関連のイベントとしては、1993年に毛利宇宙飛行士が来館して以来何度も宇宙飛行士が来館しており、2013年の開館50周年記念時は古川宇宙飛行士に来館いただき、お話し会を開催しています。そのほかにも「宇宙学校」や「JAXAタウンミーティング」、「コズミックカレッジ」などの様々なイベント開催したり、「Spacei」の情報コンテンツを常時上映したりしています。

DATA

- ：大阪科学技術館
- ：大阪府大阪市西区靱本町 1-8-4
  TEL 06-6441-0915
- ：10:00～17:00(日曜・祝日は 16:30 まで)
- 休：無休　※お盆期間、年末年始、ほか臨時休館日あり
- ¥：無料
- 駅：【地下鉄四つ橋線】本町駅より徒歩３分／【地下鉄御堂筋線】本町駅より徒歩７分
- ：なし　※団体見学のみあり、要事前予約
- HP：http://www.ostec.or.jp/pop/

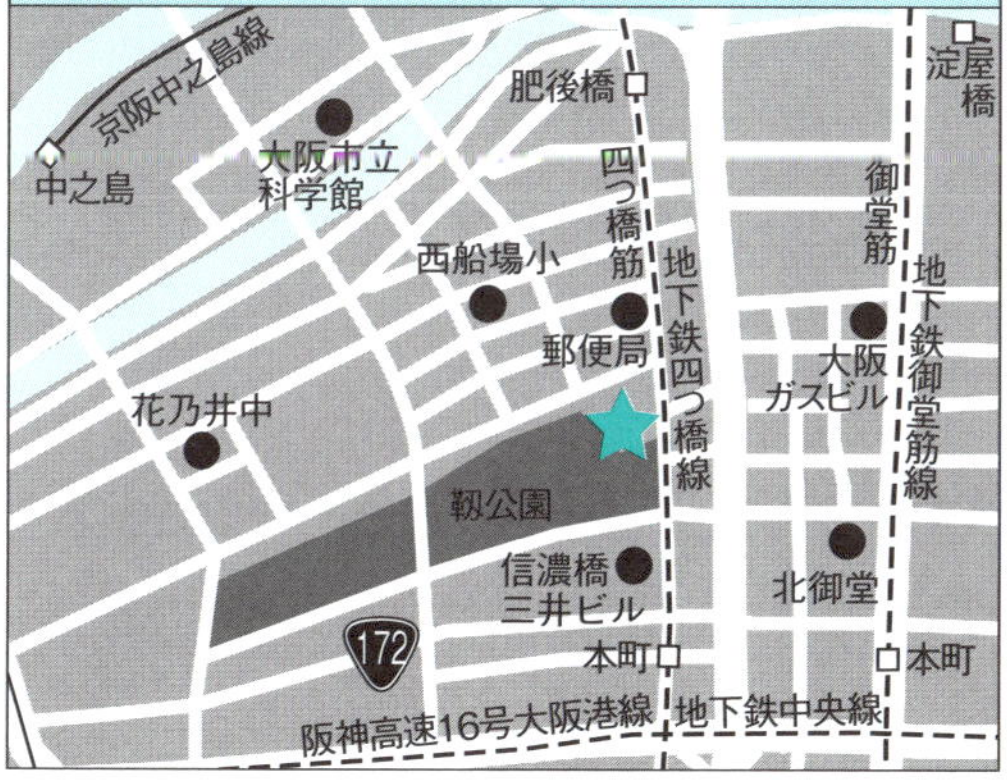

INFORMATION

日曜日は電気・空気・温度などの科学実験ショーや、工作教室を開催しています。さらに春・夏・冬休みは企業や研究機関などから講師を招き、実験教室などを開催しています。そのほか、日本人のノーベル賞受賞などの科学に関する大きな出来事があったときは、時期を問わず特別イベントなどを開催することがあります。

神戸でいちばん星空に近い場所 KOBEプラネタリウム

バンドー神戸青少年科学館（神戸市立青少年科学館）

プラネタリウム

4展示室

神戸で唯一のプラネタリウムがある施設、「バンドー神戸青少年科学館」は、「ふれる・つくる・つながる」をコンセプトに、体験型展示やワークショップ、科学教室などを通して、科学や宇宙の不思議を体験しながら楽しく学べる科学館です。館内には6つの展示室があり、時空ホッパーや、ハンググライダーなどのアトラクションも体験できます。また、科学への興味を高める「科学実験ショー」や、口径25㎝屈折大望遠鏡「たいよう」で、太陽の黒点やプロミネンスを観測することができる天体観測を毎日開催しています。プラネタリウムは、「神戸でいちばん星空に近い場所」として、直径20mのドームに広がる星空間に約2万5000個の星を映し出し、子どもから大人まで楽しめるオリジナル番組や、季節の星空解説を投映します。

２０１６年春にはプラネタリウムが全席ワイドにリクライニングシートへ生まれ変わり、第4展示室は「神戸の科学と技術」をテーマに全面リニューアル。第5展示室は「生命の科学」をテーマに最新医療を中心とした展示が新たに加わりリニューアルオープンしました。

見所展示・体験コーナー

開館 30 周年を記念して、2015 年３月 27 日第３展示室は、「宇宙と地球」をテーマにした展示にリニューアルしました。「時空ホッパー」「探究のトビラ」「地球探査スコープ」の３つの新しいアイテムが脳と心を刺激します。

幅 15m × 高さ 7.8m の大型映像を活用した日本初の浮遊体験型アトラクション「時空ホッパー」では、臨場感あふれる宇宙空間の中で３つのミッション（銀河系調査、地球内部調査、地球の歴史調査）に挑戦します。

50 インチのタッチパネル情報端末「探究のトビラ」では、宇宙ステーション、深海の生物、生命の誕生など、約 70 項目の検索が可能で、時空ホッパーのミッションをより深く追求します。

また、実際の映像と CG のシンクロ画像が観測できるフシギ展望鏡「地球探査スコープ」では、地球と宇宙の境界や、大陸の移動など、大地球儀に隠された４つのアイテムの謎を解き明かします。

DATA

- ：バンドー神戸青少年科学館（神戸市立青少年科学館）
- ：兵庫県神戸市中央区港島中町 7-7-6
  TEL 078-302-5177
- ：9:30～16:30（月～木）、9:30～19:00（金・土・日・祝／春・夏休み）
- 休：水曜日（祝日の場合は翌日）、年末年始、館内調整日
- ¥：大人（18 歳以上）：600 円・小中高生：300 円・幼児：無料　※プラネタリウムは別料金
- 駅：【神戸新交通】三宮駅より北埠頭方面行きポートライナーにて 12 分、南公園駅下車、徒歩３分
- ：なし
- HP：http://www.kobe-kagakukan.jp/

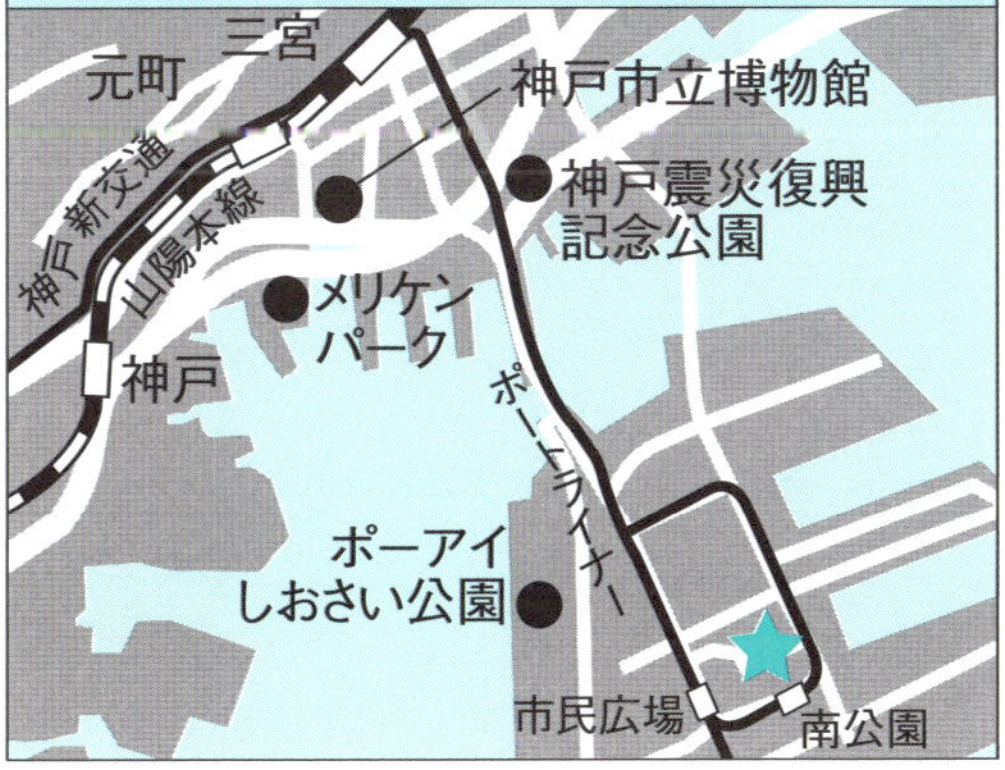

INFORMATION

毎月第３金曜日には「アロマプラネタリウム」を実施。毎月第４土曜日には「ママ・パパ、ベビーのためのプラネタリウム」を実施。毎月第２土曜日、第４日曜日には「お楽しみ工作屋台」を実施。毎月１回、星空を望遠鏡で観望する「星空ウォッチング」を実施。年に１度 11 月には「熟睡プラネタリウム」を実施。

姫路城だけじゃない！
科学の展示とプラネタリウム‼

姫路科学館（アトムの館）

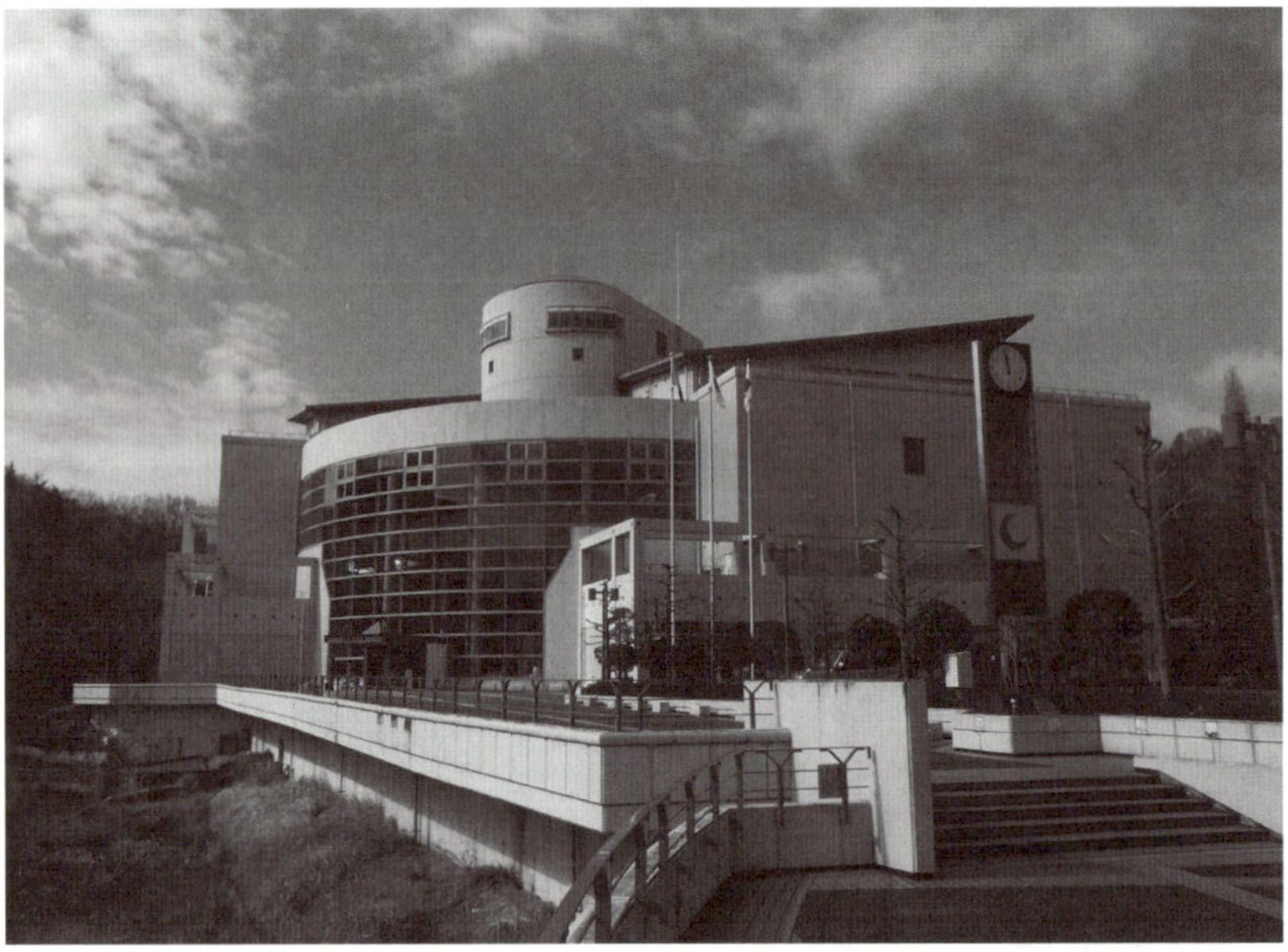

姫路科学館は姫路駅から西に約７㎞の緑豊かな桜山公園にあり、「私たちの宇宙」、「身のまわりの科学」、「地球と郷土の自然」の３フロアに分かれた常設展示と、

身のまわりの科学

たちの宇宙

見所展示・体験コーナー

「実験体験」「本物体験」を重視する常設展示は、「私たちの宇宙」でも、「ブラックホール」、「無重力テーブル」、「光の分解」、「光のテーブル」などの展示装置で、宇宙や天体観測に関係したことがらを「実験体験」できます。また、太陽望遠鏡が映し出す直径 1.4m の太陽像や隕石などの「本物体験」のほかに、「1000 億分の 1 の太陽系」やガラスにレーザーで彫刻した「私たちの銀河系」などで宇宙の広がり感、2000 分の 1 の小惑星イトカワの模型などで宇宙の姿に触れることができます。

土・日・祝日の正午からは、スペースシアターで天文専門職員によるワンテーマトーク「宇宙と星のおはなし会」もあります。

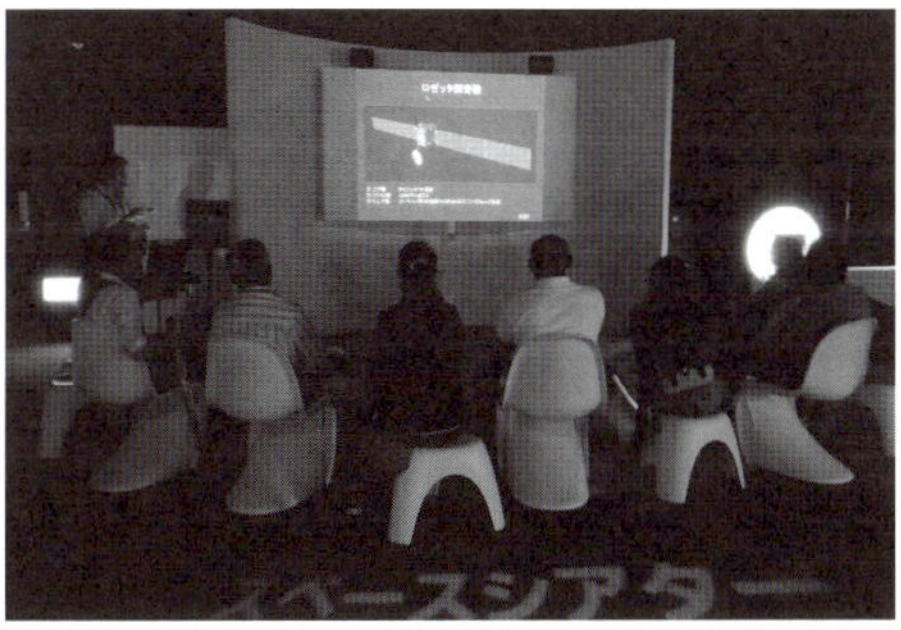

直径27mドーム（世界第5位）のプラネタリウムを持つ総合科学館です。1993年に開館し、2009年8月に常設展示を、2013年3月にはプラネタリウムをそれぞれリニューアルしました。

常設展示は「実験体験」と「本物体験」を基本コンセプトにしており、同じ展示装置でも、条件を変えると毎回違う結果になることを確かめられる「実験」が人気です。体験型の展示以外に、昆虫、鳥類、化石などの多数の自然史系標本を通して、地球の歴史や生物の多様性に触れることができます。常設展示では、サイエンスショー、化石タッチング、「おはなし会」などを通して、お客様とスタッフとのコミュニケーションも大切にしています。

プラネタリウムは、大型スクリーンに映し出される美しい星空と解像度4Kの全天周デジタル映像システムにより、生解説45分間の「星空案内と宇宙の話題」、または、短い生解説と全天周映像がセットになった「全天映画」をお楽しみいただけます。

DATA

：姫路科学館
：兵庫県姫路市青山 1470-15
TEL 079-267-3001
：9:30～17:00（入館は 16:30 まで）
休：火曜日、祝日・休日の翌日（土・日・祝日は開館）、年末年始
¥：一般：500 円・小中高校生：200 円
※プラネタリウムは別料金
駅：【JR】姫路駅よりバスで 20 分、「星の子館前」下車すぐ
：あり（70 台）無料
HP：http://www.city.himeji.lg.jp/atom/

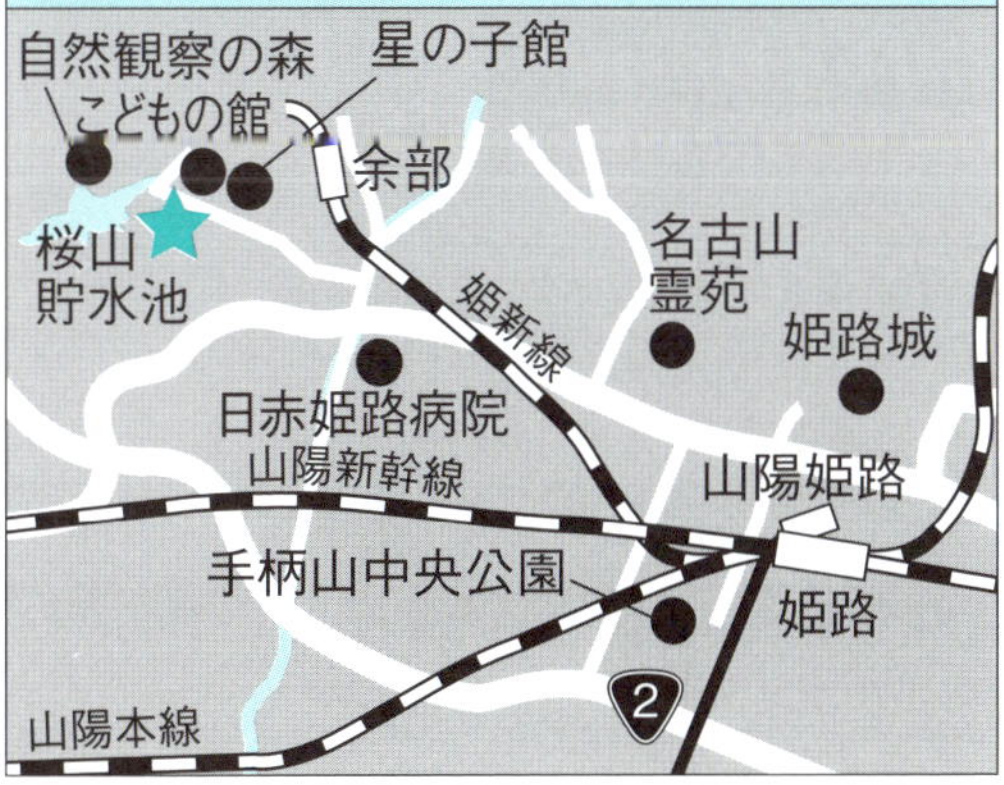

INFORMATION

姫路科学館のある桜山公園には、口径 90cm 反射望遠鏡がある「星の子館」や散策路が整備された「自然観察の森」もあって、姫路科学館の「科学の展示とプラネタリウム」のほかに、夜の天体観察、野鳥や植物の観察など、いろいろ体験できます。姫路城とセットにすると、大人も子どもも１泊２日たっぷり楽しめますよ。

大津市科学館

きれいなプラネタリウムと展示ホールで科学が楽しめますよ。

大津市科学館は、１９７０年、におの浜の琵琶湖博覧会のテーマ館後に、青少年の科学教育の振興を図るため開館しました。その後、展示ホール、プラネタリウム、天文ドーム、実験室などを設けて、滋賀県唯一の科学館として利用頂いています。

プラネタリウムは２０１２年に、デジタル方式になり、ドームいっぱいの迫力ある全天周映像を楽しめます。また、展示ホールは２０１３年に、最新の科学的体験のできる展示物を多く設置し、リニューアルしました。２階は宇宙から見た地球や琵琶湖の自然が学べるコーナーなどがあり、３階では科学の基礎が体験できます。

小さい科学館ですが内容は大きく、夢もいっぱいです。

見所展示・体験コーナー

☆宇宙体重計☆　地球以外に、月、火星、木星、土星などの星での体重がわかるよ。

☆三球儀☆　太陽、地球、月の関係、四季ができるしくみがわかるよ。

☆プラネタリウム展示☆　過去に使用していた機器、MS-10、インフィニウムガンマを展示。

☆アストロギャラリー☆　美しい天体写真を展示。

INFORMATION

サイエンス屋台村は、科学実験・工作ができるブースがたくさんあり、科学のふしぎや面白さを体験できます。夏休みに実施予定。毎週土日祝の 13:10 ～ 13:30 はわくわくサイエンスを実施します。科学実験や工作を日替わりでおこなっています。プラネタリウムは生解説で実施。星座物語と天文話題は科学館オリジナルです。

DATA

- ：大津市科学館
- ：滋賀県大津市本丸町 6-50　TEL 077-522-1907
- ：9:00～16:30
- 休：月曜日（祝休日の場合は翌平日）、第３日曜日、12/29～1/3
- ¥：大人・小中高校生：100円　※プラネタリウムは別料金
- 駅：【JR びわ湖線】膳所駅より徒歩 20 分／【京阪電鉄石坂線】膳所本町駅より徒歩７分
- ：あり（97 台）無料
- HP：http://www.otsu.ed.jp/kagaku/

和歌山市立こども科学館

たんけん宇宙広場など楽しい科学のふしぎ体験満載の科学館。

なぜ？　どうして？　と考えることで科学の力が身につきます。当こども科学館には、ふしぎなそしておもしろい展示物がたくさんあります。ふしぎなこと、おもしろいことを体験して、かくれている科学について考えてみましょう。

１階エントランスホールでは、「たんけん！宇宙広場」がお客さまをお迎えします。郷土の自然コーナーには和歌山市とその周辺の自然に関する展示があります。２、３階では、楽しく体験しながら物理の原理が学べます。４階のプラネタリウムでは、光学式投影機による「本日の星空解説」に加え、全天周映写機で楽しい番組を投映しています。

見所展示・体験コーナー

１階の「たんけん！宇宙広場」は、宇宙ステーション型の遊べる科学展示です。レンズやプリズムなどが付いた窓で不思議な体験をしたり、宇宙望遠鏡で遠くの星雲を見ることもできます。また宇宙マイクやロケット発射装置、宇宙コースターなどもあって、子どもに人気です。天井には、地元和歌山県出身の有名なアーティスト池下章裕さんの巨大なスペースアートを３枚展示しています。また、和歌山大学教授の永沼理善さんの制作した重力で動く「ふしぎな宇宙船」も展示しています。

２階のスペースレーシングは自転車をこいで月、火星、木星へと進みます。土星にゴールするとあなたのパワーが何ワットかわかります。３階からプラネタリウムに向かう階段には、これまでに探査機が撮影した太陽系の惑星の展示があり、４階には職員自作のはやぶさ探査機や旧和歌山天文館で使われていた金子式プラネタリウム投影機（日本で唯一現存）の展示もあります。

INFORMATION

1981 年に開館してから職員が研究したことを自作した展示もたくさんあって親しみやすい科学館です。「９歳までに身につけたい科学」教室など実験観察などのイベントも多いので行事は要チェック。

DATA

：和歌山市立こども科学館
：和歌山県和歌山市寄合町 19
TEL 073-432-0002
：9:30〜16:30
休：月曜日（祝日のときは翌日）、12/29〜1/3
¥：高校生以上：300 円・小中学生：150 円、幼児：無料　※プラネタリウムは別料金
駅：【JR、南海電鉄】和歌山市駅より徒歩 10 分
：あり（８台）無料
HP：http://kodomo123.ec-net.jp/biz/index.htm

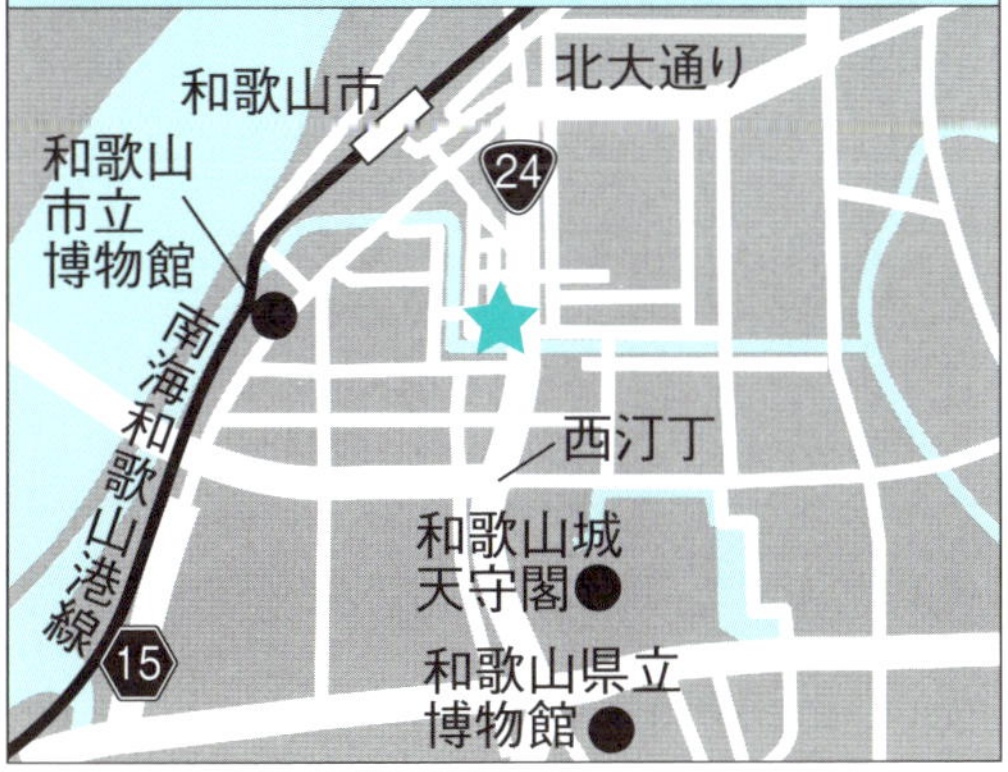

宇宙をめぐる旅に出かけよう

国立天文台チリ観測所　教授／所長
阪本成一

地球に生まれた私たち人類は、遠い昔から空を見上げ、その先に広がる宇宙に思いを馳せてきました。そして約４００年前に手にした望遠鏡という道具を通じて、月のクレーターや金星の満ち欠け、木星の衛星などを知り、地球が宇宙の中心ではないことに気づきました。

望遠鏡の性能が高まるごとに、これまでに見ることのできなかった宇宙の姿が明らかになり、宇宙観が広がりました。静かで永久不変のように考えられていた宇宙は、エネルギーと活動性に満ちたものでした。いまではすばる望遠鏡やハッブル宇宙望遠鏡などの巨大な光学赤外線望遠鏡や、アルマをはじめとする電波望遠鏡、さらにはX線天文衛星などが、力を合わせて宇宙の謎に挑んでいます。そして、この宇宙には私たちが知る通常の物質はごくわずかしかなく、暗黒物質と、さらに多くの比率を占める暗黒エネルギーに満ちていることも分かってきました。また、太陽系の外に数千もの惑星が発見され、その中には地球に似たものも見つかってきています。これらはどれも、最近20年ほどの間に明らかになってきたことです。

一方で人類は、ロケットという飛翔体を作り上げ、空のその先の宇宙へ、さまざまな装置や私たち人類の代表を送り届けることに成功しました。世界初の人工衛星スプートニクの打ち上げ成功が１９５７年10月、そしてガガーリンを乗せた世界初の有人宇宙飛行はそのわずか3年半後の１９６１年４月のことです。米ソという2大大国の競争に端を発した宇宙開発競争により、１９６９年7月にはアメリカが豊富な資金と人的資源を背景にアポロ11号で有人月探査を成功させ、１９７０年９月にはソ連もルナ16号で無人での月の表面物質の回収に成功しています。

国力を示すための手段でもあった有人宇宙開発は、東西冷戦の終結とともに競争から協調路線へと転換します。１９９８年からはアメリカ、ロシア、日本、欧州宇宙機関（ＥＳＡ）加盟国およびカナダの合計15か国の国際協力によって、国際宇宙ステーションの建設が進められました。国際宇宙ステーションは、数十回の打ち上げと2回の悲惨なシャトル事故を乗り越えて２０１１年にようやく完成し、巨大な宇宙の実験室として運用されています。宇宙での生活は、人類が宇宙に滞在することの困難さと同時に、文化や人種や国境の壁を越えて協力することの大切さや、私たち生命を育んだ地球の美しさを教えてくれました。上空わずか４００㎞のところを周回する国際宇宙ステーションの中では、数名の宇宙飛行士が約半年交代で、地上からの支援を受けつつ、地上では行うことが難しいさまざまな実験や、保守作業などを行っています。今後、月での有人

（さかもと・せいいち）
1965年、東京都出身。東京大学大学院理学系研究科博士課程修了。博士（理学）。専門は電波天文学と科学コミュニケーション。国立天文台助手・助教授を経て、前任のJAXA宇宙科学研究所では7年4か月にわたり広報担当教授として小惑星探査機「はやぶさ」や月周回衛星「かぐや」などの宇宙科学研究の広報普及を統括。2014年8月からは国立天文台に戻り、国際協力で運用されている世界最大の電波望遠鏡“アルマ”の中心メンバーとして活躍している。東京大学在学中にはボート部の主将を務め、学生日本代表にもなった「体育会系天文学者」。

基地の建設が計画されており、遠い将来には火星での有人基地の建設も進められるかもしれません。

　月よりも遠い太陽系の天体には、数多くの無人探査機が挑んでいます。アメリカの冥王星探査機ニューホライズンズは、２０１５年7月に太陽系の外縁部にある冥王星に到着し、その姿を克明に描き出しました。２０１４年末に打ち上げられた日本の小惑星探査機「はやぶさ2」は、「はやぶさ」に続いて小惑星の表面物質の回収と、それを通じて地球や生命の起源に迫ることを目指しています。日欧共同で２０１６年度打ち上げ予定の水星探査機ベピコロンボは、太陽に最も近い惑星である水星の謎を解き明かすことでしょう。

　このように急ピッチで進む宇宙開発を見れば、仮に人類が地球を壊してしまったとしても、月や火星などのほかの星に移住すれば生き延びられるだろうと期待する人もいるかもしれません。しかし私はそれはナンセンスだと思います。文明を維持するに足る数の人類が住むことのできる場所は地球以外にはありません。火星の表面積は地球の約4分の1、月に至ってはわずか十数分の1です。もし人類が月や火星などを住めるように変える力を持つならば、その前に地球の砂漠や極域、海上や海中、さらには地底や海底までをも有効利用することができ、地球を破壊する前に修復することもできるはずです。宇宙は逃げ込めるほど甘いところではありません。

　宇宙は人類にとって、探求し挑戦する場であると同時に、地球の恵みを再発見するための場でした。私たちは、宇宙を探り、あるいは宇宙に出ることではじめて、地球のことを真の意味で理解することができます。ちょうど日本を離れて外国に旅に出ることではじめて、日本の真の魅力に気づくことができるように。

　宇宙の探求と宇宙への挑戦は、いまも休むことなく続けられています。科学館で最新の宇宙の研究開発に触れ、私たち研究者とワクワク・ドキドキを共有しませんか？

月周回衛星「かぐや」がとらえた月面と地球。地球が暗黒の宇宙に浮かぶ小さなオアシスの島であることを教えてくれる。右手前に見える窪地はシャクルトンクレーターで、将来の有人月面基地の候補地の一つである。©JAXA/NHK

京都大学宇宙総合学研究ユニット　特定教授
土井隆雄

宇宙に飛び出してまず初めに感動するのが、宇宙から見る地球の美しさだ。

青い海原の上に白い雲がたなびき、宇宙と地球のゆるやかに曲がっていく境界には、青い透き通った光を放つ薄い層が見える。ああ、これが地球のすべての生命を守り育んでいる大気層なんだと実感する。でも、それはなんと薄いのだろう。

地球は青と白に輝き、宇宙はどこまでも真っ黒だ。太陽は純白の光を放ち、とても肉眼で直視できない。宇宙ステーションは銀色に輝き、宇宙に存在しているすべての物が、その存在を訴えかけてくる。そうしなければ、宇宙の無限の中に、その存在が失われてしまうのを恐れるかのようだ。

眼下を雪の被ったヒマラヤの山々が通り過ぎたと思ったら、南太平洋の珊瑚礁に囲まれた小さな群島が見えてきた。赤茶けて少し黄色な巨大な砂漠、サハラ砂漠の上を通り過ぎるのは少し時間がかかる（写真1）。細い青緑色の細い筋は、砂漠の中を流れる川とオアシスのつながりだ。突然、海に出たと思ったら、今度は大きな島の上を飛んでいる。どこだろうと思って地図を見たらマダガスカル島だった。

宇宙に行くと何故地球のいろいろな場所が見えるのだろう。

それは、宇宙ステーションが軌道という宇宙に引かれた特別な楕円形の道の上を飛んでいるからだ。軌道の中心は、地球の中心だ。しかもその軌道は、地球の赤道から傾いている。宇宙ステーションの軌道の傾きは52度だ。この軌道の傾きが意味するのは、宇宙ステーションが一番北に来た時は北緯52度の地点、一番南に来た時は南緯52度の地点の上を飛んでいるということだ。だから宇宙ステーションに乗っていると、北緯・南緯52度の地点の間のすべての場所を見ることができる。

もうひとつの宇宙の軌道の特徴は、軌道が決まるとその上を飛ぶ速度も決まってしまうことだ。軌道速度は、大きな宇宙ステーションも小さな人工衛星も変わらない。例えば、宇宙ステーションが飛ぶ高度４００キロメートルの軌道速度は秒速8キロメートル。これは、すごく早いスピードだ。東京から大阪まで行くのに1分しかかからない。地球はとても大きいけれど、秒速8キロメートルで飛ぶ宇宙ステーションは地球を一周するのに90分しかかからない。だから宇宙ステーションから地球を見ていると、地球のいろいろな場所を次々と見ることができる。同時にとても不思議なことが起こる。宇宙では日出と日没が45分ごとに繰り返される。

宇宙に行って最も驚くのは、無重力だ。

宇宙ステーションの中で、すべての物が浮いている。それは、とても不思議で楽しく、おとぎの国に来ているような錯覚に落いる。上下の区別の無い世界に慣れるのには、少し時間がかかる。慣れてしまうと、自分で自由に上と下の区別が作れるようになる。もっと慣れてしまうと、上と下の区別をする必要さえも無くなる。自分に対して逆さになっている人と会話をするのにも慣れてしまうのだ（写真2）。

宇宙での生活

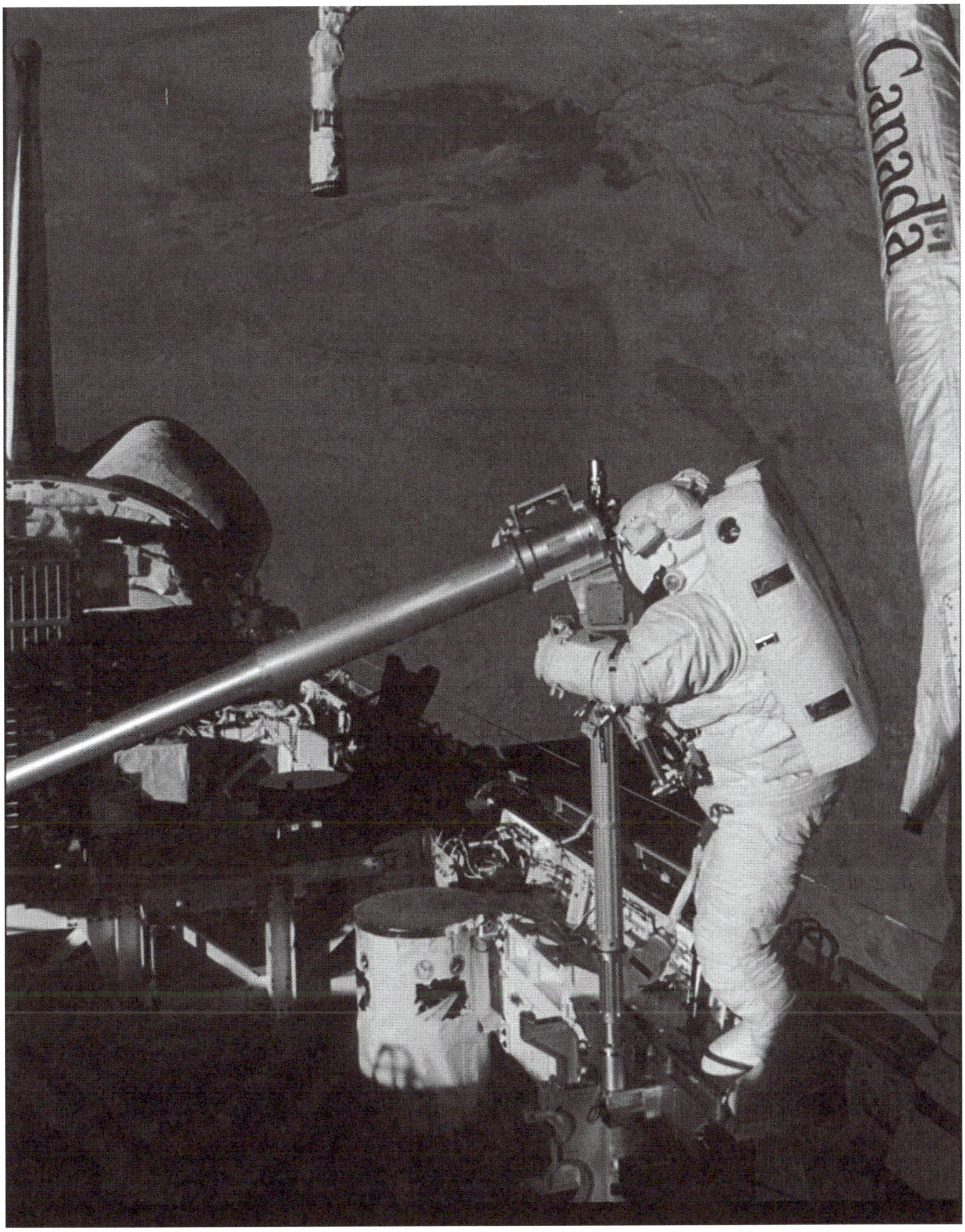

写真１：Doi.EVA.STS-87: 宇宙遊泳、サハラ砂漠　© NASA

宇宙で食事をするのはいつも楽しい。

アメリカ、ロシア、ヨーロッパ、そして日本で作られたいろいろな宇宙食が食べられる。ほとんどの宇宙食は、脱水された食べ物がプラスチックの容器に入れられていて、宇宙で水やお湯を足して食べられるようになる。ぼくが好きだったのは、温かなお米のご飯（写真3）と日本製のスペースラーメンだった。スペースラーメンは、麺が直径2センチメートルくらいのボール状に固められていて、それがプラスチック容器の中にいくつも入っている。そこにお湯を注いでスープを作ると、なんとスープがボール状の麺の中に閉じ込められて、無重力の中でも周りに飛び散らない。すごい発明だ。麺ボールを口の中に放り込んで噛むと、その中からスープが出てきて本当にうまい。

宇宙での睡眠時間は8時間。

寝袋の中に入って眠る。無重力の中では、身体を固定しておかないと、どこかに漂って行ってしまうから注意が必要だ。初めて宇宙に行って寝ようとした時に、困ったことがあった。それは枕が使え無いこと。地上では、重力によって頭が枕に丁度良く押さえつけられるのだが、宇宙では枕も頭も浮いている。だから宇宙用枕には、頭を固定するためのベルトが付いているのだが、使い心地はとても悪い。でも心配

ISS016E033690

写真２：Doi.CrewPhoto.STS-123: 宇宙での記念撮影　© NASA

(どい・たかお)

宇宙飛行士。1954 年、東京都出身。工学博士（東京大学／宇宙工学)。理学博士（ライス大学／天文学)。1985 年、日本人宇宙飛行士第一期生に選ばれる。1997 年、スペースシャトルコロンビア号（STS − 87 ミッション）に搭乗し、日本人初の船外活動を行う。2008 年、スペースシャトルエンデバー号（STS − 123 ミッション）に搭乗し、日本宇宙ステーション「きぼう」の建設に参加する。2009 年、国連宇宙応用専門官に就任。2016 年より、現職。

写真３：Doi. Flaglunch.STS-87: 日の丸弁当　Ⓒ NASA

ご無用。無重力に慣れてしまうと宇宙枕もいらなくなってしまった。

宇宙のトイレは西洋式トイレだ。

地上のトイレとの一番大きな違いは、トイレの小便や大便を貯める所が、真空に引けるようになっていること。だからトイレを使う時にいつも空気が外から流れ込んできて、小便や大便が外に漏れ無いようにできている。匂いも全くしない。宇宙ステーションでは、小便はフィルターを通してきれいにされて、飲料水として再利用される。大便は脱水されて保管される。慣れてしまうと、宇宙トイレも地上のトイレを同じように快適に使うことができる。

人間の適応力の素晴らしさ

宇宙に一週間もいると、地上とまったく変わらずに宇宙で生活している自分を発見して驚いてしまう。食べることも、寝ることも、仕事をすることも、宇宙で快適にできてしまう。人間の身体の適応能力は、なんとすごいのだろう。人間は地球で生まれたけれども、人間の身体は宇宙に進出できるように作られているのだ。

JAXA 宇宙科学研究所　准教授
吉川　真

日本の宇宙開発の歴史を遡ってみると、そのスタート地点は、糸川英夫博士によるペンシルロケットと言ってよいであろう。1954年に開発が始まり、1955年に発射実験が行われた。全長わずか23㎝のロケットであるが、まさに日本の宇宙開発の幕開けである。それから15年後の1970年、日本初の人工衛星が誕生する。1970年2月11日に打ち上げられた「おおすみ」である。その後、次々と人工衛星が打ち上げられ、日本も人工衛星時代に突入した。そして、さらに「おおすみ」から15年後、今度は日本初の惑星探査機が誕生する。アメリカ、ロシア（旧ソ連）に続いて、日本も惑星探査に乗り出したのである。ここでは、日本の月・惑星探査ミッションについてまとめてみることにする。

「さきがけ」と「すいせい」

1985年、日本初の惑星探査機が打ち上げられた。「さきがけ」と「すいせい」である。「さきがけ」は1月8日に、また「すいせい」は8月19日に、M-3SⅡロケットによって打ち上げられた。これら2つの探査機の外観はほぼ同じであり、質量は140kgほどである。打ち上げ後、地球の引力圏を脱出し、76年ぶりに回帰してきたハレー彗星へと向かっていき、太陽風や磁場などの観測を行った。ちなみに、「さきがけ」の方は、1999年1月まで運用が行われており、長寿命の探査機となった。

さきがけ　© JAXA

「ひてん」

次の月惑星探査ミッションは、1990年1月24日にM-3SⅡロケットによって打ち上げられた「ひてん」である。「ひてん」は197kgの衛星で、月スイングバイを行ったり、地球によるエロブレーキ実験を行ったりした。また、「はごろも」と命名された小さな衛星を分離して、月周回軌道に投入することにも成功した。そして、最終的には「ひてん」本体も月周回軌道に投入され、1993年4月に月面に落下するまでミッションが継続した。「ひてん」は、月惑星探査に必要となる軌道制御技術を体得した衛星である。

「のぞみ」

1998年7月4日、火星探査機「のぞみ」が、M-Vロケットによって打ち上げられた。「のぞみ」は540kgほどの探査機で、火星周回軌道から火星の大気などを調べる予定であった。しかし、いくつかのトラブルに遭遇し、最終的には2003年末に火星の近くを通り過ぎてしまい、火星周回軌道に乗ることはできなかった。「のぞみ」の運用は、深刻なトラブルをいろいろな工夫によって解決しながら行われていた。本来ならば注目されるべきミッションなのであるが、最終的に火星周回軌道に乗ることができなかったので、失敗として片付けられてしまって

日本における月・惑星探査の歴史

いるところが残念である。この「のぞみ」の経験が、続く「はやぶさ」などのミッションに生かされている。

のぞみ　Ⓒ JAXA

「はやぶさ」

「のぞみ」の次が「はやぶさ」である。２００３年5月9日にM-Vロケットによって打ち上げられた。「はやぶさ」（質量約５１０kg）については、非常に多く語られているのでここで新たに付け加えることはないが、今思い出すと、とにかく夢の中のようなミッションだった。小惑星イトカワを初めて詳細に見たときの驚き、タッチダウンの興奮と、続く通信途絶での落胆。そして、地球帰還（２０１０年6月13日）の感動。これほどまでにドラマチックなミッションは空前絶後なのではないかと思えるほどである。また、冷静に科学や技術を振り返ってみても、「はやぶさ」が日本あるいは世界にもたらした影響は非常に大きいと言える。ちなみに、目的地の小惑星の名称である「イトカワ」は、糸川英夫博士に因んで、「はやぶさ」打ち上げ後に名付けられたものである。糸川先生がペンシルロケットの発射実験を行ってからちょうど50年後の２００５年に、「はやぶさ」が小惑星イトカワに到着したわけである。

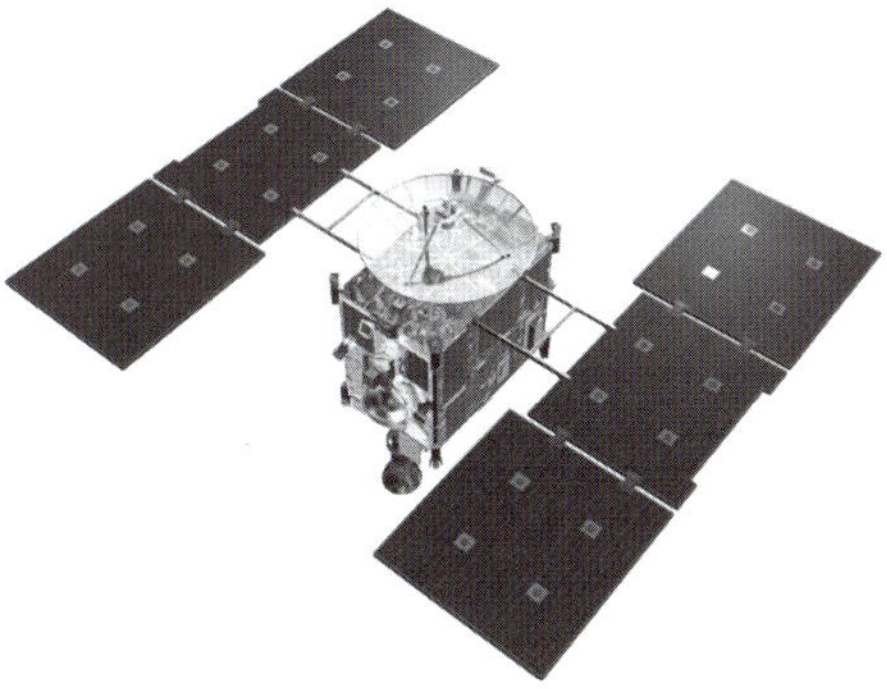

はやぶさ　Ⓒ JAXA

「かぐや」

「はやぶさ」が地球帰還へと飛行していた２００７年9月14日、「かぐや」が打ち上げられた。初めてH-ⅡAロケットを使った月惑星探査機の打ち上げである。「かぐや」は重さが3トンもあるような大きな衛星で、15の観測装置を搭載して月を周回し、非常に多くのデータを取得した。とりわけハイビジョンカメラで撮影された鮮明な月と地球の映像は、多くの人々を魅了した。また、「かぐや」にはRSATとVRADという2つの小さな衛星が搭載されており、これらも月周回軌道に投入された。それぞれ、「おきな」、「おうな」という名前が付けられている。「かぐや」は２００９年6月に月面に制御落下しミッションを終了した。

「あかつき」

続く打ち上げが２０１０年の「あか

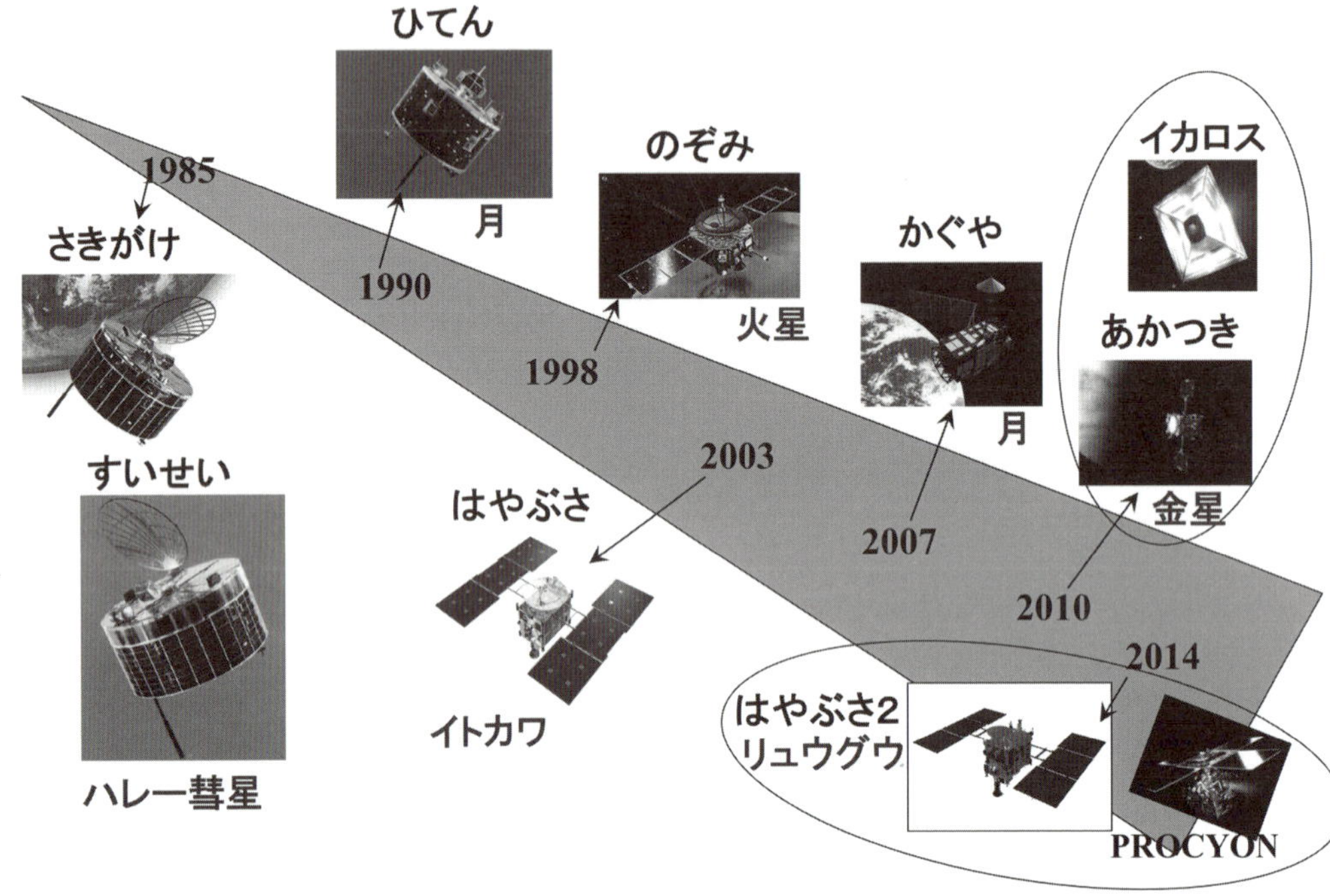

これまでに打ち上げられた日本の月惑星探査機
線で囲んだものは、同じロケットで同時に打ち上げられたことを示す。
PROCYON 以外　Ⓒ JAXA、PROCYON　Ⓒ 東京大学/JAXA

つき」である。「あかつき」（質量500kg）は、「はやぶさ」が地球に帰還する直前の5月21日に、H-ⅡAロケットで打ち上げられた。予定では、同年の12月7日に金星周回軌道に乗ることになっていた。しかし、メインエンジンの故障により周回軌道に乗ることができなかった。しかし、その後も運用は継続され、ちょうど5年後となる2015年12月7日に、姿勢制御用のエンジンを用いて金星周回軌道に乗ることができたのである。「あかつき」の金星周回投入時の軌道は、金星に最も接近する高度が約400kmで、最も遠ざかるときが約44万kmという長楕円軌道になっている。「あかつき」は、金星を周回しながら5つのカメラで金星を調べることになる。

「イカロス」

「あかつき」と一緒に打ち上げられた「イカロス」は、世界初のソーラーセイル探査機（質量310kg）である。一辺の長さが14mの正方形をした薄いシートを展開して、太陽輻射圧によって軌道を変えていくというまさに宇宙ヨットである。その薄いシートには、

（よしかわ・まこと）
1962年、栃木県栃木市出身。東京大学大学院理学系研究科博士課程修了。博士（理学）。専門は天体力学。旧郵政省通信総合研究所（現在の情報通信研究機構）の主任研究官を経て、1998年から宇宙科学研究所に勤務。火星探査機「のぞみ」や小惑星探査機「はやぶさ」・「はやぶさ２」などのミッションに関わり、現在は、はやぶさ２ミッションマネージャを務める。天体の地球衝突問題に関する活動も行っている。

薄膜太陽電池が貼ってあり、発電実験も行った。将来的には、発電された電力を使ってイオンエンジンも駆動するようなソーラーセイル探査機を考えている。これは「ソーラー電力セイル」というもので、日本独自のアイディアである。「イカロス」はその実証探査機となった。

「はやぶさ２」

そして、２０１４年12月３日、「はやぶさ」の後継機である「はやぶさ２」がH-ⅡAロケットで打ち上げられた。「はやぶさ」や「のぞみ」でのトラブルを考慮して、かなり改良された探査機（質量６０９kg）となった。今度こそ、トラブルの少ない探査機となって欲しいという願いが込められている。ちょうど1年後の２０１５年12月３日には地球スイングバイに成功し、２０１８年の６〜７月に目的地である小惑星リュウグウに到着する予定である。小惑星リュウグウは、「はやぶさ」が探査したイトカワとは違う種類の小惑星である。リュウグウの表面物質には、水や有機物が含まれていると考えられており、「生命の原材料探し」が「はやぶさ２」の大きな目標となっている。「はやぶさ２」の地球帰還は２０２０年末の予定である。

「はやぶさ２」と一緒に、３つの小型宇宙機が太陽周回軌道に投入された。そのうちのプロキオン（ＰＲＯＣＹＯＮ）は質量がわずか65kgほどの探査機であるが、打ち上げから1年間ほど運用が行われており、超小型ながら太陽系天体探査の可能性を実証した探査機として注目される。

断念された探査機

ここまでが、これまで日本が打ち上げた月惑星探査機である。製作あるいは検討されたのに打ち上げまで至らなかったものもいくつかあり、例えば「ルナーＡ」は、月周回軌道に乗った後、ペネトレータというものを月面に突き刺して月の地震（月震）や熱の流れを計測する予定であったが、ペネトレータの開発に問題があり、探査機は製作されたもののミッションは中止となった。また、月面着陸を目指して検討されていた「ＳＥＬＥＮＥ２」は検討までで、探査機の製作段階には移行しなかった。

これからのミッション

さて、これからの日本の月惑星探査ミッションであるが、水星探査ミッションである「ベピコロンボ」の打ち上げが控えている。これは、ヨーロッパ宇宙機関（ＥＳＡ）とＪＡＸＡとの共同ミッションであり、日本は「水星磁気圏探査機（ＭＭＯ）」を担当している。さらにその後の打ち上げとしては、月着陸を目指すＳＬＩＭがある。また、将来ミッションとして、木星トロヤ群を目指すもの、火星衛星からのサンプルリターンを目指すもの、さらに小型の探査機で小惑星フライバイを目指すものなど、いろいろな可能性が検討されている。

このように、日本の月惑星探査ミッションは、その数こそ米国ＮＡＳＡに比べればはるかに少ないが、創意工夫に富んでいたり挑戦的なミッションとなっている。まだまだ太陽系は謎に満ちているし技術的な挑戦の場でもある。今後も、新たなミッションが日本から生まれていることを期待したい。

東京薬科大学　教授
山岸明彦

宇宙に生命はいるでしょうか

宇宙の生命というと宇宙人を思い浮かべる人も多いかもしれません。テレビや映画では宇宙人が地球に攻めてきます。だけど、安心してください。もし宇宙人がいたとしても、地球に攻めてくる可能性はほとんどありません。地球から最も近い恒星（夜空に輝く星のだいぶんは自分で光る星で、恒星と呼ばれています）でも光が4年もかかってやっとたどりつく距離にあります。そこから宇宙人が地球にやってこようとしても何万年もかかってしまうのです。冷凍して移動する技術をつかったとしても何万年も故障しない機械はできないので、そう簡単に移動できません。宇宙人がわざわざ地球にやって来る可能性はほとんどありません。

それでは、宇宙には地球以外に生命のいる星はないのでしょうか？　宇宙人がいるかどうかについては最後にまた説明しますが、宇宙人よりもずっと単純な生物、細菌と呼ばれる生物は思ったよりも近くの惑星にいるかもしれないと研究者達は考え始めています。

地球以外で生命がいそうな場所はどんな場所でしょう

宇宙のどのような場所で生命を探したらよいでしょう。それを考えるために、まず地球のどんな場所にどんな生物がいるかを考えてみましょう。地球のさまざまな場所に生物がいます。私たちの回りにも昆虫、鳥、ミミズなどの動物がすみ、たくさんの植物が生えています。しかし地球の近くでこうした大きな動物や植物がいそうな星はありません。

私たちの回りには目に見えない微生物がとてもたくさんいます。微生物のなかでも細菌ということばは聞いたことがありますか？　ばい菌、バクテリアなどと呼ぶこともあります。病気になると体の中で増えて悪さをする細菌もいます。細菌は目では見えないほど小さく、1ミリメートルの千分の一くらいの大きさです。細菌の仲間には何万何十万というたくさんの種類がいるのですが、その中で病気を起こすのは百種類もいません。大部分の細菌は全くわるさをしません。それどころか、ヨーグルトやお酢を作るのに役立つ細菌や私たちが病気になるのを防いでいる細菌がたくさんいます。土の中にはたくさんの細菌がすんでいて土の中の植物や動物の死骸を分解しています。1グラムの土のなかには一億個もの細菌がすんでいますが、ほとんどの細菌は病気をおこすことはありません。ただし、たくさん食べると病気を起こす細菌や傷口にはいると感染する菌がたまにいるので、手が土でよごれたら良く洗う必要があります。だけど大部分の細菌は病気の原因になることはありません。

こうした細菌が生きていくためには何が必要でしょう？　私たちは水を飲みますし、空気を呼吸します。それに食事をします。水と空気と食料がなければ私たちは死んでしまいます。細菌にとっても水と空気、食料にあたるものが必要です。そこで宇宙で生命を探そうとするときには、水、空気、食料にあたるものがある場所を探します。

火星に生命はいないでしょうか

生命がいるかもしれないと考えられている最も身近な惑星は火星です。惑

地球外生命を求めて

図1.　火星で春になると水がでてくると推定されている場所。© JPL/NASA
http://imagecache.jpl.nasa.gov/images/640x350/pia17605-440-640x350.jpg

星というのは太陽の光を反射して輝いている星のことです。火星は地球の次に太陽から遠い場所をまわっています。火星の地下にはたくさんの氷があります。秋冬には凍っているのですが、春になると溶けて流れ出てくると推定されている場所が見つかりました（図1）。空気はあるのでしょうか？　火星の空気は地球の1000分の6と、とっても薄いので地球の動物や植物は死んでしまいます。だけど地球の細菌の中には、こんな薄い空気でも生きていけるのがいるのです。空気や食べ物はどうでしょう。地球の細菌の中には動物にはとても食べられないものを食べられる種類がたくさんいます。細菌のなかには空気がなくても生きていく種類がたくさんいるのです。そういった細菌が生きていけるのに必要な食べ物にはメタンや硫黄があります。アメリカの調査によって火星の表面でメタンと硫黄化合物が見つかっています。

　細菌が酸素の代わりに使える硫酸塩や硝酸塩、酸化鉄といった化合物も見つかっています。火星表面の温度は低く、紫外線も強いのですが、土の中、表面から数センチメートル下では細菌ならば生きていけるということもわかってきました。

　アメリカは無人で火星の表面を調べる装置を火星に着陸させました。装置は火星の表面の様子を調べています。アメリカとヨーロッパ各国は火星の表面で昔生きていた生物の化石をさがして、生命のいる手がかりをつかもうとしています。日本でも、顕微鏡を火星にもっていけないかという研究が進んでいます。ひょっとすると、生物の化石や微生物が火星でみつかるかもしれません。

木星や土星の衛星（月）に生命がいないでしょうか

　木星や土星は火星よりもさらに外側を周っている惑星です。太陽から遠いので惑星の温度はとっても低くマイナス100℃以下です。地球が岩石でできているのに対して、木星と土星の大部分は水素やヘリウムなどの気体でできています。同じ惑星でも地球とはだいぶちがいますね。気体の中に生命が誕生することはまずないので、木星や土星に生命はいないでしょう。

　いま研究者が調べているのは、木星や土星の回りを周る衛星です。月のように惑星の回りを周る天体は衛星と呼ばれます。地球の衛星は月が一つあるだけですが、木星や土星にはたくさんの衛星があります。その中には表面を厚い氷でおおわれた衛星があり、氷衛星と呼ばれています。氷衛星の近くにまで接近して表面の様子を調べる人工衛星が調査を続けています。氷衛星のいくつか、エンセラダス（土星の衛星）やエウロパ（木星の衛星）の地下には海があることがわかりました。エンセラダスからは海の水が噴水のように噴き出していることもわかりました（図2）。エンセラダスの噴水の水は噴き出ると細かい氷の粒になるのですが、他に有機物も噴き出ていることがわかってきました。エンセラダスやエウロパの地下の海にひょっとして細菌がすんでいるかもしれないと考える研究者もいます。

木星や土星は火星に比べて地球からかなり遠く、調査をするための装置を打ち上げてからエンセラダスやエウロパにつくのには10年20年とかかるのです。みなさんが大人になるころには、エンセラダスやエウロパの様子がもっといろいろわかるようになるかもしれません。

太陽系外にたくさんの惑星が見つかっています

太陽系というのは知っていますね。太陽の回りを内側から順に水星、金星、地球、火星、木星、土星、天王星、海王星と八つの惑星、それに準惑星である冥王星が周っています。太陽と惑星、準惑星、これら全部を太陽系と呼びます。

夜の空にはたくさんの星がありますが、これらは太陽と同じように自分で光る星、恒星です。なかでも天の川には１０００億個ほどの恒星があり銀河と呼ばれています。太陽も銀河の中の恒星の一つです。

今から20年ほど前、太陽以外の恒星にも惑星があることが見つかりました。その後たくさんの研究チームが惑星探しを始めました。確実に惑星であるとわかったものが２０００個にもなっています。これからもどんどん太陽系以外の惑星の数が増え続けていきます。

惑星は必ず恒星の回りを周っています。惑星が恒星からどれくらい離れているかによって、惑星の温度が違ってきます。恒星の近くを周る惑星は温度が高く、岩石だけの惑星になります。恒星からすこし離れると惑星表面の温度が低くなり、１００度より温度が低ければ海をもつ可能性のある惑星になります。恒星からちょうど良い距離にあり、地球と同じくらいの大きさの惑星も見つかっています。

地球と同じくらいの大きさで、岩石でできていて、恒星からの距離が近すぎず遠すぎずちょうど良い距離にあれば海がある可能性があります。海があればそこに生命が誕生している可能性はないでしょうか？　系外惑星でどうやって生命を探そうかという相談を始めています。

ここでも、地球で生命が誕生してから何が起きたかという研究が参考になります。地球は今から46億年前に誕生しましたが、最初の20億年間は地球の大気には酸素がありませんでした。今から25億年前頃に光合成をする生物が誕生しました。光合成というのは聞いたことがありますね。植物は太陽の光を吸収して空中の二酸化炭素から有機物（糖類やアミノ酸）をつくっています。地球に最初に誕生した光合成をす

（やまぎし・あきひこ）
1953 年福井県生まれ東京都練馬区で育つ。東京大学大学院理学系研究科博士課程修了。理学博士。米国カリフォルニア大学、カーネギー研究所の博士研究員等をへて 2005 年から本職。生命の起源と進化、アストロバイオロジーの研究をしている。タンパク質工学の専門家でもあり、40 億年前のタンパク質を復元することに成功した。国際宇宙ステーションで実施している「微生物と有機物の捕集と曝露実験：たんぽぽ計画」の責任者。日本のアストロバイオロジー・ネットワークの代表。火星での生命探査計画を検討準備している。SFX を見ることが趣味。

る生物はシアノバクテリアという種類の生き物です。シアノバクテリアは光合成をおこない、酸素を大気中に放出しました。もし、太陽系外の惑星でも生命が誕生して光合成する生物が誕生すれば酸素が大気中に蓄積するはずです。酸素を超高感度の望遠鏡で調べることができればその惑星に生命がいるかどうかを調べることができるかもしれません。

宇宙人はいるか

地球以外に人類のように進んだ文明をもつ生命、宇宙人がいるかどうかは研究者のあいだでもまだまとまった意見はありません。宇宙人がいるとしても、地球からはとても離れた、光でも何万年もかかる遠くにある惑星ですから、そこに行ったりそこから来たりということは不可能です。そこへ向けて電波を送ったとしても向こうに届くのに何万年もかかります。そこで、宇宙人がつかっている電波を受信しようという計画があります。いま、オーストラリアと南アフリカでは電波望遠鏡を数百台ならべた装置（ＳＫＡ）を作る準備を進めています。この装置でもまだ感度は十分ではなく、宇宙人が電波を出していたとしても検出できるかどうかはわかりません。しかし、こうした技術の進歩は非常に早く、今から数十年後、みなさんがおじいさんおばあさんになるころには宇宙人が出す電波が見つかっているかもしれません。

もう少し詳しいことを知りたい人は、「生命はいつ、どこで、どのように生まれたのか（知のトレッキング叢書）、山岸明彦著、集英社２０１５年、を読んでみてください。

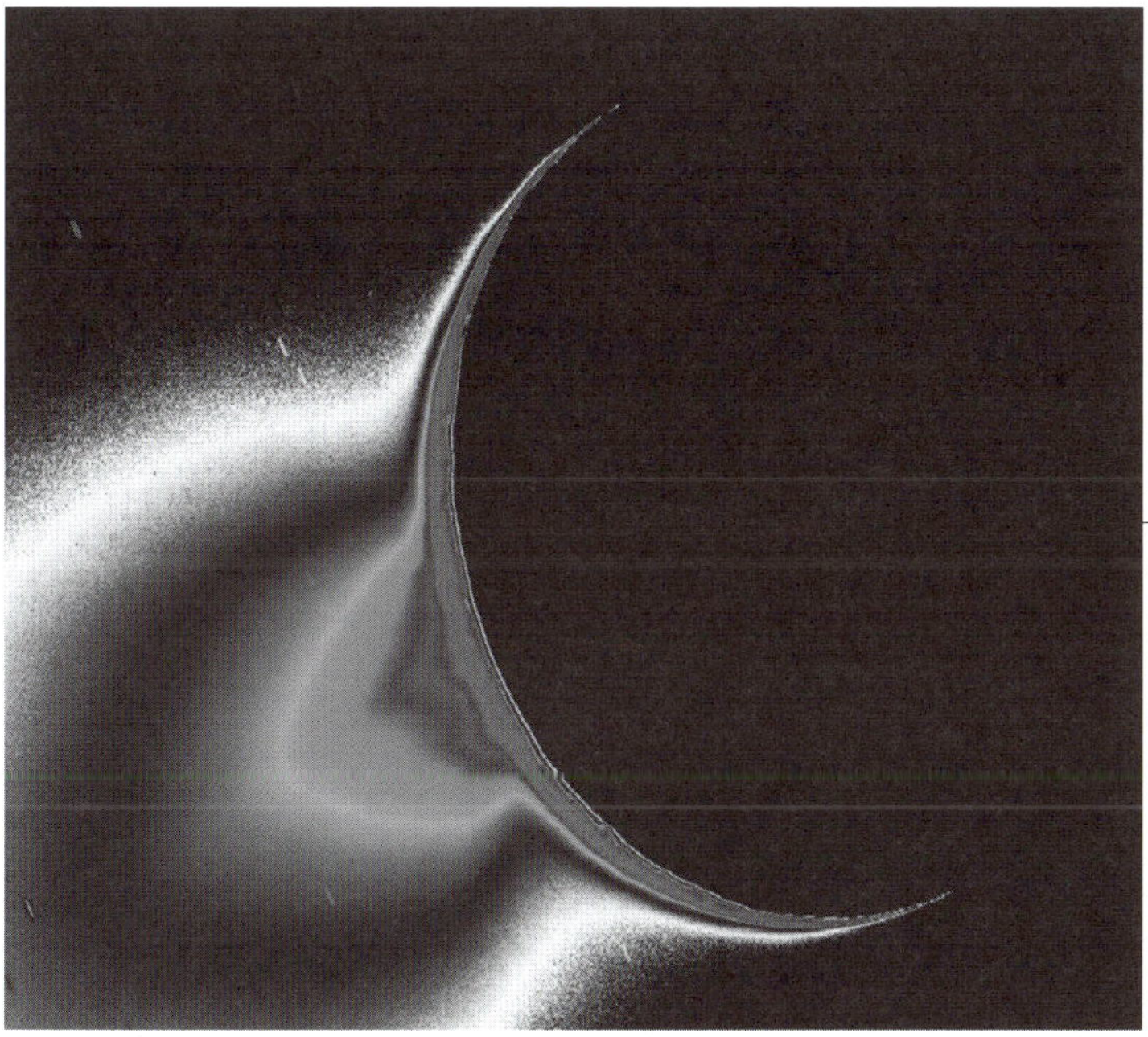

図2.　土星の衛星エンセラダスから噴き出ている海の水が凍った氷の粒。プルームと呼ばれています。© NASA
http://www.nasa.gov/images/content/201485main_rs_image_feature_938_946x710.jpg

中国・四国

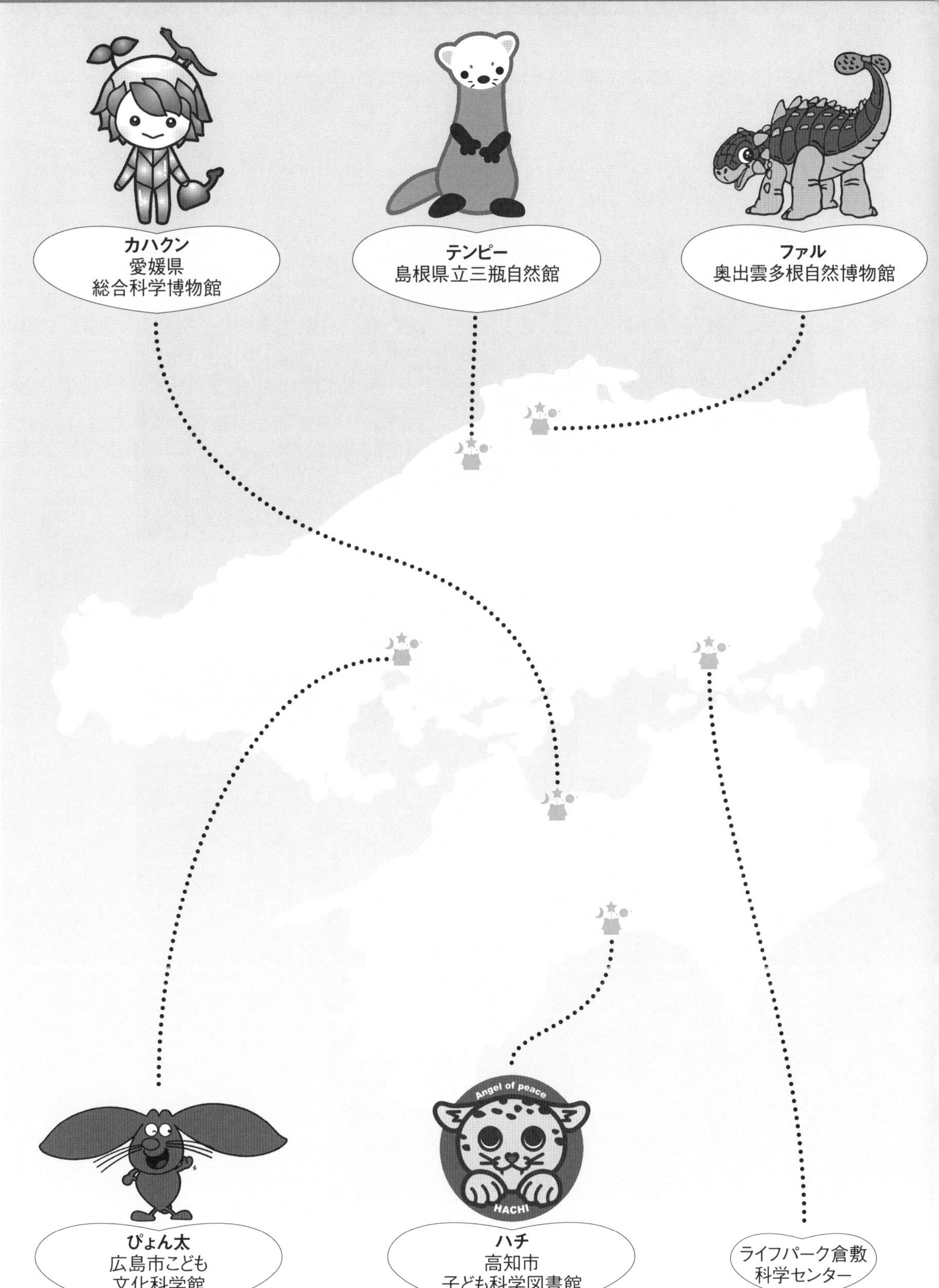
カハクン
愛媛県
総合科学博物館
テンピー
島根県立三瓶自然館
ファル
奥出雲多根自然博物館
ぴょん太
広島市こども
文化科学館
Angel of peace
HACHI
ハチ
高知市
子ども科学図書館
ライフパーク倉敷
科学センター

科学したい心が動き出す！
魅力にあふれた宇宙と科学の体験空間。

ライフパーク倉敷科学センター

様々な宇宙や科学の魅力を楽しみながら学ぶことができる理工系科学館施設。直径21ｍの大型ドーム、最新鋭のプラネタリウムと全天周映画映写装置が設置された中国地方最大級の科学シアターと約100点の体験型展示物が並ぶ「科学展示室」が

プラネタリウム解説風景

学展示室（CG スクエア）

2大要素となっています。

プラネタリウムの星空は当夜21時の夜空を忠実に再現。星座は1年かけてゆっくり移ろい、月や惑星の見え方も日々変化するため、星空は毎日違った表情を私たちに見せてくれています。プラネタリウムをご覧になるみなさんが、その日の夜空を楽しめるよう、毎日違う生解説でご案内することが我々スタッフのこだわりです。星座の探し方からおすすめ天文現象まで、ドームの下での星空散歩をお楽しみください。

一方、科学展示室では、日本の技術遺産としてその価値が高く認められている日本初の大型国産液体ロケットエンジン「LE-7」を展示。晴れていれば屋上の25㎝太陽専用望遠鏡でとらえた太陽光を引き込み、直径1mの投映像で太陽黒点をライブ観測できるコーナーや、1916年に倉敷に落下した「富田隕石」の実物など貴重な天文資料をはじめ、「まずは楽しむ」をキーワードに、科学への好奇心や興味をくすぐる発展性と創造性を備えた約100点の体験型展示を導入。大人も夢中になれる魅力にあふれた科学学習を体験いただけます。

見所展示・体験コーナー

☆H-Ⅱロケットエンジン（LE-7）

H-Ⅱは1990年代に開発された大型２段式ロケットです。国外の技術に頼らず開発が進められた純国産大型液体燃料ロケットで、遅れていた日本の宇宙開発技術を世界水準にまで押し上げた記念碑的な存在です。その全長は50mにおよび、2t級の静止衛星を打ち上げる能力を持っていました。当館では、その心臓部にあたる第１段メインエンジン「LE-7」の実物が展示されています。液体酸素と液体水素を高出力、高効率で燃焼させ、ジャンボジェットのエンジン４機分もの莫大な推力を生み出すLE-7エンジンは、その開発に壮絶な困難が伴ったことで知られ、日本の科学技術の傑作ともいわれています。

DATA

- 館名：ライフパーク倉敷科学センター
- ★：岡山県倉敷市福田町古新田940
  TEL 086-454-0300
- 時間：9:00～17:15（入館は16:45まで）
- 休：毎週月曜日（祝日の場合は翌日）、年末年始
- ¥：大人：410円・小学生～高校生：100円　※プラネタリウム、全天周映画は別料金、セット券あり
- 駅：【JR山陽本線】倉敷駅よりバスで25分、「福田中学校前」下車、徒歩20分／【瀬戸中央道】水島ICより車で15分
- 駐車場：あり（430台）無料
- HP：http://www2.city.kurashiki.okayama.jp/lifepark/ksc/

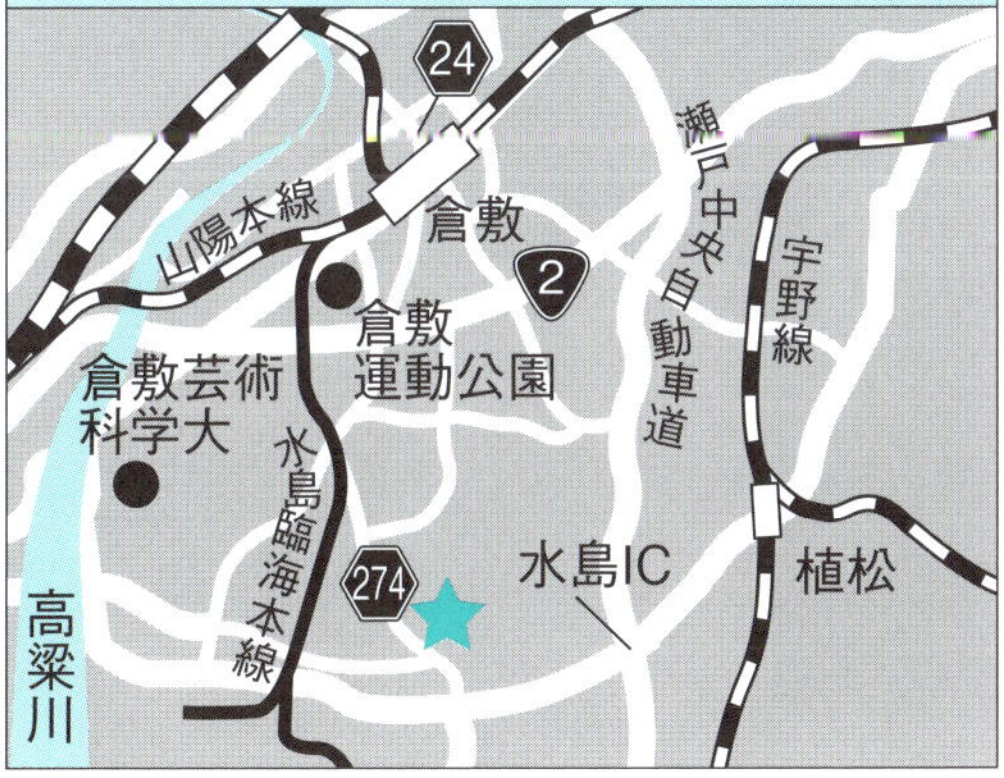

INFORMATION

宇宙シミュレータコーナーでは、毎週土日に限り国立天文台開発の「4D2U」3D立体映像システムを使った宇宙解説を実演。太陽系から宇宙の果てまでの飛行、星や銀河の構造などを美しいコンピュータグラフィクスでお楽しみください。臨時休演する場合があるので実演時間は電話にてご確認願います。

世界最大級のドームスクリーンを持つプラネタリウムは必見！

愛媛県総合科学博物館（かはく）

愛媛県総合科学博物館は、県民に科学技術に関する正しい理解を深めるための学習機会を提供して、科学技術に裏付けされた創造的風土の醸成を図るとともに、科学技術の進歩と本県産業の発展に寄与すること

科学技術館・宇宙レプリカ

ラネタリウム技術イメージ

©GOTO

を目的として、1994年11月に愛媛県新居浜市にオープンしました。

常設展示は「自然館」「科学技術館」「産業館」で構成され、たくさんの実物標本や体験展示を使って楽しく学習することができます。2012年3月には「自然館」がリニューアルされ、皮膚の質感までリアルに再現された実物大の〝動く恐竜〟が登場。さらに、ニホンカワウソの剥製やニホンオオカミの頭骨など、貴重な実物標本の数々がより魅力的な展示として生まれ変わりました。

また、世界最大級のドームスクリーンを持つプラネタリウムは、世界最高クラスの明るさを誇る光学式投影機の星の美しさと全天に広がるデジタル映像の臨場感を併せ持ち、まるで宇宙空間に飛び出したかのような大迫力の番組が楽しめます。

見所展示・体験コーナー

自然館「宇宙のゾーン」では、宇宙誕生のドラマ、宇宙の仕組み、宇宙観、宇宙科学などの展示をおこなっています。ここでは、古代インドやエジプトの宇宙観を模型にして展示しているほか、球粒隕石（コンドライト）、無球粒隕石、鉄隕石（隕鉄）の３種類の隕石を展示しています。また、ギベオン隕石は、実際に手で触れることができます。

科学技術館入口では、日本の宇宙開発技術について紹介しています。H-ⅡAロケットエンジンの実物大模型のほか、宇宙服のレプリカやジャイロスコープの体験展示、ロケットの組み立てや宇宙飛行士の訓練などが見られる貴重な映像資料も展示しています。

DATA

：愛媛県総合科学博物館
：愛媛県新居浜市大生院 2133-2
TEL 0897-40-4100
：9:00～17:30（入館は 17:00 まで）
休：月曜日（第１月曜日は開館し翌火曜日を休館、祝日の場合は直後の平日）
¥：高校生以上：510 円・65 歳以上 260 円・小中学生：無料　※プラネタリウムは別料金
駅：【JR 予讃線】新居浜駅または伊予西条駅よりバスで 20 分
【松山自動車道】いよ西条 IC より車で５分
：あり（320 台）無料
HP：http://www.i-kahaku.jp/

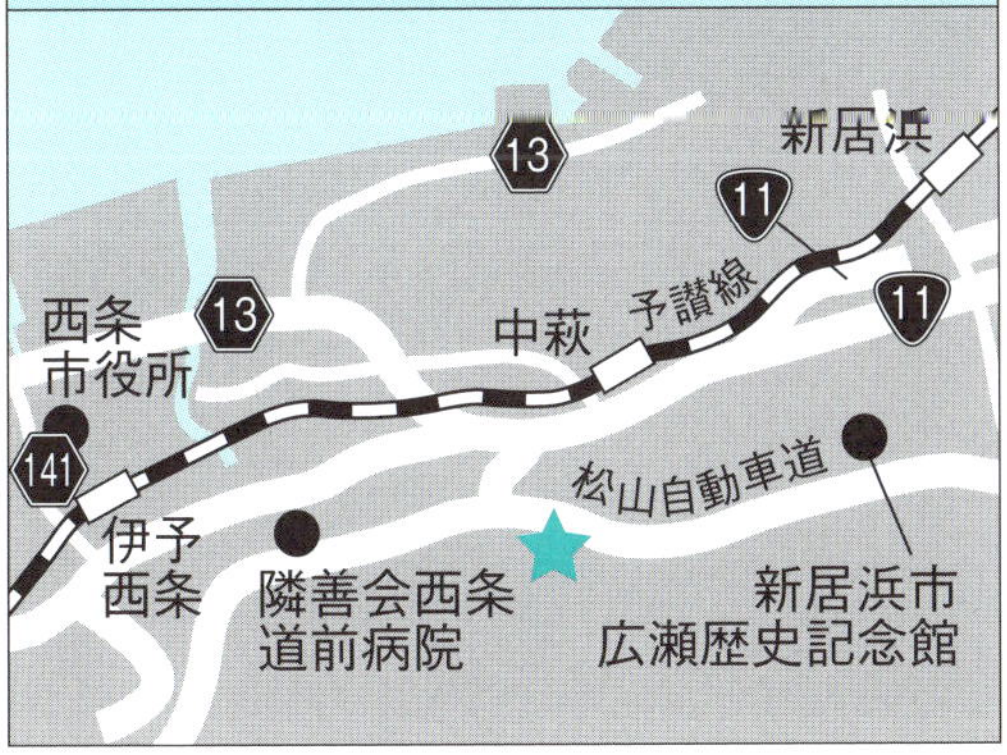

INFORMATION

年間で５～６回程度、特別展や企画展、巡回展を開催しています。また、GW やお盆期間には参加体験型の科学イベントをおこなっています。クリスマスイベントでは、夜９時まで開館時間を延長し、博物館の近未来的な建物を美しくライトアップするとともに、ディナーバイキングやナイトミュージアムなどを開催しています。

手作り感あふれる展示物が自慢の親しみやすい科学館です。

高知市子ども科学図書館

高知市の中心部、交通の便利な場所にある小さな科学館です。入場は無料。図書、生きものの標本、科学の楽しさを体験できる展示物があります。手作りの展示物の多い親しみやすい科学館です。

当館には、館のキャラクターになっているヒョウのはく製「ハチ」が展示されています。戦争中高知県から中国に行った部隊で飼われていた「ハチ」は、上野動物園に引き取られましたが、その後やむなく毒殺されてしまうという悲しい運命をたどりました。

ヒョウのはく製「ハチ」

ットシーカーや撮影した写真などほかにはない貴重なものです

また、科学の楽しさを体験してもらおうと、会員制の「子ども科学教室」や「科学クラブ」、誰でも参加できる「ミニサイエンス教室」、そして、親子で参加できる「DO！サイエンス教室」など、いろいろな科学教室を開催しています。

宇宙関係ではこれまで、国際宇宙ステーションに滞在中の宇宙飛行士若田光一さんと交信をする「天空未来教室2014」や、天文研究家関勉さんの講演会と企画展「関勉展」、JAXAの映像配信を利用したパブリックビューイングなど、宇宙を身近に感じてもらうイベントを多数開催してきました。

高知市子ども科学図書館は、高知城のすぐそばに「高知みらい科学館」が開館することに伴い、後2年ほどで閉館となります。新しくできる「高知みらい科学館」は高知市子ども科学図書館の3倍ぐらいの広さがあり、プラネタリウムも併設されます。「高知みらい科学館」もよろしくお願いします。

見所展示・体験コーナー

関勉さんという人を知っていますか？　高知市に住んでいる天文研究家です。関勉さんは今までに６つの彗星と、223 個の小惑星を発見しました。中でも 1965 年に発見した「池谷・関彗星」は、長い尾を持つ大彗星になり、宇宙に興味を持つ人が急増するきっかけになりました。高知市子ども科学図書館の入り口には「池谷・関彗星」を発見した手作りの望遠鏡をはじめ、関勉さんからの寄贈品の数々を展示しています。世界でここにしかない「関勉コレクション」が、みなさんを待っています。

DATA

：高知市子ども科学図書館
：高知市桟橋通 2-1-50　潮江市民図書館 2 階
TEL 088-832-7195
：13:00～17:00（水・木曜日）、10:00～17:00（土・日曜日）　※学校の長期休業中の水・木曜日と夏休み中の金曜日：10:00～17:00
休：月・火・金曜日（夏休み中の金曜日は開館）、12/28～1/4、祝日
¥：無料
駅：【JR 土讃線】高知駅より路面電車で「桟橋通１丁目」下車すぐ
：なし
HP：http://www.kcb-net.ne.jp/csl2006/

INFORMATION

高知市子ども科学図書館は、日本宇宙少年団（YAC）高知分団の事務局・活動場所でもあります。毎年水ロケット大会や JAXA のコズミックカレッジを開催しています。宇宙少年団高知分団では、親子で参加する活動を２カ月に１回開催しています。宇宙に興味のある団員募集中です。

公益財団法人　奥出雲多根自然博物館（奥出雲多根自然博物館）

国内では珍しい宿泊できるミュージアム。
夜の恐竜時代を体感できるナイトミュージアム。

宇宙の進化と生命の歴史をテーマとし、化石や鉱物・岩石などの展示を通じて、「生まれた奇跡・であいの不思議」を考える博物館として１９８７年に設立。６階建ての建物で、展示室、研修室、図書コーナー、宿泊室、展望ラウンジ兼予約制レストランなどが備わっています。

展示室１階は、アロサウルスなどの恐竜をはじめ、様々な世界中の化石から見る地球の歴史と地球内部から生み出される鉱物や岩石、化石などの展示。２階は古代の海をテーマにした展示。３階は奥出雲から出土した様々な埴輪や土器などを通じて、古代から続く奥出雲の歴史を紹介。

宿泊施設を備える全国でも珍しい自然史博物館で、宿泊者様限定のナイトミュージアムを楽しめます。

見所展示・体験コーナー

展示室１階の宇宙と地球の進化のコーナーは、宇宙の始まりから太陽系と地球の誕生、そして地球の歴史を紹介する大パネル展示。

２階にあるSpace i コーナーでは宇宙開発技術に関する情報や宇宙に関する様々な知識に関するパネル展示のほか、映像コーナーで最新の宇宙探査や技術に関する動画を見ることができます。

INFORMATION

11 月下旬に毎年化石採集体験を開催。また星空が美しい立地を活かした天体観望会を開催（不定期）。夏休みには科学体験教室などをおこないます。

DATA

- ：公益財団法人　奥出雲多根自然博物館
- ★：島根県仁多郡奥出雲町佐白 236-1　TEL 0854-54-0003
- ：9:30〜17:00
- 休：火曜日（祝祭日の場合は、翌日）、年末年始
- ¥：大人：500 円・高校大学生：300 円・小中学生：200 円
- 駅：【JR 木次線】出雲八代駅より徒歩 20 分
- ：あり（20 台）無料
- HP：http://www.tanemuseum.jp/

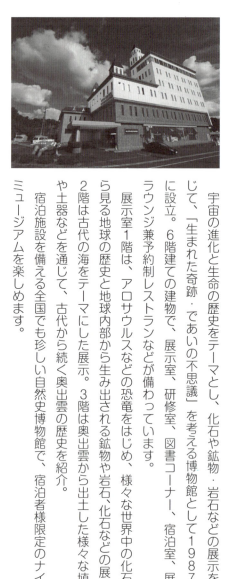

島根県立三瓶自然館（サヒメル）

国立公園三瓶山の麓、天文台とプラネタリウムがある自然系博物館

三瓶自然館サヒメルは、緑豊かな環境の中にある自然系の博物館です。広い館内には、動物、植物、地質のほか、天文についての展示があります。また、プラネタリウムと天文台も併設されています。

山陰地方最大の直径20ｍのドームスクリーンを持つプラネタリウムでは、リアルに再現された星空が見られるだけでなく、デジタルプラネタリウムによって地球を飛び出し遥か遠い星まで宇宙空間を移動するような疑似体験も可能。宇宙関連の投影がおこなわれることもあります。

国内最大のスライディングルーフがある天文台では、毎週土曜日の夜に天体観察会を開催。まるで宇宙遊泳をしているかのような美しい星空を堪能できる、宇宙に近い博物館です。

見所展示・体験コーナー

最上階の宇宙の展示室では、おもに太陽系の天体が紹介され、２億分の１の惑星の模型があるほか、本物の隕石が多数展示されていて、実際にさわったり、持ち上げたりすることができます。また、大型のモニターでは宇宙に関する映像が見られます。宇宙開発のタイムリーなニュースも随時掲示されています。

展示室の隣が天文台になっていて、60cm 反射望遠鏡や 20cm ４連クーデ式屈折望遠鏡を見学できます。土・日・祝日の午後には、ミニガイドツアーがあり、展示や天体望遠鏡の解説のほか、晴れていれば太陽の観察がおこなわれます。

DATA

：島根県立三瓶自然館
：島根県大田市三瓶町多根 1121-8
TEL 0854-86-0500
：9:00～17:00（4～9月の土曜日は 18:00 まで）
休：火曜日（祝日の場合は翌平日、夏休み期間中は毎日開館）、12/27～1/1、その他臨時休館あり
¥：大人：400～1,000 円（時期によって異なる）・小中高生：200 円
駅：【JR 山陰本線】大田市駅より車で 30 分
：あり（120 台）無料
HP：http://www.nature-sanbe.jp/sahimel/

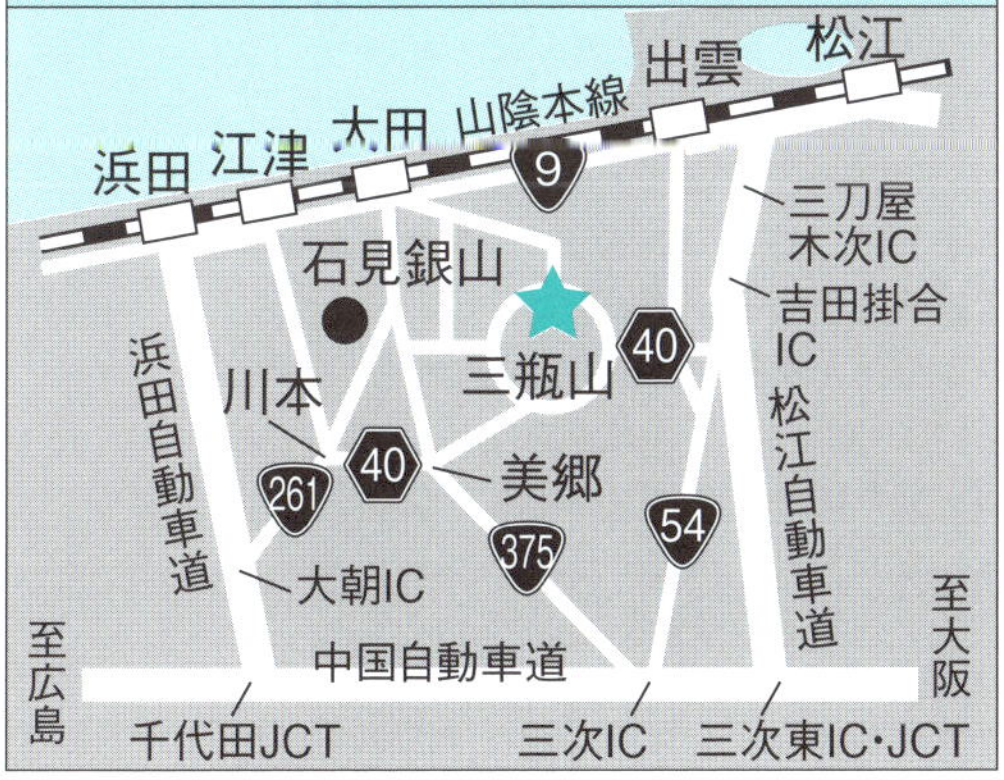

INFORMATION

三瓶山の古い呼び名を佐《さ》比《ひ》売《め》山《やま》といい、愛称の「サヒメル」はそれにちなんでいます。火山である三瓶山の恩恵で、近くには豊富な湯量を誇る三瓶温泉があります。目の前のキャンプ場や近隣の宿泊施設に泊まって、星空だけでなく三瓶の自然を満喫するのがおすすめです。

「こども」だけじゃない。おとなも楽しめる科学館です！

広島市こども文化科学館

1980年に日本で初めての「こどものための博物館」としてオープンし、30年以上のあいだ地域の人びとに親しまれている科学館です。館内にはプラネタリウム、常設展示、各種教室、サイエンススタジオ、ホールなどがあります。

4階のプラネタリウムでは、星空や宇宙を紹介するプラネタリウム番組や、宇宙や自然をテーマにした全天周映画をご覧いただけます。

常設の展示コーナーでは、科学のふしぎを実際に体験しながら学ぶことができます。2階にある鉄道模型も人気の展示です。そのほか、サイエンスショー、コンサートなどの様々なイベントが催され、どなたにでもお楽しみいただけます。

見所展示・体験コーナー

3階には太陽望遠鏡があります。その名のとおり太陽専用の望遠鏡です。太陽像はスクリーンに映し出されるので、望遠鏡をのぞきこまなくても太陽の表面全体を観察することができ、黒点や、運がよければプロミネンスも見ることができます。

2003年に広島市安佐南区に落下した広島隕石の展示も見所です。この隕石のあとに日本で隕石が見つかった例がないので、2016年5月現在、「日本で見つかった一番新しい隕石」です。ケースのなかには、隕石が突き破ったために穴のあいた屋根や天井の実物が一緒に展示され、隕石落下のようすがわかりやすく再現されています。

INFORMATION

プラネタリウムは、広島県下最大となる20mドームで、開館以来コニカミノルタ製のMS-20を主投影機として投影を続けてきました。35周年を迎えた2015年度に大規模なリニューアルを実施し、旧来のクラシカルな投影機を生かしながら光源をLED化するなどの改修をほどこしたほか、新たにデジタルプラネタリウムを導入しました。これにより、いっそう美しくリアルな星空や最先端の宇宙映像を映し出すことが可能となりました。

DATA

：広島市こども文化科学館
★：広島県広島市中区基町5-83
TEL 082-222-5346
：9:00～17:00
休：月曜日(祝日は開館)、祝翌日、年末年始ほか
¥：無料　※プラネタリウムは別料金
駅：【広島電鉄】路面電車で「原爆ドーム前」下車、徒歩5分
：なし
HP：http://www.pyonta.city.hiroshima.jp/

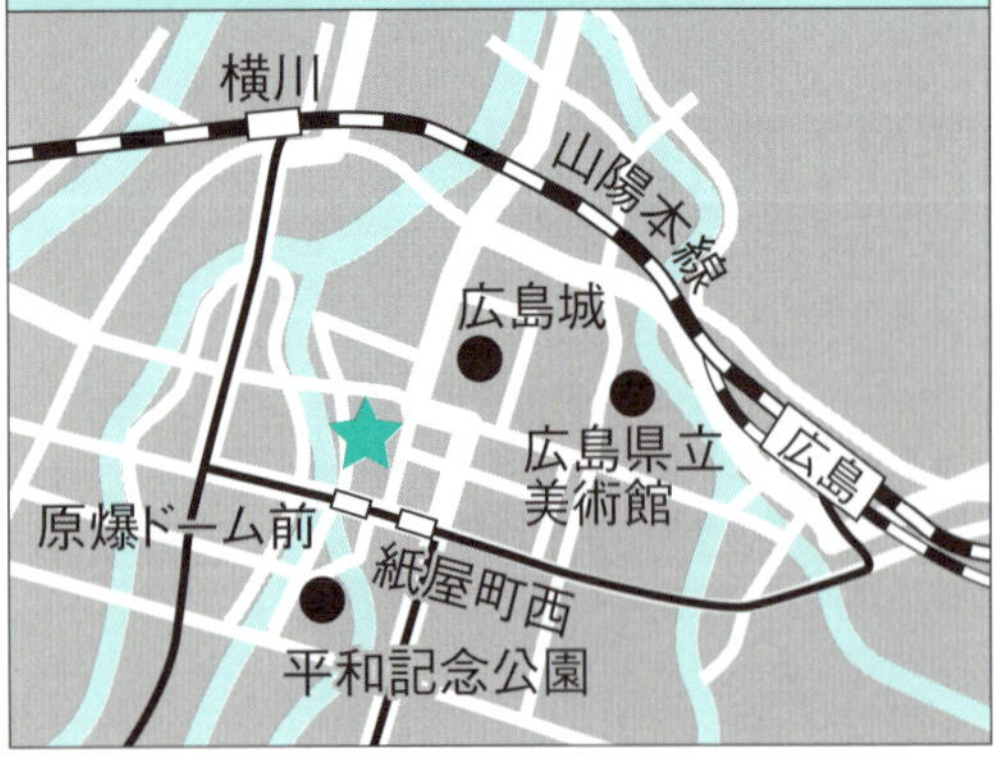

九州・沖縄

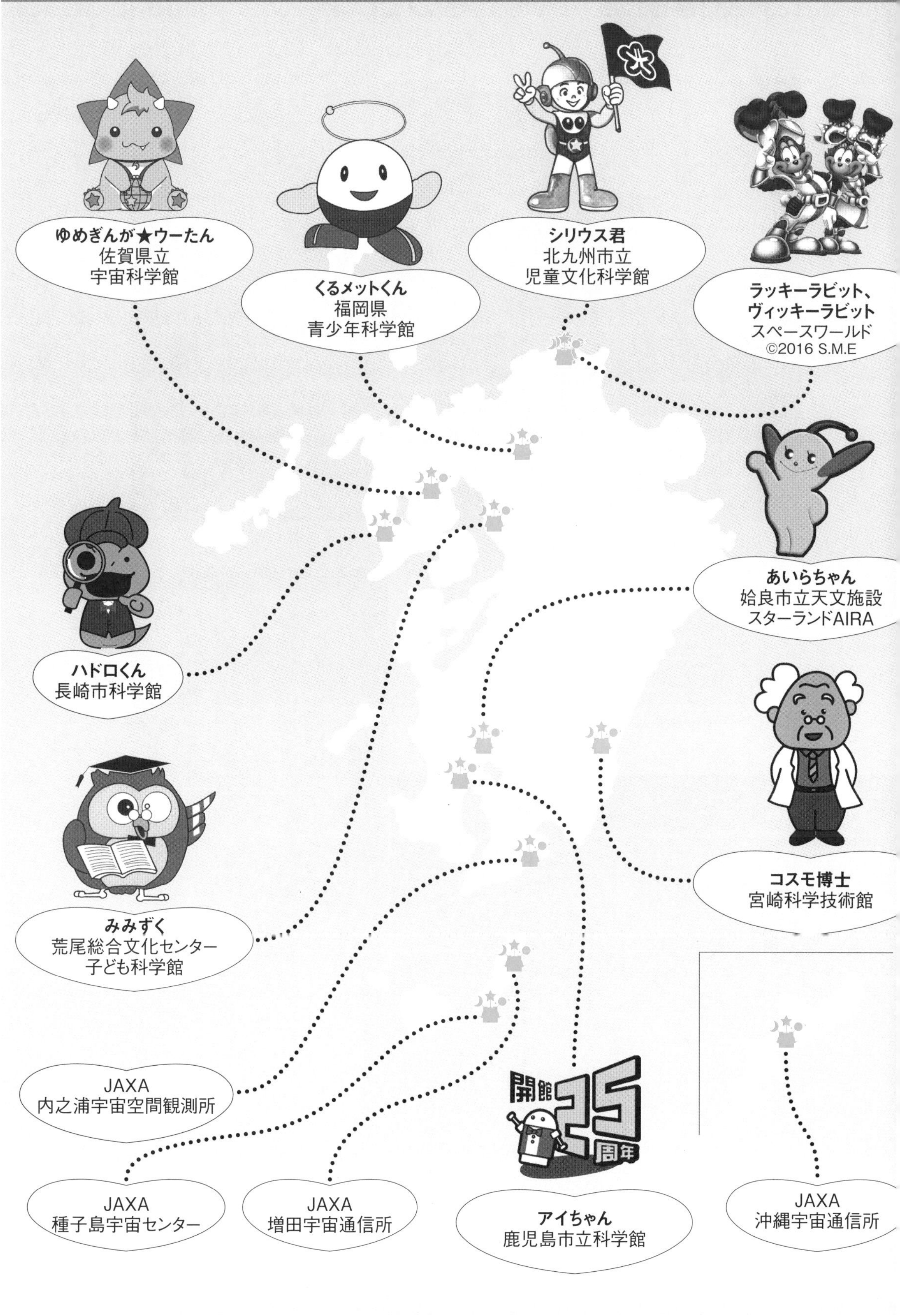
ゆめぎんが★ウーたん
佐賀県立
宇宙科学館
くるメットくん
福岡県
青少年科学館
シリウス君
北九州市立
児童文化科学館
ラッキーラビット、
ヴィッキーラビット
スペースワールド
©2016 S.M.E
あいらちゃん
姶良市立天文施設
スターランドAIRA
ハドロくん
長崎市科学館
コスモ博士
宮崎科学技術館
みみずく
荒尾総合文化センター
子ども科学館
JAXA
内之浦宇宙空間観測所
開館25周年
JAXA
種子島宇宙センター
JAXA
増田宇宙通信所
アイちゃん
鹿児島市立科学館
JAXA
沖縄宇宙通信所

“宇宙”をテーマにしたテーマパーク。
「宇宙博物館」や「月の石コーナー」は必見!!

スペースワールド（スペワ）

スペースシャトルの実物大模型

宙博物館内観

アトラクション、エンターテイメント、イベントなど様々な要素が楽しめるアクセス抜群の宇宙テーマパークです。

スペースワールドのシンボルは、園内にそびえ立つNASAスペースシャトル「ディスカバリー号」の実物大模型で、目の前で見る高さ60ｍの勇姿は迫力満点！

また、数あるアトラクションのうち、「宇宙博物館」と「月の石コーナー」は宇宙ファン必見の施設です。

「宇宙博物館」には、米スミソニアン博物館や宇宙航空研究開発機構（JAXA）の協力を受けた貴重な資料の数々が展示されています。館内を歩いていくだけで、人類の宇宙開発の歴史が自然に理解できるように配置されており、宇宙への興味を一層かきたてられます。アポロカプセルやスペースシャトル・メインエンジン、宇宙服などを通して、宇宙へのロマン、フロンティア精神を感じることのできる施設です。

「月の石コーナー」は、スペースシャトル実物大模型のすぐ近くのアストレスタ2階にあります。1969年11月アポロ12号が「嵐の大洋」で採集した本物の月の石です。

見所展示・体験コーナー

〈「宇宙博物館」館内〉

☆アポロカプセル☆アポロ22号として月に行くはずだったアポロ司令船。緻密な装置がぎっしり詰まった船内が見て取れます。

☆サリュート型宇宙服☆旧ソ連で船外活動用に開発され、宇宙ステーション「ミール」で1986～1987年にかけて使用されたもの。その手には、大阪花博のキャラクター「花ずきんちゃん」が。この「花ずきんちゃん」はミールで宇宙遊泳したもの。

〈「月の石コーナー」〉

☆「月の石」☆

NASA月の石一般向け展示計画に基づく、日本で唯一の公認サンプル。こんなに間近で「大きな月の石」を見ることができるのは、日本ではここだけ。

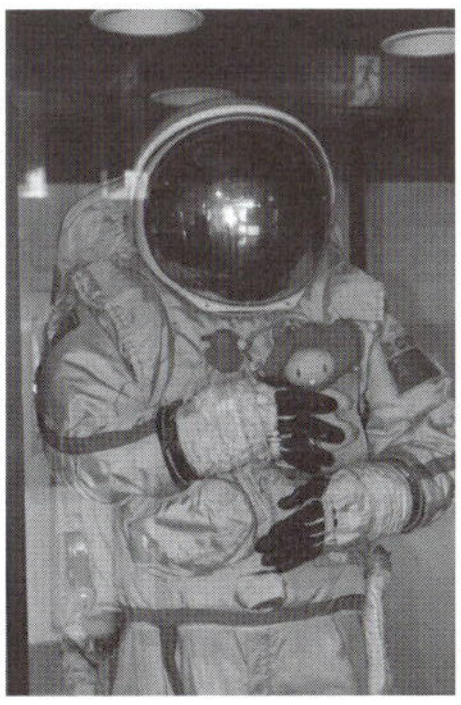

DATA

：スペースワールド
：福岡県北九州市八幡東区東田4-1-1
TEL 093-672-3600
：10:00～17:00（季節・曜日によって変動あり）
休：不定休
¥：大人：1570円・小学生：780円、キッズ（4歳～未就学児）：490円、3歳以下：無料　※夏休み料金あり
駅：【JR鹿児島本線】スペースワールド駅より徒歩5分／【北九州都市高速道路】枝光出入口からすぐ
：あり（2250台）有料　※要問い合わせ
HP：http://www.spaceworld.co.jp/

INFORMATION

「星のソムリエ」の認定を受けたスタッフが、宇宙講話や天体望遠鏡での観望会を実施（不定期）。

もっと知りたい宇宙のこと地球のこと、
みなさん福岡県青少年科学館においでください！

福岡県青少年科学館

県民への科学教育の普及・振興、特に青少年の科学への興味と関心を高め、科学する心を培うことにより、知性豊かな創造性に満ちた人材の育成を目的に設立されました。

2階・3階には約170点の常設展示物があり、自然の現象、科学の基本原理とその応用について体験し

美しい星空と迫力ある映像のプラネタリウム

国が開発したロケットの模型を展示

ながら学ぶことができます。また、直径23ｍのドームを持つコスモシアター（プラネタリウム）では1000万個の星々を眺めながら星空解説を聞くことができ、科学分野に関するプラネタリウム番組を見ることができます。

季節ごとに実施している「星空教室」は人気のイベントです。実際の空でも星や星座を探すことができるようになることを目標に、星座早見盤の使い方や野外観察の準備、星座を見つけるコツなどを学ぶことができます。さらに、スタッフとやりとりをしながら星座探しの練習をし、楽しく星や星座について学ぶことができます。

もうひとつの季節企画「ファミリープラネタリウム」は、小さなお子様も楽しめるプラネタリウムです。その季節の夜空の星や星座についての楽しく分かりやすい話を聞き、ご家族でおしゃべりをしながら星や星座探しをすることができます。

みなさんのご来館をお待ちしております。

見所展示・体験コーナー

☆宇宙開発のあゆみ☆各国の宇宙開発の歩みをグラフィックパネルと模型で紹介します。

☆宇宙のパノラマ☆「星の一生」「宇宙の始まり」をパネルで紹介します。

☆太陽と惑星の素顔☆太陽系惑星の特徴を写真とパネルで紹介します。

☆真昼の？天体観察☆【毎週土曜日】科学館最上階にある天体望遠鏡を使って、太陽の黒点や金星などの惑星を観察します。

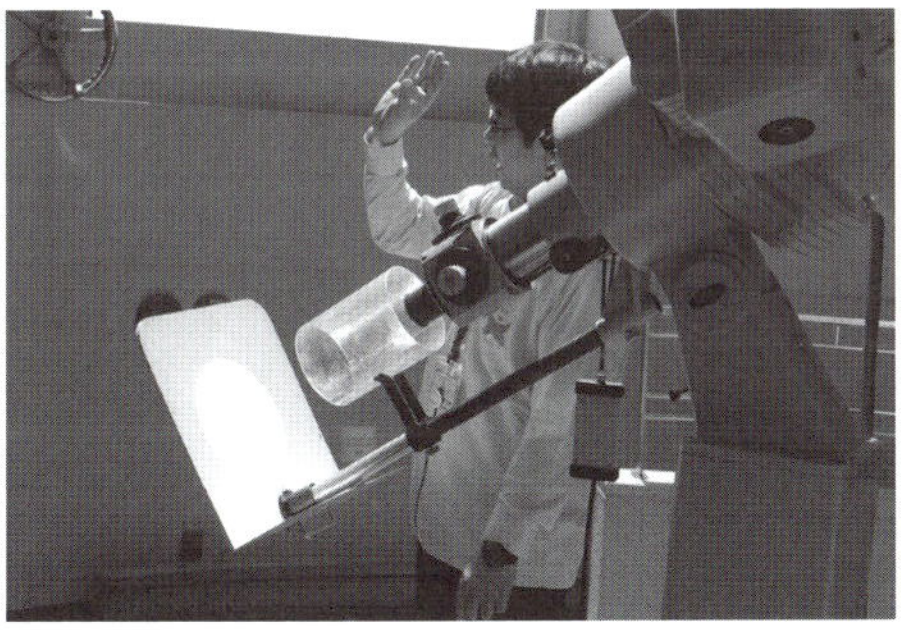

DATA

- ：福岡県青少年科学館
- ：福岡県久留米市東櫛原町 1713
  TEL 0942-37-5566
- ：9:30～16:30(平日)、9：30～17：00(土・日・祝日)
- 休：月曜日(休日の場合は翌日)、館内整理日、年末年始
- ¥：一般：400 円・児童・生徒：200 円・4 歳未満、65 歳以上は無料　※コスモシアターは別料金、セット券あり
- 駅：【西鉄】久留米駅より徒歩 15 分、櫛原駅より徒歩 10 分
- ：あり(150 台)無料
- HP：http://www.science.pref.fukuoka.jp/

INFORMATION

年3回実施する「星と音楽の夕べ」は、季節の星空巡りとコンサートを楽しんでいただく企画です。プラネタリウムで、星空を楽しみ、音楽を楽しみ、贅沢な時間を味わっていただきます。『七夕』『クリスマス』『バレンタイン』の時期に実施していますのでご予約お待ちしております。

《ゆめぎんが》でひらく好奇心のとびら
科学っておもしろい!!

佐賀県立宇宙科学館（ゆめぎんが）

自然豊かな中に宇宙基地を思わせるような外観が印象的です。

「宇宙から地球・佐賀を発見する。佐賀から地球・宇宙を発見する」をテーマに科学を楽しく学ぶことを目的とし、1999年7月に九州最大の総合科学館と

スペースサイクリング

然な星空を体験できるプラネタリウム

見所展示・体験コーナー

宇宙空間での姿勢制御シミュレーションを体験できる「宇宙トレーナー」や月面歩行の疑似体験ができる「ムーンウォーク」では楽しみながら宇宙での動きを疑似体験できます。重さ200kgの鉄隕石は実際に触れることができます。

宇宙発見ゾーン全体では、太陽系や銀河系、宇宙に関する最新の天文学に触れ、世界の宇宙開発、歴史、日本の宇宙開発技術に関する最新情報を学ぶことができます。

して開館しました。

宇宙・佐賀・地球の3つのゾーン・プラネタリウム・天文台を備え、フリーゾーンには、ミュージアムショップ、図書室、こどものひろば（授乳室）、レストランなどがあります。

開館16年目の2015年7月には現代の社会情勢や技術に合わせ、「宇宙・佐賀・地球とわたしたち」のつながりより深く感じていただけるような科学館へということで、地球発見ゾーンを中心に展示物を大幅にリニューアルしました。

《ゆめぎんが》だけでしかできない体験や、展示物を自ら試すことを通し、「なぜ?」「不思議?」といった科学への興味を抱き、科学は「おもしろい」「楽しい」ということを感じてほしいと願っています。

プラネタリウムは2012年3月にリニューアルし、地上で見られる天の川や星団をリアルに映し出し、街灯りが少なかった頃の星空をリアルに再現しています。また口径20㎝の屈折望遠鏡では、太陽や季節の星の観察ができます。

DATA

：佐賀県立宇宙科学館
：佐賀県武雄市武雄町永島16351
TEL 0954-20-1666
：平日9:15～17:15、土・日・祝9:15～18:00
休：月曜日（祝日の場合は翌日）
¥：大人：510円・高校生：300円・小中学生：200円・幼児4歳以上：100円
駅：【JR佐世保線】武雄温泉駅よりタクシーで15分／【長崎自動車道】武雄北方ICより15分
：あり（500台）無料
HP：http://www.yumeginga.jp/

INFORMATION

年に3回企画展を開催。地域に密着したものから自然分野、天文分野など様々なテーマで開催。春に開催のビー玉を転がして様々な仕掛けを動かす「ビーコロ®」は2011年から毎年開催している宇宙科学館ならではの企画展です。周辺には湖や芝生広場がありピクニックやバーベキューが楽しめます。春には約200本の桜が満開となりお花見もできます。

世界一のプラネタリウムで満天の星空を体感しよう!!

長崎市科学館（スターシップ）

長崎市科学館は１９９７年４月にオープンしました。「長崎から地球、そして宇宙へ」をテーマにつくられた展示室は、長崎ゾーン・地球ゾーン・宇宙ゾーンで構成されております。

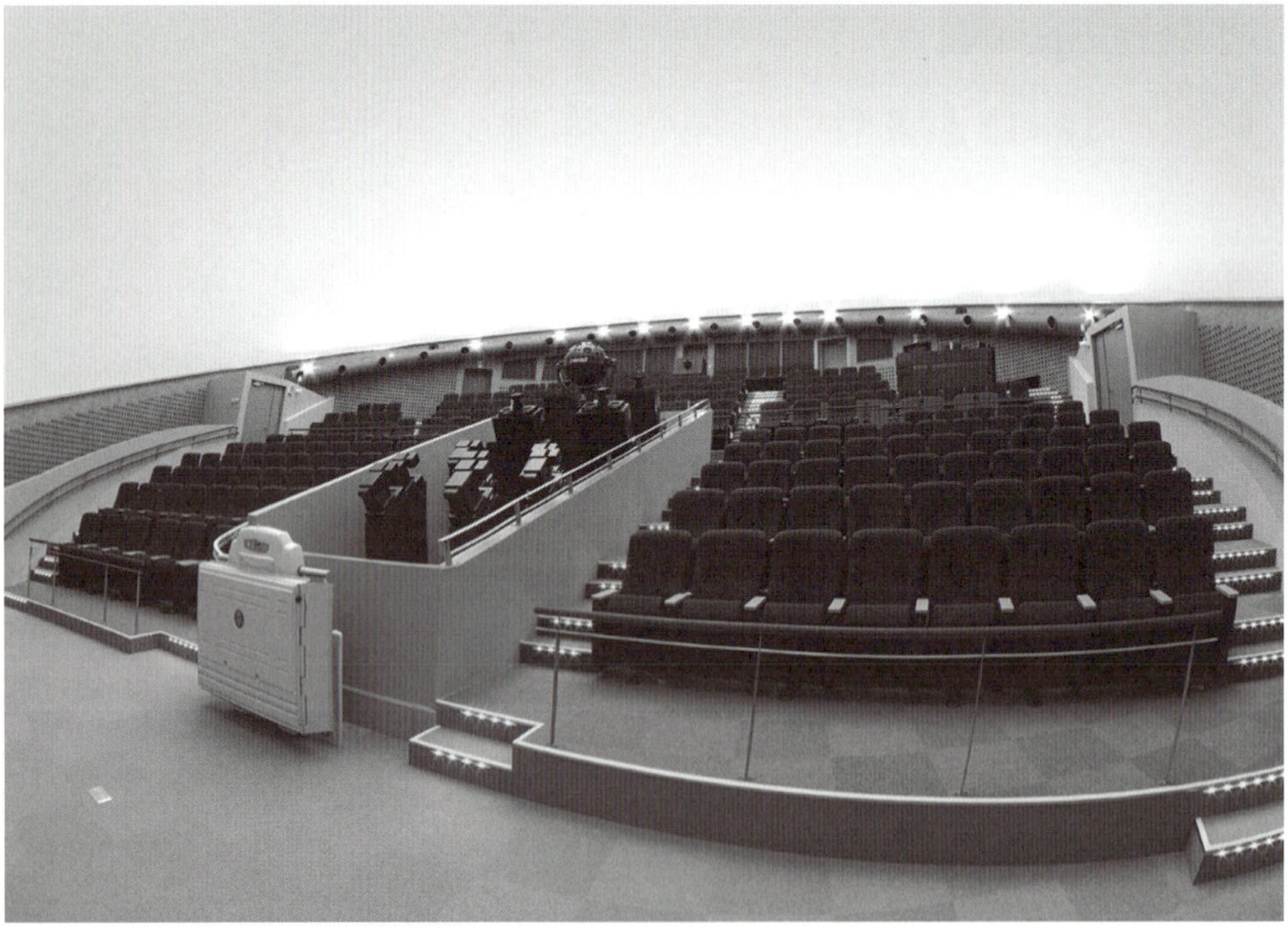

リニューアルしたプラネタリウム会場内　©GOTO

見所展示・体験コーナー

見所は、長崎で発見された恐竜「ハドロサウルス類の大腿骨の化石」をはじめ、発掘当時のようすなどをともに展示しているスペースです。

また、ビックバン理論を基本に、宇宙の誕生・成長・現在のようすや太陽系の天体について紹介する「広がる宇宙ゾーン」があり、その中で宇宙旅行の疑似体験ができる体験型アトラクション「宇宙船アドベンチャー号」をはじめ、太陽や月のつくりなど宇宙に関する展示をおこなっています。

そのほかに地震体験ステージをはじめ宇宙船アドベンチャー号など、大型の体験型アトラクションがあります。

２０１４年３月にリニューアルオープンしたプラネタリウムには、〝最も先進的なプラネタリウム〟として世界一に認定された『ケイロンⅡ』、４Ｋ×４Ｋを実現する究極のデジタル映像で３次元の宇宙を演出する究極のデジタル映像システム「バーチャリウムⅡ」など最先端の機器が導入されました。

リニューアルしたプラネタリウムは、約１億４０００万個の星たちを映し出し、満天の星空をお楽しみ頂け、リラックスしたひとときを満喫できます。

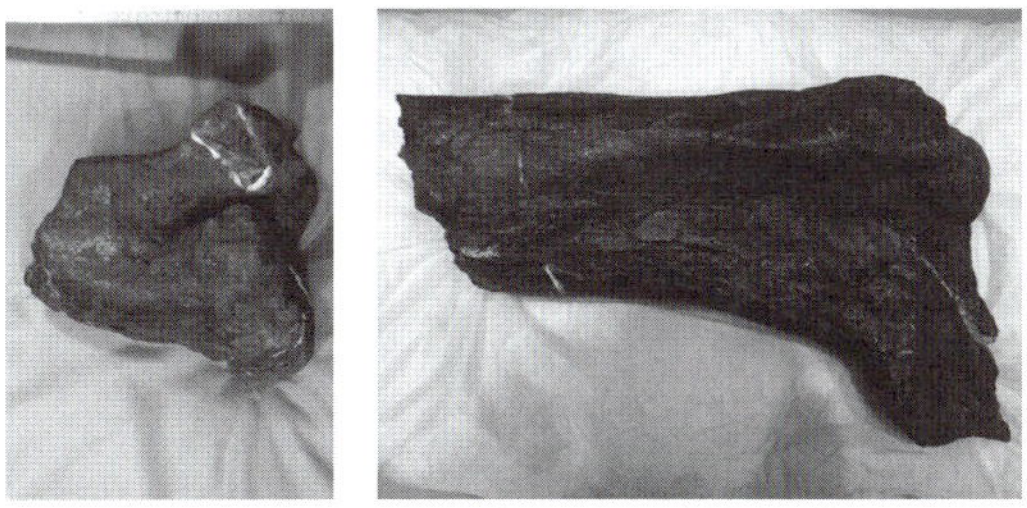

長崎県で発見されたハドロサウルス類の大腿骨の化石

DATA

- 📍：長崎市科学館
- ★：長崎県長崎市油木町 7-2
  TEL 095-842-0505
- 🕘：9:00〜17:00
- 休：月曜日
- ¥：展示室　大人：410 円・子ども：200 円　※プラネタリウムは別料金、セット券あり
- 駅：【JR 長崎本線】長崎駅よりバスで「護国神社裏」下車、徒歩 1 分
- 🚗：あり（222 台）無料
- HP：http://www.nagasaki-city.ed.jp/starship/

INFORMATION

長崎市科学館では、春と夏の特別展に加え、企画展、約 20 のブースで実験・工作が無料で体験できるスターシップフェスタや、数種類のスライムを作ることができるスライムまつりなどを開催しています。また、プラネタリウムでは、アロマテラピーと組み合わせたアロマプラネタリウムや満点の星空と生演奏が一緒に楽しめるコンサートなどを開催しています。

力、電気、音、光などの科学を楽しく体験できます。

荒尾総合文化センター子ども科学館（子ども科学館）

荒尾総合文化センター子ども科学館は、荒尾市のほぼ中央に位置し、科学の原理、原則について動態展示を中心とした科学館として１９８６年に開館しまし

科学の歴史（古代の火から未来の火）

Ⅱロケット展示セット

た。２階建の施設には約40点の常設展示物があり、触ったり、動かしたりして楽しく理解できるような展示になっています。特別展や「夏休み実験教室」などの参加型イベントも毎年開催しており親子で楽しめるイベントとして大変人気があります。最近はロケット打ち上げのパブリックビューイングや最新の宇宙の話題など、宇宙に関するイベントや展示も取り入れ、より幅広い活動を目指しています。

また科学館敷地内には、毛利宇宙飛行士とともに宇宙飛行した種子から育った「宇宙桜」もあり、毎年春にはきれいな花を咲かせています。科学館にお越しの際はぜひお立ち寄りください。

科学館周辺には世界文化遺産に登録されている「万田坑」やラムサール条約湿地に登録されている「荒尾干潟」、遊園地などの施設もあり、１日を通して家族で楽しめるスポットとなっています。隣接する福岡県大牟田市にはプラネタリウムや動物園などの施設もあり、車で20分圏内に多くの施設があります。

見所展示・体験コーナー

☆H- Ⅱロケット 1/30 模型展示セット

☆ JAXA と JSF による国内外の宇宙開発に係る最新情報をまとめた DVD を視聴できる「ものしりテレビ（Space i）」コーナー

☆宇宙に関する冊子などを読むことができる図書コーナー

☆施設内の吹き抜け上部には 1983 年に打ち上げられた通信衛星さくら２号の模型（4/5）が展示してあり実際に宙に浮かんでいるようすを見ることができます。

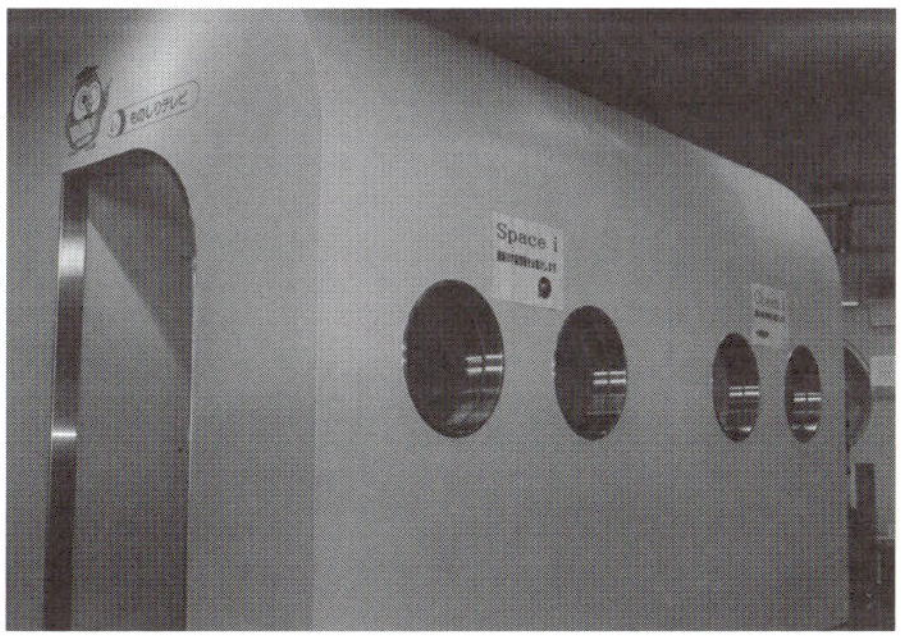

DATA

：荒尾総合文化センター子ども科学館
：熊本県荒尾市荒尾 4186-19
TEL 0968-66-4111
：9:00〜17:00
休：火曜日（祝日の場合は翌日）、12/28〜1/4
¥：大人：210 円・高校生：150 円・小中学生：100 円・小学生：未満無料
駅：【JR 鹿児島本線】荒尾駅より車で７分、またはバスで「文化センター前」下車すぐ
：あり（360 台）無料
HP：http://www.city.arao.lg.jp/abc/

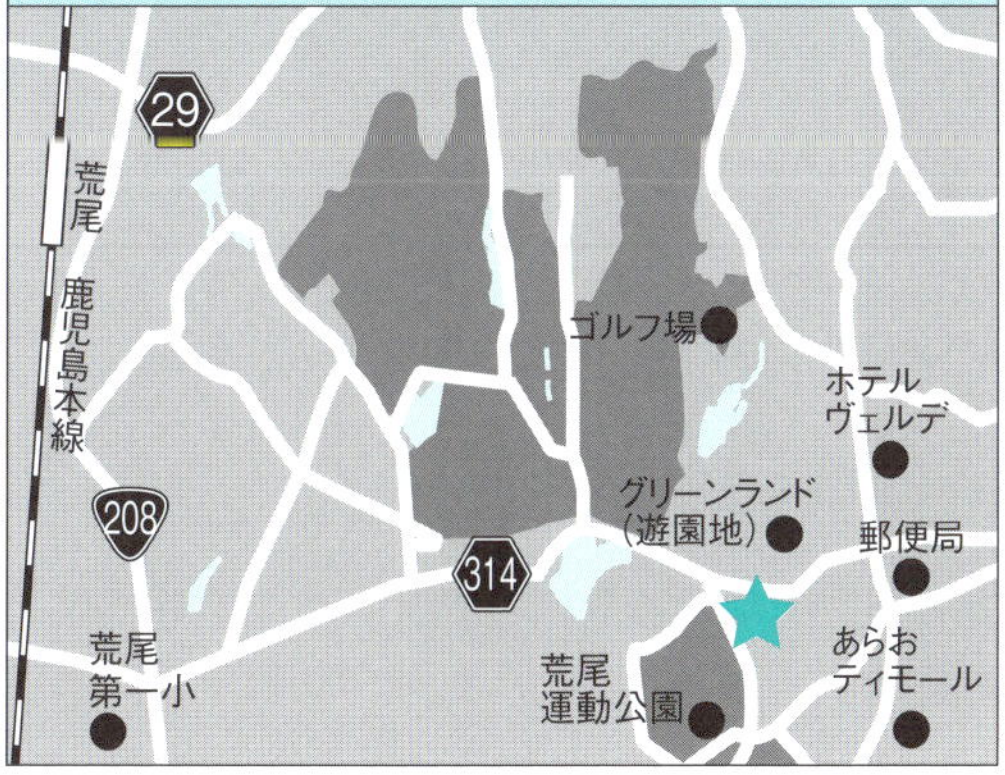

INFORMATION

特別展示のほか、実験教室などの参加型イベントなども実施しています。また、ロケット打ち上げのパブリックビューイングなども実施しています（パブリックビューイングは必ず実施しているものではありません）。

世界最大級のプラネタリウムドームで再現される美しい宇宙！

宮崎科学技術館（コスモランド）

宮崎市制60周年を記念して、１９８７年8月にオープン！

明日を担う子どもたちに「科学する心」と「創造性」を培う場として開設されました。

マスコットキャラクター「コスモ博士」！

州最大のドームに広がる満天の星空

1、2階展示室、3階プラネタリウムの3階建てです。

入り口を入ると、当館マスコットキャラクターでもあるロボットの「コスモ博士」がお出迎えします。

1、2階の展示室には約100点の展示物があり、体験型の展示物では体を使って楽しく科学について学ぶことができます。大型実験機も2台あり、インストラクターがわかりやすく解説します。

3階のプラネタリウムでは、直径約27mのプラネタリウムドームに、恒星投映機「スーパーヘリオス」が美しい星空を再現します。また全天ビデオ投映システムにより、迫力ある映像をお届けします!

小さなお子様から大人の方まで、幅広い年代に楽しんでもらえる館作りを目指しています。

宮崎駅東口を出て徒歩約2分と、遠方の方でもわかりやすい場所にあります。

銀色のドームと全長約40mの大きな「H-Iロケット」が目印です!

見所展示・体験コーナー

オススメは３つの実物大模型と本物の人工衛星です！

実物大模型は、世界で２つだけしかない「アポロ 11 号月面着陸船イーグル号」や、実際に試乗できるのは珍しい、ジェミニ計画で使用された宇宙船「ジェミニカプセル」、館外には全長約 40m ある「H-Ｉロケット」があります。本物の人工衛星は「きく５号」の地上実験用モデルが展示されています。

体験展示物では、惑星の重力を利用して軌道を変更する「スイングバイ」の原理を体験できるゲームや、宇宙船の操縦をシミュレーションできたり、宇宙船の姿勢制御に使われる「ジャイロ」を体感できる展示室があります。

DATA

- ：宮崎科学技術館
- ：宮崎県宮崎市宮崎駅東 1-2-2
  TEL 0985-23-2700
- ：9:00〜16:30
- 休：月曜日（祝日を除く）、祝日の翌日、12/29〜1/3
- ¥：高校生以上：540 円・4 歳〜中学生：210 円
  ※プラネタリウムは別料金
- 駅：【JR 日豊本線】宮崎駅より徒歩 2 分
- ：あり（40 台）無料
- HP：http://cosmoland.miyabunkyo.com/

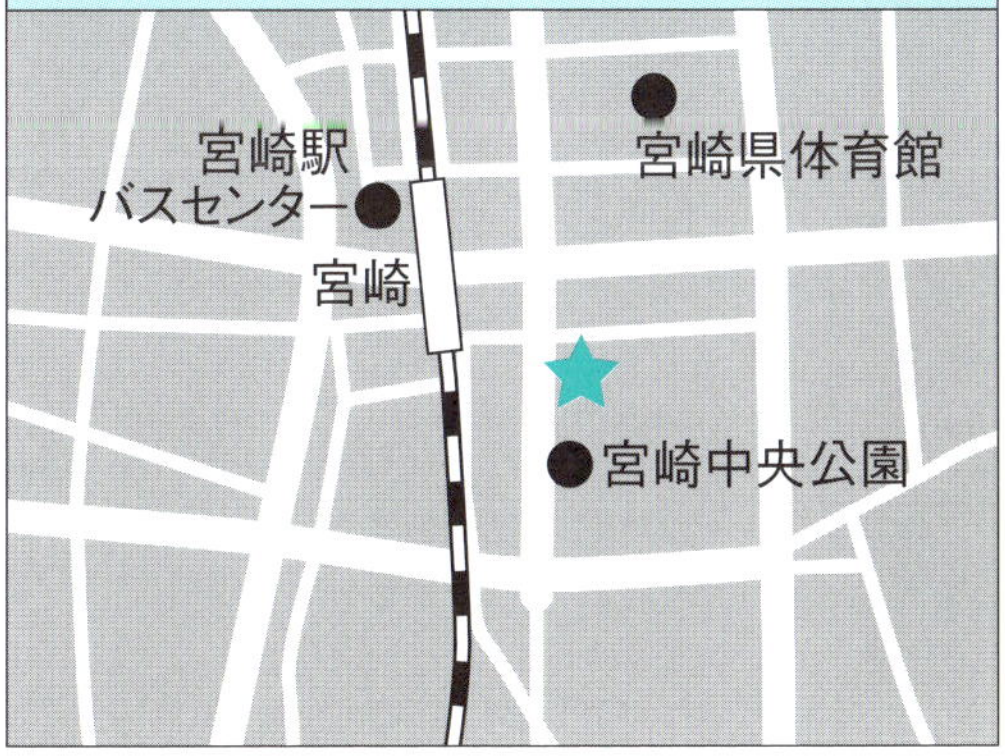

INFORMATION

通年のイベントでは、小さなお子様から参加できる工作教室や、プラネタリウムでのコンサートや読み聞かせ、年間 30 回おこなう実験ショー、科学分野の専門家と気軽にお話できるサイエンスカフェなどをおこなっています。またロケット打ち上げの際などは、当館でパブリックビューイングをおこない、市民の皆様へ科学の普及に努めています。

もっと科学がおもしろくなる、
もっと鹿児島が好きになる。

鹿児島市立科学館（ビックアイ）

当館は、鹿児島市の市制施行１００周年記念事業の一環で、鹿児島市立図書館との複合施設として建設され、２０１５年12月に開館25周年を迎えました。

「もっと科学がおもしろくなる、もっと鹿児島が好きになる」をテーマに、鹿児島のシンボルである活火

さわれる太陽

宙劇場「プラネタリウム」

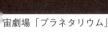

山「桜島」をはじめとする鹿児島ならではの地域資源を題材に、参加体験型の展示を多く充実して、大人から子どもまで楽しみながら科学の不思議を体験できる施設です。

入館者が気軽に科学実験に参加できる「科学劇場」と簡単な科学工作にチャレンジできる「だれでも工房」が展示場の大きな目玉となっており、この「科学劇場」と「だれでも工房」の周辺を大きな実験室に見立てて「サイエンスラボ」ゾーンと称し、体験型の展示物が約30点ほどあります。

また、土曜日限定（※第2を除く）で来館者を対象に様々な実験や工作を楽しめるサイエンスワークショップも人気です。

「宇宙劇場」では、約1000万個の星を投影できる光学式投影機と全天デジタル映像を組み合わせた「プラネタリウム」と、世界最大のフィルムを使用した大型映像「ドームシネマ」の2つの番組を入れ替え制で上映しております。直径23mの巨大ドームスクリーンに美しい星空や臨場感いっぱいの大迫力の映像が広がります。

見所展示・体験コーナー

2014年4月に4階の「宇宙の科学」ゾーンに新たに加わった「はやぶさシミュレータ」は、小惑星探査機「はやぶさ」がおこなったミッションをゲーム感覚で体験できる装置です。多くの困難を抱えながらも、地球へ帰還した「はやぶさ」の打ち上げから地球スイングバイ、タッチダウン、通信途絶からの回復などの運用を、映像を見ながら直感的にマウスで操作できます。対象年齢は小学校高学年から中学生となっていますが、それより低い年齢でも体験できる仕様となっており、お子様から大人まで楽しめる内容です。

DATA

- ：鹿児島市立科学館
- ：鹿児島県鹿児島市鴨池 2-31-18
  TEL 099-250-8511
- ：9:30〜18:00（入館 17:30 まで）
- 休：火曜日（祝日の場合は翌平日）、12/29〜1/1
- ¥：高校生以上：400円・小中学生：150円　※プラネタリウムは別料金
- 駅：【JR 鹿児島本線】鹿児島中央駅より市電2系統「郡元電停」下車、徒歩10分
- ：あり（市営駐車場：380台）3時間まで無料
- HP：http://k-kb.or.jp/kagaku/

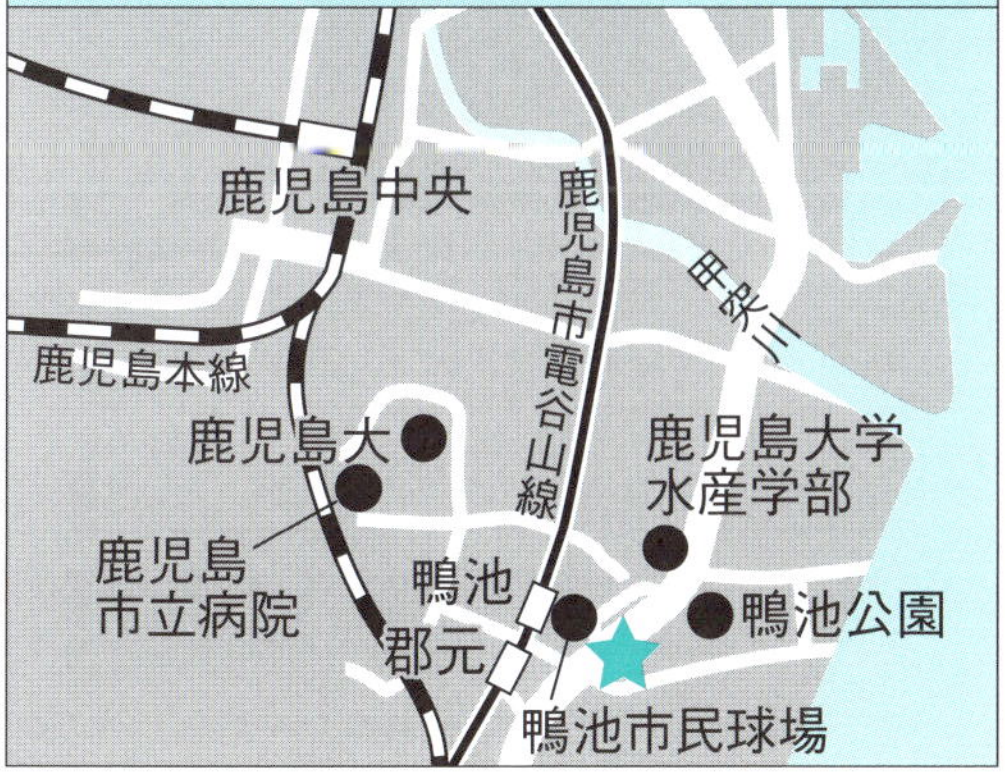

INFORMATION

年に1回、「青少年のための科学の祭典」を2日間実施しています。小・中学校、高校・大学などの先生方や企業・団体が様々な実験や工作のブースを各日40近く設置し、毎年1万人前後の入場者があります。会期中はどなたも無料で入場でき、鹿児島県内では最大規模の夏の科学教育イベントとなっています。

宇宙開発の最前線の施設や設備を備えている観測所

JAXA内之浦宇宙空間観測所　宇宙科学資料館

内之浦宇宙空間観測所は、地球の周りから遠い宇宙までの研究や、宇宙で新しい技術の実験をするために、観測ロケットや人工衛星の打ち上げをおこなっている実験場です。また、打ち上げた人工衛星から観測データを受け取る重要な役割も担っています。

この観測所が1962年に東京大学の施設として開設されてから、究極の固体燃料ロケットを目指し、大小合わせて404機のロケットが打ち上げられ、2013年からはイプシロンロケットが活躍を始めています。そして、この地から、日本初の人工衛星「おおすみ」や小惑星「イトカワ」から星のかけらを持ち帰った小惑星探査機「はやぶさ」など、28機の科学衛

資料館内吹き抜けには
ロケットの1/3模型

施設特別公開でのロケット発射
装置駆動実演

星が宇宙へと旅立ちました（2015年時点）。

宇宙科学資料館には、この観測所から打ち上げられたロケットによる実験や観測の成果、宇宙科学の研究に関する資料などが展示されています。ロケットや人工衛星の縮尺模型、科学観測機器や装置の実物、「おおすみ」打上げ時に実際に使用した発射管制卓、ロケット発射装置の動く模型、ロケット打上げ実験などの映像ライブラリーを備え、宇宙科学について楽しく学ぶことができるようになっています。

また、観測所内も見学できます。観測所入口の受付で渡される施設見学マップに添って、ロケット発射場や、衛星との通信をおこなう直径34m・20mのパラボラアンテナなどの施設・設備をご覧ください（建屋内に入ることはできません）。内之浦から打ち上げたロケットの実物大模型も展示されていますので、ぜひ、その大きさを確かめてみてください。

今も宇宙開発の最前線で活躍する施設や設備をご覧になり、宇宙へと思いを馳せてみてはいかがでしょうか。

見所展示・体験コーナー

この観測所は山の地形を利用した台地に機能的に建物が配置された、世界でも珍しい特色のあるロケット打上げ場です。日本のロケット開発の父である糸川英夫博士が、北は襟裳岬から南は種子島まで全国を回り、最終的にこの内之浦の地を選びました。

観測所で最も高い標高344mに位置する衛星《ほし》ケ《が》丘《おか》展望台からは施設を一望でき、音声ガイドによる施設案内をお楽しみいただけます。海や山々の眺めも美しく、天気のいい日には海の向こうに種子島や馬毛島を、運がよければさらに遠くの屋久島も望めます。条件がよければ観測所から種子島宇宙センターから打ち上げられた大型ロケットの飛翔を見ることもできます。

DATA

：JAXA 内之浦宇宙空間観測所　宇宙科学資料館
：鹿児島県肝属郡肝付町南方 1791-13
TEL 050-3362-3111
：8:30～16:30
休：無休　※ロケット打上げ作業時に規制あり、その他臨時休館あり
¥：無料
駅：鹿児島空港よりリムジンバスで「鹿屋」まで約 100 分、鹿屋からタクシーで約 45 分／【九州自動車道】溝辺鹿児島空港 IC より車で約 110 分
：あり（5～10 台）無料
HP：http://fanfun.jaxa.jp/visit/uchinoura/

INFORMATION

観測所では毎年、施設特別公開を開催し、普段は見ることや入ることができないロケット組立室や発射装置、管制室などの施設・設備を公開しています。一番の目玉は、ロケット発射場である内之浦でしか体験できない、ロケット発射装置の駆動イベントです。ランチャが目の前で動くようすは迫力があります。

世界一美しいといわれる ロケット発射場にある科学館

ＪＡＸＡ種子島宇宙センター　宇宙科学技術館

種子島宇宙センター内にある科学館です。館内ではロケットはもちろん、人工衛星や国際宇宙ステーション計画、惑星探査など宇宙開発における様々な分野について、展示・紹介しています。

まず目をひくのが、２００６年にＨ-ⅡＡロケット８号機で打ち上げられた陸域観測技術衛星（ＡＬＯＳ）です。ＡＬＯＳは「だいち」という愛称で呼ばれ、地球観測衛星としては世界最大級の大きさになります。

「だいち」の大きさにびっくり！

館内に展示されているものは試験機で、本物とほぼ同じ大きさですので「だいち」の迫力を間近で感じることができます。また、館内エントランスの床には、「だいち」が撮影した種子島を含む南九州の衛星画像も展示されています。詳細な衛星画像のため、種子島周辺の位置関係も一目で知ることができます。種子島の観光スポットを探してみたり、鹿児島本土から種子島までの道のりを歩いて体験してみてください！

館内には国際宇宙ステーションの実験室の中でも一番大きい「きぼう」日本実験棟の実物大模型も展示されています。コンピューターを使った実験シミュレーションも体験することができ、宇宙飛行士の気分を味わうことができます。

また、「はやぶさシミュレータ」は楽しみながら学べるシミュレーションゲームで、2003年に打ち上げられ、2010年に地球へ帰還した小惑星探査機「はやぶさ」が実際におこなった5つのミッションを、自分が管制官になったつもりで体験することができます。ミッションは映像を見ながら、マウスやキーボードを操作してチャレンジする内容ですので、子どもから大人まで楽しむことができます。

見所展示・体験コーナー

種子島宇宙センターのいちばんの魅力は、なんといっても「ロケット打上げの現場」であること！宇宙科学技術館では、センター内の打上げ関連施設を専任ガイドによる解説付きで見学するツアーをおこなっており、ロケットを打ち上げる射点を間近で見学することができます。ツアーでは大型ロケット発射場のほかに、打ち上がったロケットの追尾、管制をおこなう総合指令棟、国立科学博物館が選定する「未来技術遺産」に登録されたH-Ⅱロケット７号機の実物も見学することができ、ロケットをより身近に感じることができます。
※宇宙センター内の作業のため、ツアーコースが変更になる場合があります。

DATA

：JAXA 種子島宇宙センター　宇宙科学技術館
★：鹿児島県熊毛郡南種子町大字茎永字麻津
TEL 0997-26-9244
：9:30〜17:00（７〜８月は 9:30〜17:30）
休：月曜日（祝日の場合は火曜日、８月は原則無休）、12/29〜1/1　※ロケット打上げなどで臨時休館になる場合があります。
¥：無料
駅：種子島空港より車で約 50 分／西之表港より車で約 90 分
：あり（普通車 43 台、大型車５台）無料
HP：http://fanfun.jaxa.jp/visit/tanegashima/

INFORMATION

種子島宇宙センターでは、毎年「種子島宇宙センター特別公開」を開催しています。特別公開では、普段立ち入ることのできないセンターの施設内部を紹介するスペシャルバスツアーや、水ロケットの製作・打上げ体験、地元団体の舞台パフォーマンスなど、子どもから大人まで楽しめるイベントが盛りだくさん！開催日が決まり次第、ホームページでお知らせします。また、３月には学生や社会人が日本全国から集まり、自作のモデルロケット、CanSat を持ち寄って競技をおこなう、「種子島ロケットコンテスト」も開催されます。

北九州市立児童文化科学館

プラネタリウムでは、解説員がライブでお届けする「今夜の星空」もおすすめです。

当館は、1960年に開館以来、多くの北九州市民に親しまれ、常設展示や企画展、各種教室などを通じて、子どもたちの科学や文化への興味を育ててきました。

プラネタリウムのある天文館は1970年にオープンし、現在は2代目の投映機が活躍中。迫力ある映像をお楽しみいただける「一般投映」だけではなく、「字幕付きプラネタリウム」、「星空キッズアワー」、「星空ライブアワー〜星空さんぽ〜」などの特別番組もございます。

常設展示には、体験型のものが数多くあります。中でも、台風並みの風を体感する施設、赤外線センサーを体験できる施設、シーソーゲームをしながらものの釣り合いが学べる「パニックボール」は人気です。

見所展示・体験コーナー

天文館2階には、日本最大級と言われている「太陽系運行儀」があります。小学校４年生の天文学習にも利用されています。「月の満ち欠け」は、その名のとおり月の満ち欠けを楽しく学べます。「太陽系惑星の比較」では、太陽系の惑星の大きさや種類をわかりやすく学べます。

プラネタリウムのある天文館３階には、現在の太陽の姿を見ることができる太陽望遠鏡があります。また、屋上の天文台には、20cm クーデ式望遠鏡が設置され、観望会などで見ることができます。

本館２階には、国産初大型プラネタリウム L-2型（北天側）を展示しています。

DATA

- ：北九州市立児童文化科学館
- ：福岡県北九州市八幡東区桃園 3-1-5
  TEL 093-671-4566
- ：9:00〜17:00（入館は 16:30 まで）
- 休：月曜日（祝日の場合は翌日）、年末年始
- ¥：大人：300 円・中高生：200 円・小学生 150 円・幼児：無料
- 駅：【JR 鹿児島本線】黒崎駅よりバスで「市立児童文化科学館前」下車、徒歩５分
- ：あり（桃園公園駐車場：100 台）無料
- HP：http://www.city.kitakyushu.lg.jp/shisetsu/menu06_0013.html

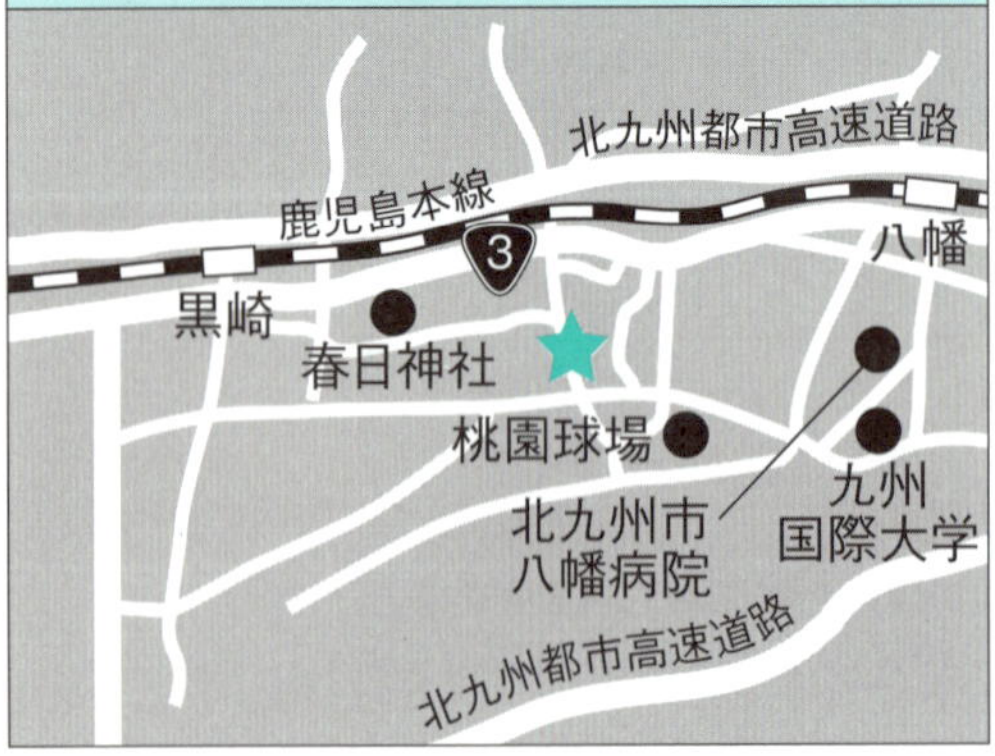

INFORMATION

春と秋には、科学工作や高校や大学の発表の場として「わくわくサイエンスキッズ」を開催しています。また、児童文化科学館前の広場では、ミニ SL を運行し、大変多くの来場者があります。夏休みには、「ロボットフェア」をおこなっています。中学生から大学生そして企業のロボットに携わっている人たちの発表の場を提供する催しをおこなっています。

姶良市スターランドAIRA（スターランドAIRA）

北山のおいしい自然の空気を吸いながら、天体観測を楽しみませんか？

鹿児島県姶良市北山地区にある天文施設で、天の川が良く見える星空のきれいな場所にあります。１９９３年に開館以来、多くの方に利用されています。また、姶良市内の小学生の理科学習でも活用されています。

天文台と聞くと、「難しそう…」と思われますが、わかりやすい解説に努めています。

施設では、プラネタリウム番組、屋上では大型天体望遠鏡による太陽、天体などの観察をご案内しています。プラネタリウムでは、室内で、季節折々の星座や星々、物語を楽しくわかりやすく解説しています。大型天体望遠鏡では、昼間の星の観察や、夜間開館日には、惑星や月、季節折々の天体をご案内しています。

見所展示・体験コーナー

☆天体望遠鏡展示コーナー☆天体望遠鏡といっても色々な種類のものがあります。ここでは、実物を展示して天体望遠鏡ごとにその特徴をわかりやすく説明してありますよ。

☆月の模型・写真展示コーナー☆月の模型と写真で月について勉強ができます。ここにくればあなたも月博士？

☆隕石＆隕石関係物質コレクション☆館長秘蔵のコレクションの一部を特別に展示しております。隕石コレクターの方々必見ですよ。ぜひご覧ください。

☆星雲・星団ガイドマップ☆館長撮影の美麗天体写真の数々が展示してあります。季節ごとに星雲・星団の写真が展示してあるのでわかりやすいですよ。

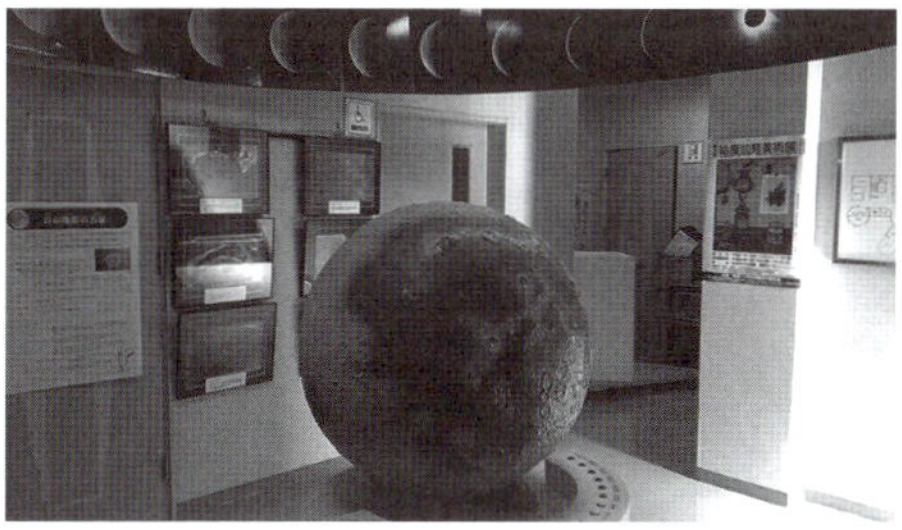

DATA

- ：姶良市スターランド AIRA
- ：鹿児島県姶良市北山 997-16
  TEL 0995-68-0688
- ：9:00～16:30（水～金曜日）、13:00～21:00（土、日曜日）
- 休：月・火曜日（祝日は開館）、25 日（土、日曜日の場合は開館）、12/28～1/4
- ¥：大人：210 円・子ども（小学生以上）：100 円・幼児：無料
- 駅：【九州自動車道】姶良 IC より車で 30 分
- ：あり（20 台）無料
- HP：http://www.synapse.ne.jp/starlandaira/

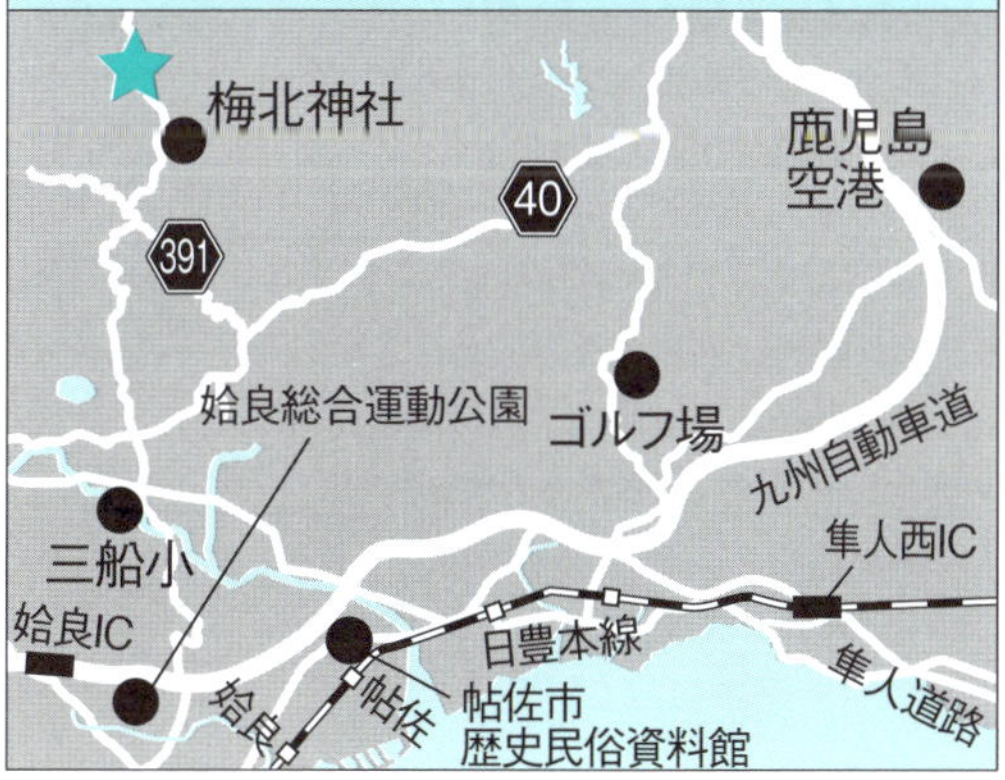

INFORMATION

５月（GW 連休期間）：こどもの日工作教室（万華鏡・プチロケットづくり）、７月：自由研究お助けします（自由研究題材講座）、８月：水ロケット工作教室、星空キャンプ。そのほか、毎月天体観望会、毎月第３土曜日に工作教室も実施しています。イベントなどの開催については、ホームページにイベント内容、日程などの詳細を随時掲載していきますのでご確認ください。

JAXA増田宇宙通信所 展示室

人工衛星とロケット設備が一緒にある！

増田宇宙通信所は、パラボラアンテナを用いて人工衛星の追跡管制・ロケットの飛行状態の監視をおこなっています。人工衛星とロケット、2つの設備が一緒にあるのは、日本で内之浦と増田だけです。

展示室では、実際に追跡している人工衛星の縮尺模型を展示しており、パネルなどを見て増田宇宙通信所の追跡管制業務について知ることができます。そのほかにも、宇宙に関する映像を見ることができるビデオコーナーなどがあります。

見所展示・体験コーナー

事前にご連絡いただければ、施設見学案内をお聞きいただけます。タイミングが合えば、実際に動いている（運用中の）アンテナを見ることができます。また、増田宇宙通信所閉館後に、通信所の夜空に緑色の光が見えることがあります。これは、衛星レーザー測距設備（SLR）が、レーザー光を用いて衛星の「位置測定」をおこなっている際に見られるものです。見られる機会は少ないですが、この光は人工衛星まで続いています。

DATA

：JAXA 増田宇宙通信所　展示室
：鹿児島県熊毛郡中種子町増田 1887-1
TEL 0997-27-1990
：10:00～17:00
休：無休　※臨時休館あり
¥：無料
駅：種子島空港より車で 15 分／【鹿児島「南埠頭」】「西之表港」より車で 45 分
：あり（普通車約 15 台、大型車 10 台）無料
HP：http://fanfun.jaxa.jp/visit/masuda/

INFORMATION

毎年、秋に施設一般公開をおこなっています。宇宙服試着体験や工作、クイズなどご家族で楽しめるイベントを用意。特におすすめなのが、「屋外施設案内ツアー」です。普段は一般の方が入ることのできない場所を巡りながら、追跡業務やアンテナの説明をお聞きいただけます。そのほかにも、種子島宇宙センター「特別公開」への出展をおこなっています（年１回、４～７月頃）。

JAXA沖縄宇宙通信所 展示室

パラボラアンテナは人工衛星の健康見張り番です。

沖縄宇宙通信所は、沖縄本島のほぼ中央部に位置する恩納村にあり、JAXAの施設のひとつです。直径18mと10mのパラボラアンテナを使って人工衛星の軌道や姿勢などのデータを受信し、状況に応じて人工衛星に対してコマンド（指令電波）の送信をおこなっています。

展示室には、放送衛星のエンジニアリングモデルのほか、歴代の人工衛星やロケットの縮尺模型や旧追跡管制設備の実物が並んでいます。ビデオルームや宇宙情報ルームもあり、宇宙開発について楽しく学べます。

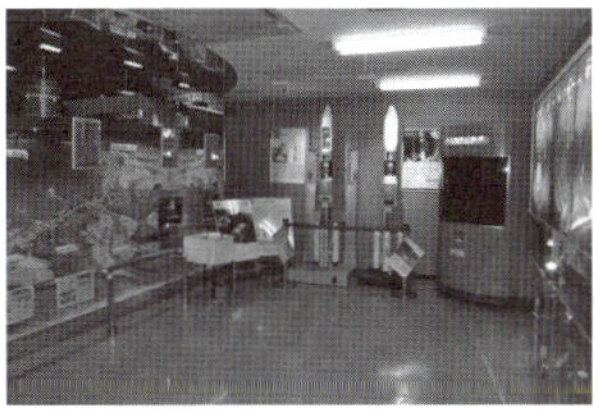

見所展示・体験コーナー

沖縄宇宙通信所は、JAXAの国内拠点の中で、最も南にあり、その特徴を活かして、赤道上空の静止衛星「きずな」「きく８号」などの追跡管制に使用されています。

南国の青い空に映える白いパラボラアンテナやシーサーなど、沖縄らしさを楽しみながら、宇宙開発について触れることができる施設となっています。

INFORMATION

毎年、秋に施設一般公開をおこなっています。宇宙服試着体験や工作、クイズなどご家族で楽しみながら、沖縄宇宙通信所をより身近に感じられるイベントを用意しています。イベント情報は、ホームページでご確認ください。

DATA

: JAXA 沖縄宇宙通信所　展示室
: 沖縄県国頭郡恩納村字安富祖金良原 1712
TEL 098-967-8211
: 10:00～17:00
休 : 無休　※臨時休館あり
¥ : 無料
駅 : 那覇空港国内線第一ビルよりバスで「ホテルみゆきビーチ前」下車、徒歩約 30 分／【沖縄自動車道】屋嘉 IC より車で約 30 分
: あり（普通車約 15 台、中型バス約 3 台）無料
HP : http://fanfun.jaxa.jp/visit/okinawa/

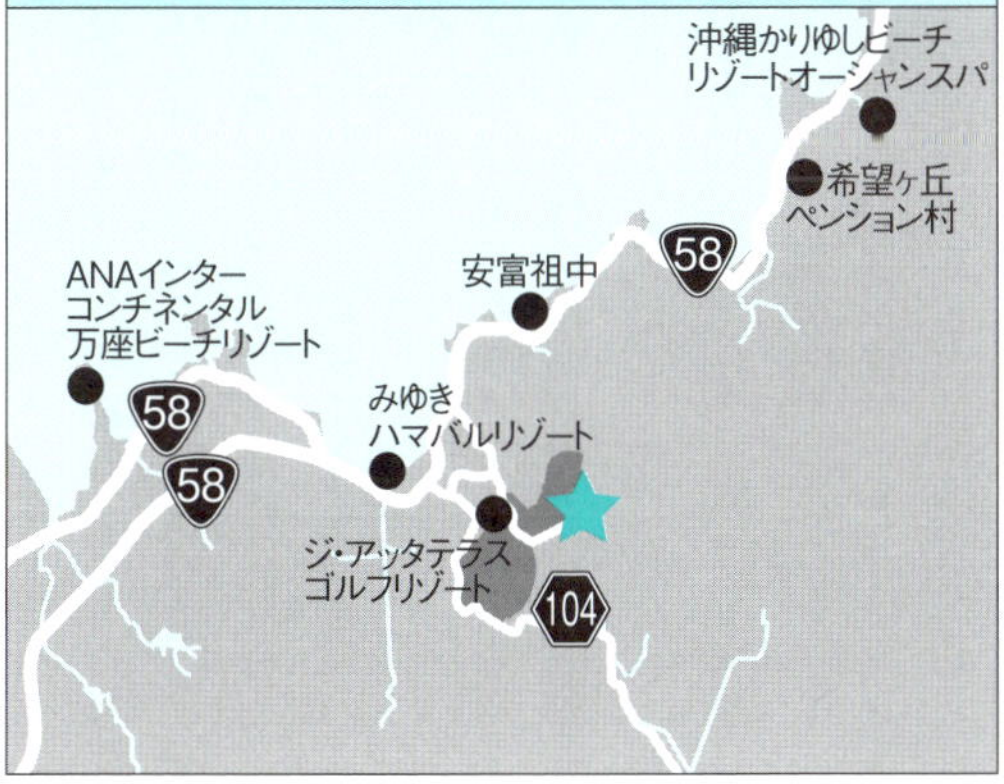

母親目線による「科学館のすすめ」

天文台マダム
梅本真由美

遠い宇宙から現実の宇宙へ

私が子どものころ、宇宙は遠いあこがれでした。

アポロ計画のあとパイオニア、ボイジャーといった惑星探査機が送り出され、テレビ画面には「本物の宇宙映像」が映し出されました。宇宙から見た美しい地球や、無重力空間にフワフワ浮かぶ外国人の宇宙飛行士を見て「私も宇宙へ行ってみたい」「無重力を体験してみたい」と夢見たものです。

あれから30年あまりが過ぎました。まだまだ実際に宇宙へ行くことができるのは一部の人たちですが、私たち日本人にとって宇宙はグッと身近になったのではないでしょうか。

日本は国際宇宙ステーションの有人実験室「きぼう」を設計、製造、運用しています。H-ⅡBロケット／こうのとり（HTV）による打ち上げ、ドッキング技術も持っています。土井隆雄さんや若田光一さん、山崎直子さん、油井亀美也さんなど日本人の宇宙飛行士が次々と国際宇宙ステーションに長期滞在するようになりました。

カレー、さばの味噌煮、ラーメンといった「宇宙日本食」も登場し、それらはふだん食卓でお目にかかる食品メーカーで作られています。小説「下町ロケット」で描かれたように、日本の町工場では世界最先端の「ものづくり」でロケットや人工衛星の精密部品を作っています。いまや宇宙は仕事の現場であり、現実そのものと言えるでしょう。

科学館で過ごす休日

そんな現実の宇宙開発や宇宙科学をわかりやすく、楽しく伝えてくれる場の代表が科学館です。

子育て期に多くの週末を科学館で過ごせたことは、母親としても幸せだったと思います。わが家の子どもたちが小学校低学年のころは毎週のように家族で科学館へ出かけ、純粋な好奇心を宿したわが子の表情をたくさん見ることができました。

まるでイリュージョンのような科学実験ショーに身を乗り出す姿、液体窒素を使った超低温の世界に目を丸くしたり、真空と大気圧の実験を見て空気のパワーに感嘆する様子。

そして常設展示をアトラクションのように遊び尽くしました。

科学館の展示には楽しい工夫がいっぱい！

（うめもと・まゆみ）
梅本真由美　　天文ライター / 天文台マダム
長野県出身。天文学者を夫に持つ。国立天文台のエピソードをユーモラスに描いたホームページ「天文台マダム日記 http://madam.atmark.gr.jp/」を公開したことにより「天文台マダム」のニックネームで呼ばれる。各種媒体に執筆するほか取材経験をいかしたサイエンスカフェや対談、講演活動を行っている。
月刊 星ナビ「天文台マダムがゆく」、国立天文台 Web「天文台マダム VERA に夢中！」を連載中。

何度も順番待ちの列にならんで乗った「ムーンウォーカー」は、もし月へ行ったらどんなふうにジャンプできるかを疑似体験できる装置です。ピョーン、ピョーンと身軽なジャンプをするたびに、ふわっとした月の重力感覚が身体に刻まれます。

回転する円盤の不思議な力「ジャイロ」で遊ぶコーナーでは、重力から解き放たれた宇宙空間でロケットが姿勢制御をする原理を体験できました。

科学館の体験型展示には、科学的発見を誘発するようなしかけが多くあります。「重力っていったい何だろう?」「どうして月と地球の重力はちがうんだろう?」知的探検の扉に手をかけたときでさえ、子ども自身に学びという意識はなく「おもしろがって遊んでいたらいつの間にか知識を得ていた」というケースがほとんどです。子どもそっちのけで親のほうが夢中になってしまうことも多々ありました。

「ムーンウォーカー」に乗って
月の重力を体験！

知的探検の扉が開くとき

天文施設が併設されている科学館では、スタッフが夜空を説明しながら観望会を催してくれることがあります。あるとき国際宇宙ステーションを見よう、ということになり、出現時刻と人工天体の特徴的な見え方について教えてもらいました。

暮れなずむ空をツーーーーと移動して行く光の点。

「あの動いている光は宇宙ステーションって言ってね、中に人がいるんだよ。」

同じ空を見て子どもに語りかけたら、どんな反応を示すでしょうか。

「宇宙ステーションってなあに?」「だれが乗っているの?」「どうして小さく見えるの?」「どうやってあそこまで行くの?」

お母さんは目を細めながら答えます。

「そうねえ。どうやって行くんだと思う?」

想像力と知識のせめぎあいから、子どもが知的好奇心に目覚めてくれたら素敵です。

「宇宙でどうやって生活しているの?」「宇宙はどれくらい広いの?」「宇宙に果てはあるの?」「そもそも宇宙はどうやってできたの?」

おや、ひょんなところで知的探検の扉が開いてしまいました。お母さんがお手上げ状態になったときはどうしましょうか。

「そうだ、お父さんに聞いてみましょう!」と振ってしまうのもまた良し。

科学を介した家族のふれあいは、人生を豊かにしてくれるにちがいありません。それに科学館はテーマパークよりもずっとリーズナブル。家計にやさしいレジャーとして、おすすめなんですよ!

さあ、この週末は家族を誘って「科学館へ」行ってみませんか?

（公財）日本宇宙少年団

松本零士・稲田伊彦・小定弘和

宇宙へのめざめ

松本：小さいころ、疎開先の愛媛県の星空がとてもきれいで、そのときに宇宙に目覚めました。父親が山で炭焼きをしているときに、「火星に人がいるのか？」と聞いたら、「おるかもしれんし、おらんかもしれん。」という回答で、想像がはたらき宇宙にとても興味をもちました。そして最初に書いたのは火星悪魔という作品でした。

　小学校5年生の時には、学校の先生が荒木俊馬博士の『大宇宙の旅』を、学級文庫にいれてくれました。学級文庫なので借りて読んだのですが、どうしてもその本が欲しくて、働いていた姉に頼んだら「あなたの絵が新聞か雑誌に載ったら買ってあげる」といわれました。そこで、天皇陛下の初めての地方行幸があった時の絵をかいて新聞社に送ったら、絵が掲載されました。本は姉が買ってくれ、手に入れることができました。その本は宇宙の概念が絵にしてあって、とても参考になりました。

　また、自然が大好きで、昆虫と一緒にいたので、昆虫マニアにもなりました。夜空を見上げるのも好きで、望遠鏡も作りました。親父の老眼鏡とおばあちゃんの老眼鏡をもらって、そのレンズや虫眼鏡などいろんなもので望遠鏡を作って展示会で入選したこともありました。そのときに初めて月のクレーターをはっきり視認することができました。

稲田：最初に月を見たときは感動するんじゃないですか？

松本：「あー月の模様が見えたぁ。」と感慨深かったです。そんなことをしながら、現実的なものと、SF的なものと両方のものにあこがれながら宇宙へ興味をもっていきました。

稲田：旧ソ連が世界初の人工衛星スプートニクを打上げたときにはどうでしたか？

松本：「あーとうとうやったか。」と思いましたね。私がそういうことばかりをいうから、弟は機械工学に進んで、専門家になりました。

稲田：弟さんの方はお兄さんの夢を現実にしたんですね。

松本：兄弟分業ですね。私は大ぼらを吹いて夢を書く方にまわり、弟は現実に作る方にまわりました。私は機械工学志願だったのですが、うちがあまりにも貧乏でついに進学をあきらめまし

松本零士氏

科学館で実物を見ることの大切さ

た。その時は無念の思いでした。ただ、そんな無念の思いが後に役立ちました。

日本宇宙少年団設立

小定：日本宇宙少年団は1986年に設立しました。そのころから松本理事長は、宇宙という人類のテーマを次世代に伝える必要があると感じていたんですか。

松本：これから生きていくためには、太陽系の外に出るのは難しいかもしれないけど、資源の確保や、生存圏を広めるためにも宇宙開発はぜったいに進めないと絶滅が早くなると考えてきました。

小定：子どもたちにも普段の生活だけじゃなくて、地球規模、宇宙規模に物事を考えてもらうことが大事ですよね。

松本：時間の流れも大事ですよね。この間、久留米で1万年前の遺跡が出てきました。「1万年前にも家を建てていたのか！」と。面白いですよね。

稲田：人ひとりの人生とは違う時間軸ですよね。

松本：日本人の社会の中核にある視座は、地球規模的な課題に直面したときに、現実に解決してくれると信じています。

体験すること

小定：松本理事長は、いろんな場所をみていらっしゃいますね。

松本：以前、宇宙少年団でサンプトペテルブルグに行ったときに、途中のガルーダという星の街でロシアの宇宙船のシミュレーターに乗せてもらってぶんまわしてもらいました。派手にぶんまわしてもらいました。私が子どもの頃から山であばれ川で泳ぎ、海で泳ぎしていました。崖から谷底まで飛び降りたりね。そのおかげで、船酔いしたことがないです。

稲田：宇宙飛行士になっていたかもしれないですね。

松本：パイロットになりたいと思っていたが、高校2年の終わりくらいから近眼になってしまった。

小定：宇宙少年団の子どもたちが航空機によるパラボリックフライトを体験したことがあります。無重力状態でアメリカンクラッカーはどういう風に動くか、ボールを投げるとどうなるか、飲み物は飲むことができるかなど、自分自身で実験を考え、結果を予想し、実際に実験をしてもらいました。

松本：体験は大事で、私も子供の頃、何回も木から落ちたが、受け身を覚えて、けがをしなくなりました。関門海峡では、漁師のせがれに、それでも男かといわれて、飛び込んだ経験があって、大人になってからバヌアツで海に飛び込んだ時に、波が強くて驚いたんだけど、関門海峡のことを思い出して、「こういうときにはこう泳いだら大丈夫」と、泳ぎ方を思い出して戻ってきたら、「あなたはすばらしい船乗りだ！」と言われました。そのとき、関門海峡を泳いでいてよかったと感じました。同窓会のときに、漁師のせがれに「お前のおかげで助かった」とお礼をいいました。

小定：体験っていつ役に立つかわからない。体験すること自体が大事ということがわかりますね。

松本：体験は大事です。

小定：まさか関門海峡で海に飛び込んでいるときに、バヌアツで役に立つとは思わないですよね。

松本：思わないですよ。でも結局その体験が自分を助けてくれる。今の子どもたちにあれするなこれするなというのは、命にかかわりますね。助かることも助からなくなってしまいます。体験しておけばあわてなくてすむんですけど。今の教育で子どもたちに暴れさせないのは危険だなと思います。

稲田：松本理事長の話を聞いていると、新しいことへの興味が凄いですね。興味の対象物が現実に本屋さんにあったということがよかったですね。

松本：実体験が否応なしにできた。木に登ったり、海に潜ったり、空を見上げると満天の星空があったりと。

小定：実体験をきっかけに、そのものに興味をもっていったんですね。

稲田：環境が助けてくれたんですね。自然が先生にとっての科学館のようなものだったのですね。

松本：そうなんです。自然はありましたが、私が子どもの頃には、科学館は近くにありませんでした。映画と本だけでした。映画と専門誌。何かを知るというときにはその二つでした。

稲田伊彦氏

稲田：科学館よりも先にプラネタリウムができましたね。

松本：行きたかったのですが、九州でできたのはずっとあとだったので、あこがれていましたね。

松本：いまの子どもたちはいろいろなものを見ることができるのでうらやましいです。

子どものときからの体験が将来全部役に立ちます。

科学館に行って実物を見よう

小定：科学館などにたくさんアドバイスされている中で大事にされていることはありますか？

（まつもと・れいじ）

（公財）日本宇宙少年団理事長。漫画家。財団設立当初から宇宙少年団活動に参加。

（いなだ・ただひこ）

（公財）日本宇宙少年団専務理事。JAXA 執行役を退職後、宇宙教育に情熱を注いでいる。

（こさだ・ひろかず）

（公財）日本宇宙少年団副事務局長。宇宙兄さんズ１号２号というコンビで講演もおこなっている。

松本：なるべく子供が実際に触れられるように、なるべく近づくことができるように、さわってはいけないものはどんなに大事なものかを理解できるようにしたうえで、防御のガラスを置くなどしつつ、すぐそばまで寄れるようにし、しっかり見られるようにしてあげたいです。その物体の歴史をきちんと表示して、子どもたちにも理解できるようにすることが大事だと思っています。それに興味を持ってくれれば、子ども達はさらに調べようとします。そこが大事ですね。体験でさらにその先に知識を求める。ということが大事ですね。

小定：科学館へ行くことは、宇宙教育活動の具体的な展開としても宇宙少年団では推奨しています。ＪＡＸＡ宇宙教育センターと共同で公開している『宇宙へつなぐ活動教材集』の中にも一つの活動として科学館見学を題材にしています。

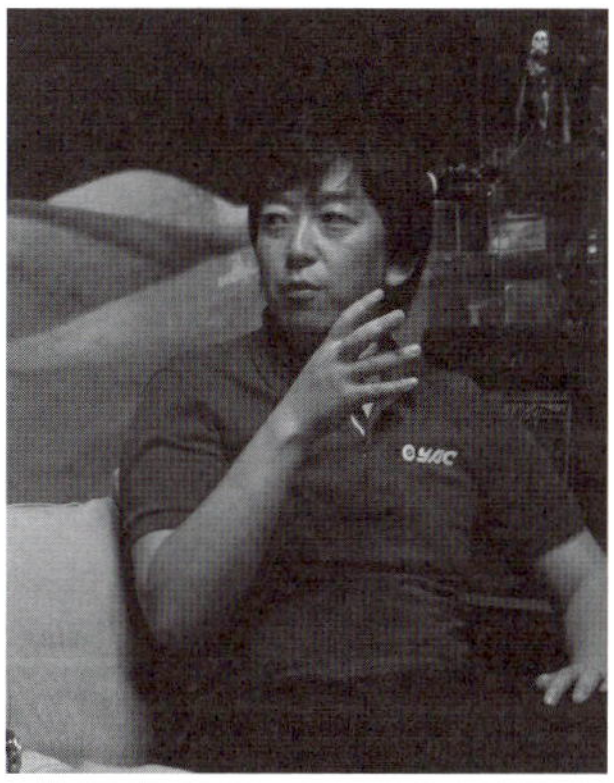
小定弘和氏

松本：実物が見られるというのは、裏側までわかるということなんです。私は絵を書く人間なのでよくわかるんですが、写真資料だけで書く絵と、裏側まで知っていて書く絵とでは全然違うんですよ。人の絵を見てもわかります。だから実際にそばに行きたくて、世界中をうろうろしました。種子島のロケットの打上げや、スペースシャトルの帰還など。実物を見るとスケール感がわかる。実際の大きさがわかる。科学館で見て、さわって、憧れてほしいです。自分はこんなものを作りたいと思って欲しいです。それを現実化させる子が必ず出てきます。科学館で実物を見るというのは、非常に大事なことですね。聞いたり、映画でみるのではなくて、実物を見て、もし、手触りまでわかるようでしたら作り上げることが可能になりますね。科学館で実物を見るというのがとても大事です。

宇宙少年団でも「ほんもの体験」として科学館見学を推奨している。
（撮影：JAXA 筑波宇宙センター）

Space i（スペース アイ）

Space i（スペースアイ）とは

Ｓｐａｃｅ ｉは、宇宙航空研究開発機構（ＪＡＸＡ）と一般財団法人日本宇宙フォーラム（ＪＳＦ）が、科学館・博物館などの社会教育施設を対象に、青少年が興味・関心を持ちやすい【宇宙・航空分野】の活動に関する最新情報を、無償で提供する取り組みです。

科学館・博物館などの社会教育施設において最新情報を利用・展開していただくことにより、日本の未来を担う青少年の【宇宙・航空分野】に対する関心・感動・理解を深め、夢と希望と探究心、そしてチャレンジ精神を育むことを目的としています。

この目的を達成するため、科学館・博物館などに提供する情報は、映像・画像・テキストなどを編集可能な状態でお送りしています。これらデータを各館で素材として利用・活用して、より青少年に訴求できる内容に自由に再構成していただき、館内などでの活用・掲示していただいています。

Ｓｐａｃｅ ｉに参加する科学館・博物館などの数は１２２館（２０１６年1月現在）にのぼり、全国47都道府県に必ずひとつは情報発信拠点があります。

釧路市こども遊学館での展示風景

Space iで提供される情報コンテンツ

現在は、映像ソフト（ＤＶＤ）、グラフィックデータ（ＣＤ-ＲＯＭほか）、及びメールによる最新情報のお知らせで、タイムリーかつ継続的にお届けしています。

〈映像ソフト〉

ＪＡＸＡから提供される青少年向け解説映像、ロケット打上げなどのダイジェスト映像などをそのまま上映できるような形でＤＶＤに収録して、原則月に1回展開しています。

〈グラフィックデータ〉

①季刊宇宙ニュース

折々で話題のニュースを編集したＡ2サイズ6枚セットのパネルデータ。中学生以上を対象にひとつのテーマを掘り下げて詳しく解説しています。ＣＤ-ＲＯＭに収録して、原則年に4回展開しています。

日本の固体ロケットの歴史を解説した【季刊宇宙ニュース】

②宇宙かわら版

最新の宇宙の話題をタイムリーに提供するA4版のチラシ。Ｗｏｒｄで編集・製作したデータを提供し、科学館・博物館などで自由に再構成できるようにしています。発行の都度、随時メールで展開しています。ロケットの打上

事実と成果の狭間で～宇宙かわら版つれづれ

Space iに参加する科学館・博物館などから速報性が高く評価されている宇宙かわら版。年間を通じて平均30～40本程度の記事を配信しています。主な情報源は、JAXAやNASAなどが発出するプレスリリースですが、「かわら版」へ掲載するかどうかは以下の基準で判断しています。

✓単なる事実ではなく、その取り組みを通じて得られた成果がはっきりと示されているかどうか
✓報じられた成果が広く社会に還元され、活用されるような内容かどうか

プレスリリースでは「○○衛星の観測センサの初期校正運用がうんぬん」といった組織としての活動成果を全面に押し出した内容のものも散見されますが、かわら版では原則取り上げていません。「○○衛星の観測データ提供により○○が実現」といった内容の場合、はじめて記事の企画・検討を開始しています。

2000年代に入り、宇宙に関する話題はより一般的になりました。ロケットの打ち上げが成功した、日本人宇宙飛行士が国際宇宙ステーションに滞在を開始した、といった事実はもはや重大な関心をもって受け止められるものではなくなりつつあります。大切なのはそういった個々のミッションにおいてどのような成果が創出されようとしているのか、それが地上で暮らす私たちにどのように関連性があるのか、その結び付きを明確に表現することが宇宙かわら版の役割である、と強く意識して編集に臨んでいます。

宇宙かわら版の限られた紙幅では重要な情報を的確に伝えることに注力しており、上記の方針をすべて実現することは困難です。ですので、常に参照先のウェブサイトのURLなど情報の広がりを持たせるようにし、興味・関心を持った人が能動的に情報を取りに行くための後押しをするようにしています。

宇宙かわら版を手に取った人がどのような感想を持って記事を受け止めているのか直接伺い知る機会はほとんどありません。しかし、読解にある程度のリテラシーが要求され、敷居の高い宇宙航空分野に足を踏み入れる最初のゲートウェイとして役に立っていることを願いながら、今日も新たなネタを探しています。

油井宇宙飛行士の地上への帰還を伝える【宇宙かわら版】。帰還直後に配信された

げや宇宙飛行士の地上への帰還など注目の集まる話題については最短で即日発行しています。

〈Space i速報メール〉

JAXAのプレスリリースなど、宇宙航空分野に関する最新の話題や科学館・博物館での資料制作に参考となる情報源などを、随時メールでお知らせしています。

詳しくは

▽Space iウェブサイト
http://www.spaceiinfo.jp/index.html

Twitterによる情報発信も行っています！是非【@jsf_spacei】をフォローしてください！

(Space i編集部
宇宙かわら版担当：田中　令以知)

掲載館索引

画像提供：JAXA
・グラビア／P.38-39／P.50-51／P.70-71／P.78-81／P.112／P.178-181／P.184-185

全国《ぜんこく》宇宙《うちゅう》科学館《かがくかん》ガイド

2016年 7 月15日　初版発行

Space i ［宇宙航空研究開発機構《うちゅうこうくうけんきゅうかいはつきこう》(JAXA)・日本宇宙《にほんうちゅう》フォーラム］ 監修
恒星社厚生閣編集部《こうせいしゃこうせいかくへんしゅうぶ》　編

発　行　者　片　岡　一　成
印刷所・製本所　株式会社　シ　ナ　ノ
発　行　所　株式会社　恒星社厚生閣

〒160-0008　東京都新宿区三栄町 8
TEL：03(3359)7371(代)
FAX：03(3359)7375
http://www.kouseisha.com/

（定価はカバーに表示）

ISBN978-4-7699-1586-7　C0076